中国低碳公路运输业发展研究

年志远　等著

中国财经出版传媒集团

经济科学出版社

Economic Science Press

图书在版编目（CIP）数据

中国低碳公路运输业发展研究/年志远等著. —北京：
经济科学出版社，2016.11
ISBN 978 - 7 - 5141 - 7553 - 0

Ⅰ.①中… Ⅱ.①年… Ⅲ.①公路运输 - 交通运输业 -
节能 - 研究 - 中国 Ⅳ.①F542.3②X734

中国版本图书馆 CIP 数据核字（2016）第 304154 号

责任编辑：于海汛 李晓杰
责任校对：王苗苗
版式设计：齐 杰
责任印制：潘泽新

中国低碳公路运输业发展研究

年志远 等著

经济科学出版社出版、发行 新华书店经销
社址：北京市海淀区阜成路甲 28 号 邮编：100142
总编部电话：010 - 88191217 发行部电话：010 - 88191522
网址：www. esp. com. cn
电子邮件：esp@ esp. com. cn
天猫网店：经济科学出版社旗舰店
网址：http：//jjkxcbs. tmall. com
北京汉德鼎印刷有限公司印刷
三河市华玉装订厂装订
710×1000 16 开 15.5 印张 270000 字
2016 年 11 月第 1 版 2016 年 11 月第 1 次印刷
ISBN 978 - 7 - 5141 - 7553 - 0 定价：38.00 元
（图书出现印装问题，本社负责调换。电话：010 - 88191510）
（版权所有 侵权必究 举报电话：010 - 88191586
电子邮箱：dbts@ esp. com. cn）

前　　言

　　本书系吉林省交通运输厅招标项目——《道路运输业发展、贡献及政策研究》的第二部专著。

　　我国各类汽车平均每百公里油耗比发达国家高20%以上，其中卡车运输的百公里油耗比国际平均水平高出近50%。如果全行业采用节能运输模式，全国公路运输行业营业性车辆汽柴油综合能耗将降低10%。我国公路运输中，能源的消耗与二氧化碳的排放，主要来自于运输设备和公路基础设施。低碳公路运输可以缓解能源紧张局面，减少有害气体排放，改善居民生存环境。因此，研究我国低碳公路运输业发展，具有重要的现实意义。

　　本书的主要内容：导论；梳理国内外低碳公路运输业发展研究等方面研究成果；分析低碳公路运输业发展的理论基础；分析中国低碳公路运输业发展；分析国外低碳公路运输业发展及其启示；实证分析中国低碳公路运输业发展；分析加快中国低碳公路运输业发展的可行性、意义、目标、原则和对策建议。

　　本书研究过程中，参考、借鉴和使用了很多国内外专家学者的研究成果，这里就不一一列举了，谨在此表示衷心的感谢！没有你们前期成果的支持，本书的研究不会这样顺利。

　　本书研究虽然取得了一定的成果，但是，由于研究者水平有限和有些资料难以获得，所以难免存在错误、疏漏和不足，欢迎各界朋友和同仁予以批评指正。

　　本书是团队成员共同完成的成果。年志远负责拟订大纲，并撰写第一章；胡继立撰写第二章；袁野撰写第三章；徐磊撰写第四章；宋兰旗撰写第五章；李国荣撰写第六章；刘斌撰写第七章。

　　全书由年志远负责统稿、修改和定稿。

作者

2016 年 10 月 18 日

目　　录

第一章

导　论

本章主要概述分析了中国公路运输业发展和中国低碳公路运输业发展，进而揭示加快中国低碳公路运输业发展的意义。在此基础上，介绍了本书的框架结构。

第一节　中国公路运输业发展 [*]

近五年来，国民经济始终保持着持续健康的增长速度，远高于同期世界经济的平均增速。2009～2013 年，国内生产总值分别为 340 903 亿元、401 513 亿元、473 104 亿元、519 470 亿元和 568 845 亿元，同比分别增长 9.2%、10.4%、9.3%、7.7% 和 7.7%，经济总量保持位列世界第二，发挥着世界经济稳定器的作用。国民经济的持续快速增长，促进了人员的流动，刺激了货物运输需求增长。2012 年我国道路客运量、旅客周转量、货运量、货物周转量分别完成 355.70 亿人、18 467.55 亿人公里、318.85 亿吨、59 534.86 亿吨公里，同比分别增长 8.2%、10.2%、13.1% 和 15.9%。

2013 年，国民经济依然保持较快的增长速度。随着人民生活水平的不断提高，以及国家高等级公路网的不断完善，人民群众选择道路运输出行的意愿变得更加强烈，客运量、旅客周转量稳定增长，货物运输量、货物周转量也随着经济总量的增长保持高于经济增长速度的稳定态势。从近几年的总体发展情况看，道路客货运输的增幅与国民经济发展的步伐基本保持一致，道路运输充分发挥了支持和保障国民经济和社会发展的基础性作用。

2013 年，全国公路总里程为 435.62 万公里，比 2012 年末增加 11.87 万公

---

[*] 本部分数据均来自历年《中国统计年鉴》。

里，同比增长 2.8%；公路密度为 45.38 公里/百平方公里，提高 1.24 公里/百平方公里；公路养护里程 425.14 万公里，占公路总里程 97.6%，提高 0.4 个百分点；2013 年末，全国等级公路为 375.56 万公里，比 2012 年增加 14.60 万公里。等级公路占公路总量比 86.2%，同比增加 1.0 个百分点。其中，二级及以上公路 52.44 万公里，增加 2.25 万公里，占公路总量比 12.0%，同比增加 0.2 个百分点。

2013 年公路里程为：专用公路 7.68 万公里，比上年增加 0.31 万公里；乡道 109.05 万公里，比上年增加 1.39 万公里；县道 54.68 万公里，比上年增加 0.73 万公里；省道 31.79 万公里，比上年增加 0.58 万公里；国道 17.68 万公里（其中普通国道 10.60 万公里），比上年增加 0.35 万公里。全国高速公路总里程为 10.44 万公里，比 2012 年底增加 0.82 万公里。其中，国家高速公路 7.08 万公里，比上年增加 0.28 万公里。全国高速公路车道里程 46.13 万公里，比上年增加 3.67 万公里。

2013 年，全国农村公路（含县道、乡道、村道）为 378.48 万公里，比 2012 年底增加了 10.64 万公里，其中，村道 214.74 万公里，占比 56.7%，比上年增加 8.52 万公里。全国通公路的乡（镇）占全国乡（镇）总数的 99.97%，其中通硬化路面的乡（镇）占全国乡（镇）总数的 97.81%，比 2012 年底增长了 0.38 个百分点；通公路的建制村占全国建制村总数的 99.70%，其中通硬化路面的建制村占全国建制村总数的 89.00%，增长了 2.54 个百分点。

2013 年，全国有公路桥梁 73.53 万座 3 977.80 万米，比 2012 年底增加了 2.19 万座 315.02 万米。其中，特大桥梁 3 075 座 546.14 万米，大桥 67 677 座 1 704.34 万米。全国有公路隧道 11 359 处 960.56 万米，比上年增加了 1 337 处 155.29 万米。其中，特长隧道 562 处 250.69 万米，长隧道 2 303 处 393.62 万米。

2013 年，全国有公路营运汽车 1 504.73 万辆。载客汽车为 85.26 万辆，比 2012 年底减少 1.67%；有 2 170.26 万客位，同比增长了 0.17%，见表 3.6。其中，大型客车 29.90 万辆，同比增长了 4.2%；有 1 283.12 万客位，同比增长了 4.9%。

2013 年，全国载货汽车总数为 1 419.48 万辆 9 613.91 万吨位，其中，普通货车为 1 080.75 万辆 5 008.34 万吨位，专用货车为 46.21 万辆 514.45 万吨位。

第二节　中国低碳公路运输业发展

低碳，表现为碳氧化物排放量的少；公路运输，是指在公路上运用某种交通工具，实现对物品或者人的转移的方式，交通工具主要是汽车。公路运输也可以称作汽车运输。公路运输具有快捷、灵活、亲民、固定设施相对简单、投资回收期短等特点。因此，低碳公路运输是指以高能效、低污染、低排放等低碳标准为准则，在客（货）物运输及基础设施建设过程中，采用结构优化和研发应用高新技术等手段，进行的公路运输。李群认为（2014），[①] 我国公路运输中，能源的消耗与二氧化碳的排放，主要来自运输设备和公路基础设施。运输设备方面，依据自身的性能、所使用的燃料，引发不同的能耗与碳排放。而公路基础设施方面，则主要是在路面维护阶段，需要使用较多的高碳化能源物资。可见，低碳公路运输需要引导运输车辆、能源等向清洁化方向发展。低碳公路运输可以缓解能源紧张局面，减少有害气体排放，改善居民生存环境，给当今社会及下一代带来额外效益。

低碳公路是未来公路基础设施建设的主流方向，要从公路规划、设计、施工、运营、维护等全寿命周期中的一个或几个阶段入手，采用低碳新理念、新材料、新方法、新工艺，实现公路工程全寿命周期范围内二氧化碳排放强度的显著降低，并为公路运输行业节能减排创造有利条件。

公路运输能源损耗居交通能源损耗的首位，公路运输碳排放途径较多，主要为化石能源的损耗，在损耗过程中产生的二氧化碳、氧化亚氮排放量有持续增长趋势。周伟认为（2013），[②] 从世界范围看，公路运输是温室气体排放的主要领域之一，而且发达国家公路运输排放的二氧化碳所占比重高于世界平均水平。根据2007年欧洲运输部长会议《减少运输二氧化碳排放报告》，全世界范围，来自燃油消费排放的二氧化碳中，交通运输（包括营业性运输及私人运输）占28%，其中公路运输为18%，水路运输为2%，航空运输为5%，其他为3%。欧盟15国公路旅客运输排放在1990～2004年增长27%，公路货物运输排放在1990～2003年增长51%。

①　李群. 促进我国公路运输低碳发展的财税政策研究［D］. 南昌：江西财经大学，2014：6.
②　周伟. 低碳公路交通运输体系发展研究［J］. 交通运输部管理干部学院学报，2013（02）：8－11.

　　有资料表明，我国各类汽车平均每百公里油耗比发达国家高 20% 以上，其中卡车运输的百公里油耗较国际平均水平高出近 50%。据预测，如果全行业采用节能运输模式，全国公路运输行业营业性车辆汽柴油综合能耗将降低 10%，可节约燃油 800 万吨左右。我国人均能源占有率很低（人均可开采石油资源仅相当前世界平均水平的 7.7%），石油进口对外依存度逐年提高，预计 2020 年将达到 66%。

　　交通运输的发展需要能源的支撑，有效节约和合理利用不可再生的能源，既关系到交通可持续发展，又关系到我国的能源安全。转变交通运输发展方式，发展低能耗的交通运输方式，提高能源的利用效率已成为构建"两型"社会，促进交通运输永续发展的客观需要和必然选择。

　　交通运输作为主要碳排放源之一，是国际温室气体减排、缓解气候变化的重要领域。2009 年国际能源署报告表明，全球二氧化碳排放量约有 25% 来自交通运输。美国的大气污染 50% 来自运输工具，日本也占到 20%，预计到 2050 年，全球交通运输业的能源消费量将翻一番。亚洲发展银行预计，在未来的 25 年内，全球交通能源二氧化碳排放将增加 57%。由于发展中国家的汽车行业发展迅速，其排放增长将占到 80%。

　　交通运输排放的污染物主要有 NO_x、CO、HC 和 PM。据全国环境统计公报，2012 年我国 NO_x 的排放总量为 2 337.8 万吨，其中机动车 NO_x 排放量 640.0 万吨，占 NO_x 排放总量的 27.4%。烟（粉）尘排放总量为 1 234.3 万吨，其中机动车烟（粉）尘排放总量为 62.1 万吨，占烟（粉）尘排放总量的 5.0%。交通运输污染对大气中细颗粒物的贡献包括直接排放的烟尘和由 NO_x 等前提污染物在空气中发生反应后生产的细颗粒物。因此，交通运输污染是影响大气环境质量的主要因素之一，机动车尾气是造成空气污染的重要原因。

　　目前，公路交通运输正处于快速发展阶段，为我国创造了巨大的经济效益，但是同时，也给环境带来了严重的污染。因此，我们决不能忽略公路交通运输污染所造成的危害。王永强认为（2013），[①] 我国公路交通运输主要污染：（1）空气污染。主要包括以下几种成分：二氧化碳、二氧化硫、臭氧、全氯氟烃、一氧化碳、氮氧化物、微粒物质、烟雾、铅、气味。其中二氧化碳、二氧化硫、臭氧、全氯氟烃对大自然所造成的危害最严重。其影响范围不限于某个区域内，而是危害着整个地球。第一，二氧化碳。调查显示，发达国家交通

　　① 王永强. 公路交通运输污染及其防治对策［J］. 科技创业家，2013（10 下）：199.

运输行业的二氧化碳的排放量是总排放量的 1/3。二氧化碳是造成温室效应的主要成分,当大气中二氧化碳总含量达到 400PPM 时,全球气候将会出现紊乱。第二,二氧化硫。在公路交通运输时,所产生的二氧化硫占二氧化硫总排放量的 5%。二氧化硫会形成酸雨,导致温室效应。第三,臭氧。臭氧的形成与公路交通运输的废气排放有着密切的关系。第四,全氯氟烃。主要由机动车的空调系统排出,排出量占总排量的 20%。可以造成温室效应,但比二氧化碳稍弱。(2)水污染。数据显示,在引起水体酸度上升的原因当中,酸雨占了 75%。这造成严重的后果,如,土壤酸化而变贫瘠、水藻异常繁殖而致水体生态失衡,等等。另外,修筑公路和维护公路,也会造成水污染。(3)噪声污染。公路交通运输所造成的噪音污染约占各种交通运输噪声的 70%。噪声影响人的休息和睡眠,损害人的听力,干扰人的正常工作和学习,也可能改变野生生物和动物的生存环境。

第三节　中国低碳公路运输业发展研究框架

本书共设七章:

第一章:导论。本章主要概述分析了中国公路运输业发展和中国低碳公路运输业发展,在此基础上,介绍了本书的框架结构。

第二章:国内外低碳公路运输业发展研究综述。国内部分主要综述了低碳公路运输业发展意义研究、低碳公路运输业发展实证研究、低碳公路运输业发展评价体系研究和低碳公路运输业发展路径研究;国外部分主要综述了低碳公路运输发展政策研究、低碳公路运输业发展计量研究、低碳公路运输业发展评价体系研究和低碳公路运输业发展科技研究。在此基础上,对国内外低碳公路运输业发展研究进行了评析。

第三章:低碳公路运输业发展的理论基础。主要分析了交易费用理论、产权理论、委托代理理论、制度变迁理论、公共经济理论、产业理论、共享经济理论、凯恩斯国家干预理论、可持续发展理论、生态系统理论、外部性理论和资源稀缺理论。

第四章:中国低碳公路运输业发展分析。主要分析了中国低碳公路运输业发展历程、中国低碳公路运输业发展现状和中国低碳公路运输业发展存在的问题及其原因。

第五章：国外低碳公路运输业发展及其启示。主要分析了美国低碳公路运输业发展、欧盟低碳公路运输业发展和日本低碳公路运输业发展。在此基础上，分析了国外低碳公路运输业发展的启示。

第六章：中国低碳公路运输业发展实证分析。主要是对中国各地区低碳公路运输业发展综合评价与比较、对中国各地区低碳公路运输业协调发展状况分析和对中国各地区低碳公路运输业发展影响因素分析。

第七章：加快中国低碳公路运输业发展研究。主要研究了加快中国低碳公路运输业发展的可行性、加快中国低碳公路运输业发展的意义、加快中国低碳公路运输业发展的目标、加快中国低碳公路运输业发展的原则和加快中国低碳公路运输业发展的对策建议。

参 考 文 献

[1] 李群. 促进我国公路运输低碳发展的财税政策研究 [D]. 南昌：江西财经大学，2014.

[2] 周伟. 低碳公路交通运输体系发展研究 [J]. 交通运输部管理干部学院学报，2013（02）.

[3] 王永强. 公路交通运输污染及其防治对策 [J]. 科技创业家，2013（10下）.

[4] 胡继立，年志远等. 道路运输业发展、贡献及政策研究 [M]. 北京：中国社会科学出版社，2015.

[5] 蔡海韬. 基于低碳环境下公路运输的现状及对策探讨 [J]. 东方企业文化，2015（03）.

[6] 分享经济发展报告课题组. 中国分享经济发展报告：现状、问题与挑战、发展趋势 [J]. 电子政务，2016（04）.

[7] 国家信息中心课题组. 分享经济：全球态势和中国概览——中国分享经济发展报告（2016）要点 [J]. 浙江经济，2016（06）.

第二章

国内外低碳公路运输业发展研究综述

本章第一节国内部分主要综述了低碳公路运输业发展意义研究、低碳公路运输业发展实证研究、低碳公路业发展评价体系研究和低碳公路运输业发展路径研究；本章第二节国外部分主要综述了低碳公路运输发展政策研究、低碳公路运输业发展计量研究、低碳公路运输业发展评价体系研究和低碳公路运输业发展科技研究。在此基础上，第三节对国内外低碳公路运输业发展研究进行了评析。

第一节 国内低碳公路运输业发展研究综述

一、低碳公路运输业发展意义研究

从 20 世纪末开始，中国的交通污染问题日益严重。在"低碳经济"、"低碳交通"和"低碳道路运输"的概念在我国推广开来之前，就有学者基于可持续发展等理念，提出了"生态交通"的概念。

王如松（2004）认为，生态交通是以可持续发展理念为指导，通过合理利用城市土地资源，尽可能地减少环境污染物的排放，并能满足城市社会经济发展需求的一种高效便捷的城市交通。这种交通发展模式充分满足自身发展要求及城市发展的可持续要求，从而实现交通系统与生态环境之间的协调统一。①

莫翠梅（2010）基于可持续发展与绿色物流的思想，从公路运输的角度

---

① 王如松．以五个统筹力度综合规划首都生态交通［J］．中国特色社会主义研究，2004（04）：32－34．

出发，研究了我国发展绿色低碳运输的问题。① 侯亘、李小伟（2010）将"绿色交通"的概念引入城市交通规划，建立起"以人为本"的可持续发展的交通运输系统。② 白雁等（2006）从资源利用、环境影响、交通结构和居民出行影响几方面，分析了我国城市交通的现状，构建了我国城市发展绿色交通的框架。③ 江暮红（2006）认为，大力发展公路绿色物流是解决公路运输物流公司困境的根本出路，并提出了具体解决措施。④

解晓玲（2011）从结构优化、管理提升和技术进步三个方面分别从宏观、中观、微观层面，分析了发展低碳公路运输体系的主要途径。⑤ 张陶新（2011）认为，城市低碳交通的基础是交通运输量需求，尽可能降低交通系统中的能源消耗量和污染气体排放量，构建一个以安全、方便、公平、舒适为框架的城市交通体系。⑥ 宿凤鸣（2010）认为，城市低碳交通的发展必须采用绿色技术手段，调整交通结构，提升运输效率，优化交通结构，调控交通需求，创新交通管理等，通过上述措施促进城市交通的低碳转型。随着全球气候的变化和人类生存环境的恶化，构建资源节约型、环境友好型城市低碳交通体系，已经成为交通部门的重要工作。城市低碳交通的发展有利于促进社会、经济健康发展，而且保护了环境。⑦

二、低碳公路运输业发展实证研究

低碳公路运输业中涉及的因素较多，因此进行实证研究也相对复杂，运用的分析方法也不尽相同。

（一）运用博弈分析法

黄园高等（2004）运用博弈分析法分别对公共交通和收费公路间，城市快速轨道交通与常规公共交通间的拥挤定价问题进行了研究。⑧ 李振龙等为了

---

① 莫翠梅. 我国发展绿色低碳运输的对策探讨 [J]. 当代经济, 2010 (06): 107 – 109.
② 侯亘, 李小伟. 关于可持续发展战略下绿色城市交通规划的思考 [J]. 中国水运, 2010 (06): 70 – 71.
③ 白雁, 魏庆朝, 邱青云. 基于绿色交通的城市交通发展探讨 [J]. 北京交通大学学报（社会科学版）, 2006 (06): 10 – 14.
④ 江暮红. 基于公路运输的绿色物流 [J]. 物流技术, 2006 (08): 14 – 15.
⑤ 解晓玲. 公路运输行业减碳路径分析 [J]. 综合运输, 2011 (01): 56 – 60.
⑥ 张陶新, 周跃云, 赵先超. 中国城市低碳交通建设的现状也途径分析 [J]. 城市交通, 2011 (01): 68 – 73, 80.
⑦ 宿凤鸣. 低碳交通的概念和实现途径 [J]. 综合运输, 2010 (05): 13 – 17.
⑧ 黄园高, 周晶. 收费公路和公共交通之间的定价博弈分析 [J]. 东南大学学报（自然科学版）, 2004 (02): 268 – 273.

研究交通信号的区域协调问题，搭建了博弈模型。① 李文勇等在等效出行时间情形下，针对出行前交通诱导决策系统的分析结果，建立了公交和个体机动车的静态博弈模型。② 何胜学等在提出分层定向搜索算法的基础上，建立了新的交通流分配模型。③ 李得伟等通过对步行交通的基本特征进行分析后，建立了基于动态博弈的步行交通微观仿真模型。④

谢菲菲（2013）研究了碳排放量的影响因素和计算方法，并且建立了城市交通碳排放量模型，并以北京市为例进行实例论证，针对北京市低碳交通发展现状提出行之有效的措施。⑤ 陈飞（2009）充分考虑民用小汽车数量、小汽车行驶里程及技术水平等因素，建立起碳排放的目标计算模型，并以上海市的基础数据，对上海市城市交通碳排放量进行测算，并探讨了城市低碳交通发展现状及问题。通过情景假设的方法，确立各种情境下低碳排放目标，并研究相应的低碳交通发展策略。⑥

龚勤、沈悦林（2012）等对杭州市低碳交通的发展现状进行了梳理，指出其存在问题，提出合理控制出行需求、发展公共交通与慢行交通、加强智能交通建设等措施。⑦ 戴懿、陈长虹、景启国（2005）从经济、安全、环境角度，选取人均GDP、三产比重、万车事故率、轻型车排放标准等指标，使用层次分析法，从城市交通可持续角度对上海市交通发展进行了分析。⑧ 廖晓锋等阐述了公路运输可持续发展的影响因素、现状及存在的问题，在此基础上运用层次分析法构建指标体系，并选取了江西省进行实证分析。⑨ 臧广宇（2012）

① 李振龙，陈德望．交通信号区域协调优化的多智能体博弈模型［J］．公路交通科技，2004（01）：85－89．

② 李文勇，陈学武．出行前交通诱导决策系统的静态博弈模型［J］．武汉理工大学学报（交通科学与工程版），2007（06）：951－954．

③ 何胜学，范炳全．基于有效路径的交通流博弈分配算法［J］．交通运输系统工程与信息，2007a（01）：115－119．

④ 李得伟，韩宝明，张琦．基于动态博弈的行人交通微观仿真模型［J］．系统仿真学报，2007（11）：2590－2593．

⑤ 谢菲菲．城市交通碳排放量影响因素与低碳交通发展研究［D］．北京：北京交通大学，2013（06）：1－12．

⑥ 陈飞．低碳城市研究的内涵、模型及目标策略确定——上海实证分析［D］．上海：同济大学，2009．

⑦ 龚勤，沈悦林，陈洁行等．低碳交通的发展现状与对策建议——以杭州市为例［J］．城市发展研究，2012（10）：110－114．

⑧ 戴懿，陈长虹，景启国．城市交通环境可持续发展指标体系的建立及评价［J］．世界科技研究与发展，2005（05）：100－105．

⑨ 陈毕伍，廖晓锋．公路交通可持续发展评价指标体系研究［J］．中国公路学报，2009（05）：111－117．

对国内外低碳交通的发展经验进行了总结，提出了天津市低碳交通建设存在的问题，从管理层面、规划层面以及社会层面提出了一系列措施。①

张清等（2012）以上海市为例，对特大型城市客运交通碳排放进行了测算，认为，客运交通碳排放总量增长迅速；碳排放效率最高的客运方式是轨道交通，最低的是出租车。② 赵敏等（2009）比较了上海市公交车、轨道交通、出租车和私家载客汽车等四种客运方式的碳排放量，认为，出租车的年碳排放量和人均碳排放量最大，轨道交通的年碳排放量和人均碳排放量最小，公交车和出租车的碳排放量所占比例减少，轨道交通的碳排放量所占比例增加。③

（二）运用回归模型及情景分析法

碳排放趋势分析是碳排放演变研究的一个重要部分，也是制定道路运输低碳发展战略及设置道路运输领域碳减排目标的决策依据。目前国内外关于道路运输碳排放趋势预测方法主要包括回归模型及情景分析法。这两种方法的优缺点主要表现为：情景分析法需要对交通运输内外部环境进行准确分析，具有定性分析与定量分析相结合的优点，但是情景设置环节主观性较强；回归预测方法曲线拟合度依赖性较强，参数需要预先进行假设。

刘建翠（2011）运用线性回归方法，预测未来中国交通运输部门的运输产品，在此基础上，测算了交通运输部门的能源消费和碳排放。④ 王静（2011）分别采用含虚拟变量的多元回归模型、含定序变量的多元回归模型、基于主成分分析的多元回归模型建立家庭交通碳排放影响模型，结果均表明，影响家庭交通碳排放的因素主要有：出行距离、出行方式、家庭收入；文化程度对家庭交通碳排放的影响不是特别显著。

曲艳敏等（2010）基于情景分析法对湖北省交通碳排放进行预测研究，认为减少机动车油耗与尾气排放、推广天然气和生物能源的使用、完善公共交通体系是实现交通运输与环境保护协调发展的有效措施。⑤ 情景分析（Scenario Analysis）是交通运输碳排放趋势预测的常用方法模型，学者们通过设置碳排

① 臧广宇. 天津市构建低碳交通体系研究 [D]. 天津：天津商业大学，2012.
② 张清，陶小马，杨鹏. 特大型城市客运交通碳排放与减排对策研究 [J]. 中国人口资源与环境，2012（01）：37－40.
③ 赵敏，张卫国，俞立中. 上海市居民出行方式与城市交通 CO_2 排放及减排对策 [J]. 环境科学研究，2009（06）：747－752.
④ 刘建翠. 中国交通运输部门节能潜力和碳排放预测 [J]. 资源科学，2011（04）：640－646.
⑤ 曲艳敏，白宏涛，徐鹤. 基于情景分析的湖北省交通碳排放预测研究 [J]. 环境污染与防治，2010（10）：103－106.

放未来不同的情景，运用模拟仿真系统或数学模型预测不同政策导向下的碳排放量。童抗抗（2012）基于问卷调查，利用情景分析的方法定量探讨居住——就业距离变化对通勤碳排放量的影响。①

刘文宇（2010）选取与行驶里程相关的居民出行总量、出行方式比例和不同出行方式的人均出行距离等因素，来估算机动车行驶里程，建立机动车碳排放量公式，并对两种情景下的北京城市交通碳排放量进行预测。② 朱跃中（2001）认为，中国交通运输部门未来能源的需求会受到多种因素的影响，并采用情景分析的方法对这些因素作合理的假定，对中国未来 20 年能源需求和碳排放量进行了预测。③ 郑大勇（2011）通过情景假设进行城市客运交通二氧化碳排放情景分析，并预测了二氧化碳排放结果。④ 朱松丽（2002）利用情景方法，通过设置不同的情景进行比较，分析了北京市交通运输行业对能源的需求和碳排放情况，利用计量经济模型建立交通周转量与人均 GDP 的数量关系，再通过长期能源规划代替模型来计算结果。从而得到了未来北京市城市客运周转量与交通行业能源需求的关系。⑤

李志鹏（2011）基于 2000～2009 年天津市公交车、出租车、地铁和私家车的数量以及各自出行量，模拟车辆数量、出行量以及交通能源消耗和碳排放，结合"十二五"交通规划要求，设计了不执行"十二五"规划和执行"十二五"规划的两种情景和在这两种情境下的针对公交车油耗、私家车油耗和私家车增速进行控制的八种方案。⑥ 周健（2011）基于基准情景及最佳情景预测了 2008～2030 年厦门市城市交通碳排放量。⑦

（三）低碳公路运输发展影响因素

张军等人（2007）运用交通资源子系统、能源环境子系统、社会经济子系统，选择铺装道路长度、人均道路面积、公共交通运营车辆数、建成区绿化覆盖率、公交客运量等指标，对城市可持续交通发展进行了分析，并提出各种

①　童抗抗. 居住—就业距离对交通碳排放的影响 [J]. 生态学报，2012，32（10）：2975－2984.
②　刘文宇. 北京市发展低碳交通的前景分析 [J]. 综合运输，2010（09）：37－40.
③　朱跃中. 未来中国交通运输部门能源发展与碳排放情景分析 [J]. 中国工业经济，2001（12）：30－35.
④　郑大勇. 城市客运交通碳排放计算及低碳发展策略研究 [D]. 西安：西安交通大学，2011.
⑤　朱松丽，姜克隽. 北京市城市交通能源需求和污染物排放：1998－2020 [J]. 中国能源，2002（06）：27－29.
⑥　李志鹏. 基于系统动力学的城市交通能源消耗与碳排放预测 [D]. 天津：天津大学，2001，12.
⑦　周健，崔胜辉等. 基于 LEAP 模型的厦门交通能耗与大气污染物排放分析 [J]. 环境科学与技术，2011（11）：164－170.

交通方式协同发展、合理调整投入产出、积极引进人才等策略。① 刘晓佳（2008）从经济、自然、环境三方面，将专家评价、信息熵与灰色关联分析理论结合起来，对城市交通系统可持续发展的协调性进行评价。该方法克服了评价过程中信息的不确定性以及不完全性，是一种较客观、科学的评价方法。② 郭宝（2011）运用城市交通的功能适应度、居民出行满意度、城市交通发展协调度、城市环境资源影响度四个方面，选取城市路网密度、停车泊位情况、交通管理信息化水平、万人公交标台、平均换乘次数、城市交通投资协调度、城市绿化覆盖状况、汽车尾气达标状况等指标，采用专家打分的定性赋权法，结合模糊信息处理方法，对城市交通可持续发展进行了研究。③ 蒋小茜、石载等阐述了绿色公路的内涵，并结合绿色公路发展的影响因素，构建了绿色公路发展的指标体系和等级评价系统。④ 周雪梅等在公路交通现代化相关理论研究的基础上，构建指标体系并借助 AHP 对各个指标权重进行赋值，对评价结果进行综合分析，并提出公路交通现代化的发展对策。⑤

　　徐广印、蒋国良等人对公路运输的外部费用进行了研究，认为公路运输业要走可持续发展之路，这样能够有效降低公路运输的外部费用。⑥ 邵春福、严海从可持续发展角度出发，应用层次分析法确定各个指标的权重，提出了用于评定公路交通可持续发展等级的模糊识别模型。⑦ 蒋育红等基于"城市绿色交通"的定义及基本内容，构建了评价指标体系，进而运用价值函数方法进行综合评估。⑧

　　徐雅楠等（2011）利用 STIRPAT 模型分析了人口因素和经济因素对我国

　　① 张军，杜文等. 基于 DEA 的城市交通可持续发展综合评价研究 [J]. 铁道运输与经济，2007（08）：48－52，58.
　　② 刘晓佳. 城市交通系统可持续发展协调能力的综合评价 [J]. 重庆交通大学学报：自然科学版，2008（01）：105－108.
　　③ 郭宝. 模糊信息下的城市交通系统可持续发展综合评价研究 [D]. 西安：长安大学，2011.
　　④ 郝培文，蒋小茜，石载. 绿色公路理念及评价体系 [J]. 筑路机械与施工机械化，2011（05）：30－35.
　　⑤ 竺石磊，周雪梅，付菊红. 低碳经济下的公路交通现代化评价体系探讨 [J]. 交通信息与安全，2010（03）：108－111.
　　⑥ 景劲松，徐广印，蒋国良. 可持续发展的公路运输费用效益分析 [J]. 河南农业大学学报，2001（02）：185－187.
　　⑦ 张生瑞，邵养福，严海. 公路交通可持续发展评价指标及评价方法研究 [J]，中国公路学报，2005（02）：74－78.
　　⑧ 蒋育红，何小洲，过秀成. 城市绿色交通规划评价指标体系 [J]. 合肥工业大学学报（自然科学版），2008（09）：1400－1402.

交通行业碳排放的影响。① 黄成等（2005）研究城市交通出行方式对能源消耗与环境的影响，认为各种机动车的能源强度和排放因子是交通—能源—环境模型的重要参数。②

苏涛永（2011）等在传统的 GDP、人口规模、车辆拥有量指标的基础上，引入客运周转量、货运周转量、公交车比重等指标，运用面板数据对城市交通碳排放影响因素进行实证研究。结果表明，城市人口规模和车辆拥有量通过影响客运、货运周转量，对城市交通碳排放产生重要影响；城市客运、货运周转量对城市交通碳排放具有显著正向影响，公交车比重对城市交通碳排放具有显著负向影响。③ 高扬等（2012）认为，家庭（个人）基本特征是决定城市交通碳排放的首要因素。④

纪建悦（2011）运用 LMDI 分解算法研究了 2004～2008 年中国海洋交通运输业碳排放的关键影响因素。⑤ 沈满洪等（2012）通过 KAYA 恒等式及 LM-DI 法，对 1991～2009 年中国交通部门的碳排放影响因素进行了研究。⑥ 吕小明（2012）分别利用 LMDI 分解法和 Refined Laspeyres 分解法，对 1985～2008 年中国交通运输业能源强度的变动原因进行了实证分析。⑦

马静等（2011）应用结构方程对城市居住空间、个体行为与城市交通碳排放三者之间的关系进行了研究，认为出行距离、机动出行概率对交通碳排放有显著的正效应，而出行频率对交通碳排放的影响并不显著。⑧ 刘志杰（2012）认为路网密度、路网服务质量能够影响公路网络碳排放量。⑨

---

① 徐雅楠，杜志平．我国交通运输业的碳排放测度及因素分解［J］．物流技术，2011（06）：16－18．

② 黄成，陈长虹，王冰妍，戴爵，赵静，王海鲲．城市交通出行方式对能源与环境的影响［J］．公路交通科技，2005（12）：163－166．

③ 苏涛永，张建慧，李金良等．城市交通碳排放影响因素实证研究——来自京津沪渝面板数据的证据［J］．工业工程与管理，2011（05）：134－138．

④ 高扬，张晓明，周茂松，曾栋鸿．城市居住社区交通碳排放特征及交通碳排放评估模型研究——以广州市为例［J］．城市发展与规划大会论文集，2012．

⑤ 纪建悦，孔胶胶．中国海洋交通运输业碳排放因素分解研究——基于中国远洋集团的实证分析［J］．海洋经济，2011（06）：8－11．

⑥ 沈满洪，池熊伟．中国交通部门碳排放增长的驱动因素分析［J］．江淮论坛，2012（01）：31－38．

⑦ 吕小明，张宗益．我国交通运输业能源强度影响因素研究［J］．管理工程学报，2012（04）：90－99．

⑧ 马静，柴彦威，刘志林．基于居民出行行为的北京市交通碳排放影响机理［J］．地理学报，2011（08）：1024－1029．

⑨ 刘志杰．公路网络交通碳排放影响因素研究［J］．交通与运输，2012（07）：150－153．

三、低碳公路运输业发展评价体系研究

随着社会经济的不断发展，人们对道路运输业的认识不断加强，特别是城市交通。随着城市低碳交通的不断发展，政府部门大力发展公共交通，比如公共汽车、公共自行车服务等。在城市交通建设过程中，公共交通是主要发展方向和原则。1995 年，美国已经提出了一整套城市交通系统规划理论。在研究城市交通评价指标研究过程中，国外学者取得了大量成果。20 世纪 70 ~ 80 年代，各种评价方法应用于各行各业，为行业的健康发展提供了理论基础。低碳相关理论中，低碳综合性评价指标主要有三大类：第一类是实物量指标，即单位产品（如每吨钢材、铁路综合换算周转量等）能耗与碳排放量；第二类是价值量指标，即单位产值（如 GDP、工业增加值、主营收入等）能耗与碳排放量；第三类是人均指标，即人均能源消费与碳排放量。这三类指标各有其适应范围。在道路运输业已建立的指标体系中，多数都采运用了上述三大类指标，用于检测、考核及排序等。

欧阳斌（2014）从交通运输业单位换算周转量、单位增加值及人均的交通运输能源消费量与碳排放量 3 个指标，考察低碳交通运输发展状况，从国家和区域层面对中国低碳交通运输发展状况进行了评价。研究结果表明，1996 ~ 2010 年中国单位交通运输增加值、单位换算周转量的能源消费量与碳排放量，总体上都呈现下降态势；但人均交通运输的能源消费与碳排放量持续走高，反映出中国机动化需求不断提升，机动化进程不断加速。同时，中国交通运输业的低碳发展在区域层面都存在明显的不平衡状况；中西部地区的交通运输业低碳发展水平相对较低，未来还有很大提升空间。[①]

姜军等（2014）从道路运输业发展特征出发，阐述了道路运输业低碳竞争力的基本内涵与要素，认为应基于导向性、系统性、动态性、可操作性基本原则，以社会经济发展竞争力、综合运输运营竞争力和生态环境支撑竞争力为支架进行指标体系的构建。[②] 王珍珍（2003）从交通功能、环境影响、资源节约、社会经济适用性等四个方面，研究了城市绿色交通体系，并构建了城市绿色交通评价指标体系。作者选取 27 个评价指标，运用模糊层次分析法进行综合评价。卢会芬在研究大城市低碳客运过程中，从能耗性、经济性、功

---

① 欧阳斌，张跃军，郭杰. 低碳交通运输的综合评价指标及其应用 [J]. 北京理工大学学报（社会科学版），2014（03）：7 – 13.
② 姜军，陈静. 道路运输业低碳竞争力评价指标体系探索 [J]. 开放导报，2014（05）：71 – 74.

能性、环保性、协调性、服务性等六个方面进行综合研究，并构建了综合评价指标体系，通过对指标的初选、筛选，最终确定了 26 个评价指标，应用灰色—模糊评价法和数据包络分析法对指标体系分别进行评价，从而判断指标体系的准确性。[①]

竺石磊（2010）等将低碳经济引入公路交通管理评价指标体系中，提出公路货运碳排放指标和公路客运碳排放指标，并应用层次分析法确定各个指标的权重，建立了评价指标体系，并将其应用于 2007 年上海市公路交通现代化评价中。[②] 陈冰飞从系统的低碳管理、服务区的低碳运营、隧道的低碳运营、高速公路的低碳养护四个方面研究了高速公路的低碳运营。认为，提高车辆运载率，降低空驶率，可有效减少车辆的二氧化碳排放量；采用不停车收费系统和太阳能供电的全程视频监控系统，节能减排效果显著，符合低碳理念。通过低碳管理模式、采取节能措施、采用低碳环保污水处理技术三个方面来打造低碳服务区，创建全方位、多层次、宽领域的具有特色的现代化服务区。通过分析隧道的照明和通风设置问题，提出应用新型照明设施、无车照明控制技术和照明节能技术，量化通风电费，采取通风节能技术，在确保隧道运营安全的基础上实现节能最大化，打造低碳隧道，创建环境友好型隧道。针对我国高速公路养护管理目前存在的问题，提出高速公路养护管理的低碳模式。提出在整个养护工作中，路面养护是高速公路养护工作的中心环节，必须充分发挥预防性养护的重要作用。[③]

郭杰（2012）选取华北地区作为实例，对低碳交通体系进行了综合评价研究，从基础设施、运输装备、运输组织管理以及城市交通四个方面，构建了低碳交通运输评价指标体系，整个体系选取了 18 个评价指标，运用算术平均赋权法进行综合评价。[④] 王建伟（2014）基于可持续发展评价的理论和方法，结合低碳交通运输发展内涵，应用压力——状态——响应（PSR）模型提出了低碳交通运输发展指数，建立了低碳交通运输发展评价指标体系，使用熵值法和综合评价法对河北省低碳交通运输发展进行了研究。结果表明，河北省低碳

① 王珍珍. 城市交通系统可持续发展规划理论与方法 [D]. 南京：东南大学，2003.
② 竺石磊，周雪梅，付菊红. 低碳经济下的公路交通现代化评价体系探讨 [J]. 交通信息与安全，2010（03）：108 - 111.
③ 陈冰飞. 高速公路低碳运营研究 [D]. 西安：长安大学，2011.
④ 郭杰，陈建营，欧阳斌. 中国区域低碳交通评价指标体系研究 [J]. 综合运输，2012（06）：15 - 20.

交通运输发展压力指数逐年增大，响应指数逐年提升。[①]

李碧珍等（2014）采用网络层次分析方法，从政府、行业、企业三个方面建立了福建省低碳物流发展影响因子评价体系，验证低碳物流体系中是否存在着关键影响因子，认为创新低碳物流发展的体制机制、控制物流过程中各环节的碳排放是低碳物流发展的主要方向。[②] 王合存（2015）选取 DPSIR 模型，结合评价指标体系设计的原则和思路，建立了辽宁省公路运输业低碳绿色发展的评价指标体系，并运用 AHP 与模糊综合评价法进行实证分析，认为应从宏观、中观、微观三个层面推动辽宁省低碳公路运输发展，其中建立和完善相关法规政策和促进低碳科技创新是解决问题的关键。[③] 杨家本（2012）通过对昆明市交通碳排放现状和现行交通规划情况分析，探索了城市低碳目标引导下的交通模式，通过适宜道路网密度和绿色公共交通体系的研究，构建了昆明低碳城市绿色交通指标体系，为昆明市打造低碳城市提供了参考。[④]

四、低碳公路运输业发展路径研究

李果仁（2010）建议从公路项目设计、建设、运作三阶段，对政府提供的公共投资措施进行灵活运用。刘斌（2011），邓燕、吉富星（2013）基于财政投入的视角，提出以政府财政投入为主，加强全国普通公路建设与养护的建议。周国光（2012）建议通过政府补助实施高速公路特许经营制度，以吸引民间资本进入高速公路建设，并就补助标准提出了改革建议。王光荣（2011）在研究天津市低碳交通发展时认为，低碳交通发展主要包括两个方面内容：一方面大力推行节能减排管理和技术，另一方面优先发展公共交通。[⑤] 孙红霞（2011）认为，低碳交通的发展主要依赖于公共交通基础设施的建设、政策法律体系的完善、低碳技术水平的提高及消费者低碳消费意识的形成。[⑥] 冷静（2011）认为，应该通过合理规划城市交通网络，完善城市交通基础设施，优

① 王建伟，张晓明，宋庆亮，高洁. 基于 PSR 模型的低碳交通运输发展评价研究 [J]. 重庆交通大学学报（自然科学版），2014（03）：102 - 107.
② 李碧珍，叶琪. 福建省低碳物流发展的影响因子评价——基于网络层次分析法 [J]. 福建师范大学学报（哲学社会科学版），2014（03）：14 - 20.
③ 王合存. 辽宁省公路运输业低碳绿色发展研究 [D]. 大连：大连海事大学，2015.
④ 杨家本. 昆明城市绿色交通指标体系构建探讨 [J]. 城市建设理论研究. 2012（05）.
⑤ 王光荣. 天津市低碳交通建设：从节能减排到低碳交通模式 [J]. 天津经济，2011（03）：35 - 37.
⑥ 孙红霞. 河南发展低碳交通的路径与对策 [J]. 焦作师范高等专科学校学报，2011，（02）：54 - 55.

先发展城市公共交通，建立一体化城市交通信息系统，提高停车泊位供应等措施来实现低碳发展。① 钟蕾等（2012）认为，低碳运输基础设施本身就涉及碳排放问题，所以要全方位的实现低碳，就涉及实现交通基础设施自身低碳化，建设一体化交通基础设施体系两个问题。②

李佩琦、易翔翔、侯福深（2004）分析了日本、美国等国家在发展电动汽车所采取的政策，肯定了财税优惠政策推广电动汽车应用的必要性。陆礼（2012）从技术路线方面进行了研究，认为汽车的节能减碳应是低碳交通技术变革的重点。③ 刘建民、谢蓉（2008）结合财会理念，分析了财税政策对汽车制造产业在自主创新方面的重要的作用。路春城（2011）横向比较了美、日、韩三国有关新能源汽车的税收优惠政策，进而认为我国新能源汽车税负结构上的不合理，提出了改革车辆购置税、优化货物与劳务税及附加的具体措施。李靖（2011）从消费者角度出发，建议对新能源设备的购置采用鼓励性税收政策。事实也表明，自2009年我国出台新能源汽车补贴激励政策之后，全国电动车销售数量逐年激增。

范英、吴方卫、胡军辉（2012）认为，大范围推广燃油乙醇，需要将集中生产环节的补贴方式，扩展到原料种植和最终消费上。杨鹏、马向辉（2011）分析了我国支持科技自主创新的税政策，认为应改革当前中央财政支持技术创新模式，打造专门针对独立研发的财税激励机制。邱灵（2012）对比分析了国内外新能源基地建设的实践模式，建议设立新能源基地建设专项基金，推进新能源关键技术的攻关。

陈飞等（2009）提出了城市交通碳排放定量化研究的低碳交通发展模型，立足于上海市，从民用、公共和对外交通三方面分别提出了碳排放的发展目标，根据碳排放模型，运用情景分析法，预测了惯性情景、发展情景、相对脱钩情景、绝对脱钩情景几种发展模式的结果并进行比较，在此基础上，提出了上海市发展低碳交通的对策：首先，保证低碳交通条件，包括城市的紧凑发展和混合开发，良好的出行环境及较高的公交出行率。其次，保障低碳交通政

① 冷静. 我国二线城市交通拥堵的症结与消弭策略——以青岛为例［J］. 上海城市管理，2011（01）：52 - 56.
② 钟蕾，刘亚. 基于低碳关键技术运用的交通基础设施建设的研究［J］. 综合运输，2015（10）：78 - 80.
③ 陆礼. 我国发展低碳交通的技术路线研究［J］. 综合运输，2012（06）：28 - 32.

策，包括土地管理，交通治理，交通运营管理三个方面。[①] 刘丽亚（2010）分析了世界各国日益紧迫的气候变化形势，分析了交通运输在气候恶化中的推动作用，明确了低碳交通的实质，即一种以低能耗、低污染、低排放为特征的新的交通发展模式。[②]

殷广涛、黎晴（2009）以中新天津生态城规划为实例，阐述了引导人们的活动模式及出行方式选择的三大策略；对中新生态城的交通规划进行了分析，并以停车泊位共享为例，探讨了生态城的绿色低碳交通管理模式。[③] 孙德红（2011）认为，城市低碳交通发展是一个系统工程，应采取新的发展模式，即以政府、企业、公民为主体，以政府为主导，以市场为基础，以民间社会力量为辅助，从宏观、中观、微观三个层面，形成三个主体、三种方式、三个层面"三位一体"发展模式，应从城市交通规划、建设和营运等方面采取有效措施加快城市低碳交通的发展。[④] 来逢波等（2012）认为，构建和发展低碳运输体系既是中国发展低碳经济和循环经济的重要支撑，也是实现运输行业低碳发展和可持续发展的必经之路，他结合国外低碳运输的实践和中国的现实情况，提出了低碳运输体系的构建策略和"政府——运输企业——社会公众"的三方互动治理模式。[⑤]

郎郑欣（2012）认为，通过市场机制控制温室气体排放的途径分别有排放额的控制及排放物价格的控制。前者主要是建立和发展碳排放交易市场；后者主要是征收碳税。碳税通过控制和激励两大功能，减少二氧化碳的排放。实际执行过程中，需要考虑征收成本、市场监管以及解决信息不对称等问题。[⑥] 周中林等（2012）认为，碳税和碳交易都是碳减排基于市场的激励型政策工具。碳税是基于激励的价格型碳减排政策工具，是使外部性内在化的庇古税，能有效地减少二氧化碳排放；碳交易是基于激励的数量型政策工具，是解决负经济外部性产权的交易手段，碳交易能使合同的一方通过支付使另一方获得温室气体减排额。在实施成本上，碳交易高于碳税，在效果上，普遍认为碳交易

① 陈飞等. 城市低碳交通发展模型、现状问题及目标策略——以上海市实证分析为例 [J]. 城市规划学刊, 2009（06）：86-89.
② 刘丽亚. 走低碳交通之路, 促城市可持续发展 [J]. 综合运输, 2010（01）：29-32.
③ 殷广涛, 黎晴. 低碳交通系统规划实践——以中新天津生态城为例城市交通 [J]. 2009（7）：58-65.
④ 孙德红. 城市低碳交通发展模式及措施 [J]. 交通环保, 2011（01）：43-44, 48.
⑤ 来逢波, 任建兰. 中国低碳交通运输体系构建必要性及治理模式探讨阴 [J]. 华东经济管理, 2012（04）63-66.
⑥ 郎郑欣. 碳税与碳税政策分析 [J]. 林业经济, 2012（01）：35-38.

优于碳税。① 政策选择主要有两种观点,即构建碳市场和制定财税政策。

彭本利等 (2012) 认为,市场主体是碳交易市场的基础性要素,构建中国的碳交易市场,需要建立合理的碳交易主体法律制度。② 白洋 (2012) 认为,发展低碳经济离不开法律的推进和保障。当前,我国制定的低碳经济法律法规存在低碳经济基本法缺位、重点领域立法空白、现有法律规定缺乏操作性、基本制度缺失、激励手段不足以及监督执法力度有限等问题。建议尽快出台统领低碳经济的基本法、碳排放权交易制度、完善低碳财税手段、推进环境信息公开和公众参与机制、强化环境执法。只有在完善的法律保障机制下,多种手段相互配合,才能最终实现经济发展的低碳化。③ 王志华 (2012) 认为,中国碳排放交易市场的构建,面临着诸多的现实障碍与法律困境,摆脱困境的对策是我国碳排放市场的构建要与我国承担的国际义务以及应对气候变化的立场与承诺相适应,在承担强制性减排义务之前,我国以自愿性减排为主,不宜出台强制性减排的立法,应通过法律机制的引导作用,逐步构建和完善碳排放交易市场。④ 刘松 (2012) 认为,碳减排已成为我国实现可持续发展目标的长期制度性任务,探索更具经济效率的市场化减排已成为必然。对制度性减碳的行政管制路径与市场路径进行对比,更应侧重碳税与碳排放权交易的市场机制。⑤

王译 (2012) 认为,建设高速公路除了充分利用专项资金、财政预算内资金及国债资金等外,还应大力发展可用民间资本。李国健 (2012) 建议通过成品油税费改革,建立税收筹集公路建设资金新机制。邵亚申等 (2012) 认为,应将低碳关键技术与交通基础设施建设相结合,通过对交通基础设施自身的低碳化处理,增加各类交通方式的无缝衔接和有效转换来实现低碳化的需求。同时,引入信息技术,构建一体化交通基础设施集成平台,掌握宏观交通动态趋势及微观交通信息并及时调整策略,进而构建兼具数字时代实时、高效、节能环保的低碳交通基础设施体系。⑥ 蒋震 (2012) 提出,从新能源研发

① 周中林,吴杰. 碳减排放的经济手段评价 [J]. 石油石化节能与减排,2012 (02),1 - 4.
② 彭本利,李挚萍. 碳交易主体法律制度研究 [J]. 中国政法大学学报,2012 (02):47 - 53.
③ 白洋. 我国低碳经济法规存在的问题及其应对机制 [J]. 企业经济,2012 (08):19 - 24.
④ 王志华. 我国碳排放交易市场构建的法律困境与对策 [J]. 山东大学学报 (社会科学版),2012 (04):120 - 127.
⑤ 刘松. 制度性减排的路径选择 [J]. 科学管理研究,2012 (08):36 - 39.
⑥ 邵亚申,张玉双. 基于交通基础设施角度的低碳交通发展研究 [J]. 中国公共安全 (学术版),2012 (02):86 - 89.

企业成立、成熟两个阶段，对科技、人员、设备实施税收优惠。① 王银安（2012）关注如何弥补公路运输企业新技术引进成本，建议地方政府积极采取奖励、补助、贴息等财政措施。肖俊涛（2010）从鼓励汽车生产企业进行技术创新角度出发，呼吁建立专门的低碳汽车税，并对新能源实施税收优惠。于兵（2011）分析了影响汽车消费的税种，着重从车船税的结构和征纳角度，建议新车船税法设立时应有意识提高其节能减排功效。

郑萍、程娜、倪伟桥（2010）从城市规划策略的角度，提出通过构建紧凑型多中心的城市结构和进行土地复合开发，减少交通出行；通过优化城市道路网络，减少机动车的交通时耗；通过优先发展公共交通，降低私人小汽车的使用量；通过建设舒适安全的慢行道路网络，促进自行车使用和步行出行，从而实现城市交通减碳的目标。② 任力、倪玲、李响（2010）分析了制约厦门市低碳交通转型的主要原因，提出加强低碳城市交通规划、优化居民出行结构、加大低碳交通技术的投入、完善各种低碳交通制度、建立区域性的海西城市低碳交通联盟、大力拓展各种低碳交通融资渠道等，一系列促进厦门市低碳交通的措施。③ 邵亚申、张玉双（2012）从交通基础设施的角度出发，以提高交通基础设施低碳性、增加各类交通设施体系间衔接有效性、提高交通基础设施建设的用地效率和用地整合度为分析路径，提出了实现低碳交通发展的具体途径和方法。④

第二节　国外低碳公路运输业发展研究综述

一、低碳公路运输业发展政策研究

2007 年，英国交通部门在发布的《低碳交通创新战略》（Low Carbon Transport Innovation Strategy）中，分别对公路、铁路、航空、水运四种交通运输方式提出了短期可以实现的低碳技术、低碳交通技术未来的研究方向及一系

---

① 蒋震. 支持新能源产业发展的税收政策取向 [J]. 税务研究，2012（06）：8 – 11.
② 郑萍，程娜，倪伟桥. 基于低碳交通理念的城市规划策略研究 [J]. 华中建筑，2010（08）：131 – 133.
③ 任力，倪玲，李响. 厦门低碳交通发展研究 [J]. 城市观察，2010（04）：102 – 109.
④ 邵亚申，张玉双. 基于交通基础设施角度的低碳交通发展研究 [J]. 智能交通，2012（02）：86 – 89.

列的政府政策方面引导措施①。2009 年，又出版了《更加绿色的未来》（*Greener Future*），为社会、经济、生活提供一个健康、和谐、可持续的未来。

基恩（Keith，2006）全面介绍了伦敦的低碳交通政策，重点分析了土地利用模式、清洁能源、智能交通系统、碳排放预算以及各种交通方式对于低碳交通系统的影响等②。西奥和日泰（Shaw & Ritai，2006）提出在交通低碳化发展方面应用低压电力系统的措施，并重点研究了其影响③。阿比盖尔（Abigail，2008）等重点检验了当前英国交通低碳化发展途径的合理性，并对英国当前实施的低碳交通政策进行了对比分析④。

从 20 世纪 90 年代开始，许多法国学者就对低碳交通规划的相关理论及低碳策略进行了较深入的研究，也取得了丰富的研究成果，同时他们也是交通低碳化发展的积极倡导者。《城市交通出行规划（PDU）》作为法国城市交通政策的主要代表，它摒弃了传统城市交通规划偏重技术手段的取向，集中展示了各个城市在低碳交通规划策略方面的主要成果。

日本 2008 年在《日本低碳社会模式及其可行性研究》（Japan Scenarios and Actions towards Low-carbon Societies）中，提出了 2050 年二氧化碳排量将在 1990 年水平上降低 70% 的目标；构建低碳社会模式，采取措施使其交通结构转向公共交通为主导的模式——低碳交通发展模式，比如，强化土地利用并加强城市功能，以公共交通出行为主导方式，提倡使用燃料电池车辆，提高能源利用效率等。

Marco Mazzarino 采用货币估值技术和比较静态法，研究发现运输业是 OECD 国家碳排放量最大的行业，占全部碳排放量的比例大约为 33%，证明了运输业的高碳排放。乌乌尔·索塔斯和爱德华（Ugur Soytas & Edward，2008）采用不同的碳排放量计算模型，实证研究了美国城市的能源消耗与碳排放量之间的因果关系，得到了相似的结论，即碳排放量的主要成因不是 GDP 增长，而是能源消耗。综合二者定性结论，运输业的减排重点应该是减少能源消耗。国外有关公路运输低碳化研究较多关注节能降耗。一方面，经过技术改造，调整产业结构，降低能源消耗强度；另一方面，增加对清洁能源和可再生能源的

---

① 王帆. 英国低碳审计对我国的启示 [J]. 财务与金融，2010（06）：66 – 70.
② Keith Buchan. Low carbon transport policies for the UK Phase Two：Policies [J]. London，2006.
③ Shaw, Rita. The true costs of low carbon transport [J]. IET Power Engineer，2006，20（6），24 – 29.
④ Abigail L Miles Tight Alison Pridmoreetc. Developing pathways to low carbon land-based passenger transport in Great Britain by 2050 [J]. Energy Policy，2008，（36）：3427 – 3435.

使用，减少碳强度。

二、低碳公路运输业发展计量研究

国外的相关研究中，根据博弈中局中参与者之间的博弈关系，研究大体可以分为四类：一是出行者与虚拟局中人之间的博弈。贝尔（Bell，2000）运用零和博弈对驾驶员和虚拟局中人进行了博弈分析。[1] 二是出行者之间的博弈。罗森塔尔（Rosenthal，1973）对出行者之间的一般博弈进行了描述分析，[2] 詹姆斯（James，1998）为了研究出行者的路径与出行时间选择之间的关系，给出了包括 N 个局中人是否使用给定的路段的策略型博弈模型。[3] 三是当局者之间的博弈。卡斯特利等（Castelli et al.，2004）运用博弈理论建立了货运网络中处于不同运输岗位的两个当局者之间的模型。[4] 王和杨（Wang & Yang，2005）把价格和服务水平的竞争作为博弈参数，建立了没有管制情形下的客运市场竞争博弈模型。[5] 四是出行者与当局者之间的博弈。鲍姆斯考和埃尔维克（Bjomskau & Elvik，1992）建立了在当局者强制驾驶员服从交通规则情形下的博弈模型。[6] 阿尔伯特（Albert，2001）为了对收费道路经营者和出行者之间的问题进行研究，建立了它们之间的博弈模型。[7]

达里多等（Darido et al.，2009）分析了中国 17 座城市人口、人口密度、人均 GDP 等特征，指出人口和收入的增加导致出行量和机动车辆增长，城市的扩张、人口密度复杂使得出行距离延长以及人们偏好机动车出行，推动了城市交通碳排放的增加。[8] 丽萨·瑞恩等（Lisa Ryan et al.，2009）应用面板数据

① Bell M. G H，A game theory approach to measuring the Performance reliability of transport networks [J]. Transportation Research. Part B，2000，34：533 –545.

② Rosenthal R. W，A class of games possessing pure-strategy Nash equilibrium [J]. International Journal of Game Theory，1973，2：65 –67.

③ James T，A game theoretic model of road usage in mathematics in transport Planning and control [C]. Proceedings of the third IMA international conference on mathematics in transport Planning and control，1998：401 –409.

④ Castelli，Longo G，Pesenti R，U kovich W，Two – Player Non-cooperative Games over a Freight Transportation Network [J]. Transportation Science，2004，38（2）：149 –159.

⑤ Wang J. Y. T.，Yang H，A game-theory analysis of competition in a deregulated bus market [J]. Transportation Research Part E，2005，41：329 –355.

⑥ Bjomskau T，Elvik R，Can road traffic law enforcement permanently reduce the number faeeidents? [J]. Accident Analysis and prevention，1992，24（5）：507 –520.

⑦ Albert G，Analysis of the influence of tolls in a congested transport system （in Hebrew）[R]. Research report，Teehnion – Israel Institute of Technology，2001.

⑧ Arido G，Torres – Montoya M，Mehndiratta S. Urban Transport and CO_2 Emissions：Some Evidence from Chinese Cities [C]. World Bank discussion paper，2009：55 –773.

研究了欧盟车辆、车辆能源税及碳排放强度之间的关系，车辆和能源税对客车销售及碳排放强度有明显的影响。[①]

马可·马札里诺（Marco Mazzarino，2000）对意大利交通部门碳排放影响因素进行了五要素分解，分别为能源结构、能源强度、交通能源结构、运输强度和经济增长，研究结果表明，GDP增长是影响碳排放量增长的主要因素。[②] 吴等人（Wu et al.，2005）基于中国各省数据，运用LMDI法研究了1996～1999年中国交通部门的碳排放增长的影响因素，认为交通能源强度、平均行驶距离和机动车数量是交通部门碳排放增长的驱动因素。[③] 路等（Lu et al.，2007）运用LMDI分解法研究了1990～2002年德国、日本、韩国和中国台湾地区高速公路车辆碳排放量增长的驱动因素。结果表明，机动车排放效率、机动车能源强度、机动车保有量、人口密度和经济增长是影响其碳排放的驱动因素。[④] 卡特里娜·帕帕基安娜吉等（Katerina Papagiannaki et al.，2009）从车辆的所有权、能源结构、年行驶里程、发动机排量以及车辆技术，分解分析了客车的二氧化碳排放。[⑤]

W. W. 王等（W. W. Wang et al.，2011）运用LMDI方法分析了运输业碳的排放，结果表明，人均经济活动效应和运输模式转移效应，是驱动运输部门碳排放增长的最主要潜在因素，运输强度和运输服务共享效应是减少碳排放的主要驱动力，然而，碳排放系数效应的作用很小。[⑥] 马拉·门第鲁斯等（Mar'a Mendiluce et al.，2011）对西班牙1990～2008年客货运碳排放量进行了LMDI分解，得出客运量、货运量、运输结构是碳排放的拉动因素，能源强度则是碳排放的

———————

① Lisa Ryan, Susana Ferreira, Frank Convery. The impact of fiscal and other measures on new passenger car sales and CO_2 emissions intensity: Evidence from Europe [J]. Energy Economics, 31 (2009) 365 – 374.

② Marco Mazzarino. The economics of the greenhouse effect: evaluating the climate change impact dueto the transport sector in Italy [J]. Energy Policy, 2000. 28 (13): 957 – 966.

③ L. Wu, S. Kaneko, S. Matsuoka. Driving Forces behind The Stagnancy of China's Energy-related CO_2 Emissions from 1996 to 1999: The Relative Importance of Structural Change, Intensity Change and Scale Change [J]. Energy Policy, 2005, (3): 319 – 335.

④ I. J. Lu, Sue J. Lin, Charles Lewis. Decomposition and Decoupling Effects of Carbon Dioxide Emission from Highway Transportation in Taiwan, Germany, Japan and South Korea [J]. Energy Policy, 2007, (1): 3226 – 3235.

⑤ Katerina Papagiannaki, Danae Diakoulaki, Decomposition analysis of CO_2 emissions from passenger cars: The cases of Greece and Denmark [J]. Energy Policy, 37 (2009): 3259 – 3267.

⑥ W. W. Wang, M. Zhang, M. Zhou. Using LMDI method to analyze transport sector CO_2 emissions in China [J]. Energy, 2011 (36): 5909 – 5915.

抑制因素的结论。① 里·施佩尔（Lee Schipper，2011）对美国交通碳排放进行了 LMDI 和 Laspeyres 分解，将因素分解为人口与经济增长、交通模式及能源使用率。②

查普曼（Chapman L，2007）认为，道路货物运输、小汽车的使用以及航空运输等是交通部门二氧化碳排放的主要影响因素。③ 帕拉范蒂斯和格雷格卡洛斯（Paravantis & Georgakellos，2007）认为，希腊小汽车产生的碳排放量占陆路交通碳排放量 95%。④ 雷德（Reid E，2008）研究指出，紧凑的城市发展有助于减小交通碳排放量。⑤ 富阮文（Phu Nguyen – Van，2010）研究表明，紧凑的城市结构有助于减小交通需求量。⑥ 安卡·克里斯泰亚等（Anca Cristeaa et al.）研究认为，国际贸易会增加交通的碳排放量。⑦ I·迈耶等（I. Meyer et al.，2007）基于行为和技术方案计算出客车派生需求，并对区域的二氧化碳排放量进行预测。⑧

三、低碳公路运输业发展评价体系研究

维坎·维奇克（Vukan R. Vuchic，2007）运用层次分析法和模糊综合评判法，对城市交通系统进行了分析评价。⑨ 美国得克萨斯州交通研究院（Texas Transportation Institute，TTI）通过收集交通量、道路负荷度、通勤时间、旅行时间指数、因为拥堵造成的二氧化碳释放量、拥堵成本等数据，建立了交通拥

① Mar' a Mendiluce, Lee Schipper. Trends in passenger transport and freight energy use in Spain [J]. Energy Policy, 2011, 39 (10): 6466 – 6475.

② Lee Schipper et al. Transport and Carbon Emissions in the United States: The Long View [J]. Energies, 2011 (4): 563 – 581.

③ Chapman L. Transport and climate change: A review. Journal of Transport Geography, 2007, 15: 354 – 367.

④ Paravantis J, Georgaakellos D. Trends in energy consumption and carbon dioxide emissions of passenger cars and buses [J]. Technological Forecasting & Social Change, 2007, 74 (5): 682 – 707.

⑤ Reid E Wing, Fang Rong. The Impact of Urban Form on U. S. Residential Energy Use [J]. Housing and Debate, 2008: 19 (1): 9 – 19.

⑥ Phu Nguyen – Van. Energy consumption and income: A semi Parametric Panel data analysis [J]. Energy Economics, 2010, 32 (3): 557 – 563.

⑦ Anca D, Cristea, David Hummels, Laura Puzzello, Misak Avetisyan. Trade and the greenhouse gas emissions from international freight transport [J]. Journal of Environmental Economics and Management, 2013, (65): 153 – 173.

⑧ I. Meyer, M. Leimbach, C. C. Jaeger. International passenger transport and climate change: A sector analysis in car demand and associated CO_2 emissions from 2000 to 2050 [J]. Energy Policy, 35 (2007) 6332 – 6345.

⑨ Vukan R. Vuchic. Urban Transit Systems and Technology [M]. New York: John Wiley & Sons. 2007: 102 – 156.

堵评价指标体系，评价个人及国家整体的拥堵情况以及政策实施效果，并提出一系列缓堵措施。比如，提供多种服务、改善道路交叉口设计、改变出行需要等。[1]

国外学者对城市交通理论的研究起步比较早，研究成果比较成熟、全面，并且还进行了大量实际应用。比如，哈德里（Ghaderi，2003）[2]和伊萨德巴赫什（Izadbakhsh，2007）[3]运用层次分析法和数据包络法对城市客运交通进行评价研究，通过建立系统仿真模型实现了对城市客运交通系统的分析评价；维坎·维奇克根据城市交通系统的特点，运用层次分析法和模糊综合评价法实现了城市交通系统的评价研究[4]。哈维（Xavie，2007）[5]对城市公交的规划和调整进行了研究。很多学者在研究过程中缺乏低碳、能耗以及污染等目标。

在国外的评价指标体系中，英国高速公路管理局研发了高速公路建设阶段碳计量体系，其中建设期碳计量包括六个主要指标：内部运营的碳排放（项目办公室、国际交通控制中心、地区控制中心）、网络运营的碳排放（网络照明设施、智能交通系统、车辆控制系统的电能消耗）、主体工程的碳排放、承包商管理的碳排放、设计融资运营的碳排放和收费站的碳排放。同时，英国在寻找减少碳足迹活动中采用了多种方式，比如，在公路建设过程中采用低碳排材料、在施工废料处理过程中采用新技术、在公路管理过程中尽量使用节能减排设施以及优化管理。[6]美国交通部联邦公路管理局推出的美国高速公路运营管理评价体系中，与碳排放有关的评价指标主要有：高速公路管理规划、绩效监测与评价、道路运营改善、匝道管理、车道管理、交通事故管理、紧急疏散管理、信息发布、交通管理中心、检测和监控、通信等指标。[7]

[1]　Institute T T. TTI's 2012 Urban Mobility Report［R］. Texas：Texas A & M Transportation Institute，2012.

[2]　Department of Trade and Industry（DTI）. UK Energy White Paper：Our Energy Future—Creating a Low Carbon Economy. London：TSO，2003.

[3]　Stern Nicolars. Stern Review on the Economics of Climate Change［M］. London：Cambridge University Press，2007.

[4]　吕东旭. 基于低碳理念的新城规划策越研究［D］. 武汉：华中科技大学，2012.

[5]　CHRIS G How to live a low-carbon live：the individual's guide to shopping climate change［M］. London Sterling VA，2007.

[6]　Highways Agency，Highways Agency Annual Repor and Accounts 2006 – 2007. Stationery Office Books［R］. 2007. ISBN：9780102946802.

[7]　Azapagic and solberg-johansen olik，The principles and practice of life cycle assessment［J］. Engineering February 1998，26 – 27.

四、低碳公路运输业发展科技研究

国外对运输车辆的能耗、效率、低碳运输燃料很早就进行了研究。2007年，阿比盖尔（Abigail L B，2008）等在《2050年英国客运的低碳发展路径》中，比较了目前英国个人交通工具与轨道交通发展政策方面对实现低碳交通产生的影响。[①] 2008年，玛丽娜·科索利多（Marina Kousoulidou）等对城市交通使用电池驱动的电动汽车（BPEVs）、燃料电池电动汽车（FCEVs）、混合动力电动汽车（HEVs）和内燃机汽车（ICEVs）的能源效率、排放和成本进行了比较，认为仅通过机动车燃料结合使用可再生能源，可减少排放40%的二氧化碳。[②] 同年，帕斯卡·普当（Pascal Poudenx）通过比较12个城市政府的限制私人车辆使用、计算能源消耗和温室气体排放这两个指标，认为政府政策并不奏效，所以作者认为政策旨在减少私人汽车使用上的失败是因为他们没有将顾客对服务的质量的要求考虑在内。

第三节　国内外低碳公路运输业发展研究评析

公路运输是一个人人参与的、开放的非线性复杂系统，碳排放不仅受确定性规律的支配，同时也受偶然性因素的影响，演变过程表现出一定的规律性和随机性。低碳公路运输业研究就是要在分析总结碳排放变化特征及影响因素相互作用的基础上，明确公路运输碳排放的变化趋势及主要的控制变量，概括出一般性的变化规律，为低碳公路运输业发展提供决策依据。通过文献分析发现前人的研究尚存在一定的不足，以及一些尚未解决和尚需研究的问题。从现有研究成果来看，低碳公路运输理论在国内外研究领域还未形成统一共识，概念尚未统一，对于低碳交通的政策选择与分析，尚未研究出一套成熟的技术、理论路线。

---

① Abigail L. Bristow. Developing pathways to low carbon land-based passenger transport in Great Britain by 2050. Energy Policy. Volume 36, Issue 9, September 2008, Pages 3427 – 3435.

② Marina Kousoulidou, Leonidas Ntziachristos. Road-transport emission projections to 2020 in European urban environments. Atmospheric Environment Volume 42, Issue 32, October 2008, Pages 7465 – 7475.

一、低碳公路运输影响因素研究主观随意

已有研究大多采用定性赋权的方法对影响因子进行分析，较易产生主观随意性，影响因子之间真实信息的反映。公路运输碳排放影响因素及影响程度是明确公路运输碳排放演变机理的基础。目前对于公路运输碳排放演变影响因素的研究，主要采用回归分析模型和因素分解模型。回归分析模型将因素作为单一指标处理，忽略了因素之间的关联性，因此无法很好地解释因素对公路运输碳排放的影响机理；因素分解模型能够改善上述问题，目前常集中在四要素分解和五要素分解，研究成果主要集中在研究经济、人口及能源等宏观变量对公路运输碳排放量变化的影响机理。然而，对于公路运输行业而言，公路运输碳排放的影响因素复杂程度较高，因此仅对宏观变量进行分析，已无法准确全面掌握公路运输碳排放量变化的影响因素及影响程度，需要进一步对因素进行分解。

二、现状、问题与政策研究脱离现实

某些学者仅从低碳交通的外部性出发，依靠数据之间的相关关系进行外推计算，用路网密度、城市绿化覆盖率等外部指标来评价政策实施效果，缺少系统内的机理分析，不适合中长期政策评价，很难为决策者提供综合支持。公路运输碳排放特征应包括两个维度，纵向维度是指公路运输碳排放随时间演变的过程，横向维度是公路运输碳排放在空间上的差异和变化。从空间维度来看，由于不同国家及地区自然环境和社会经济条件具有高度的空间异质性，公路运输碳排放空间分布具有差异性，但是目前尚缺乏对现有公路运输两个维度的有效研究。

三、政策选择研究缺乏理论依据

对于低碳交通发展路径的研究数量多与低碳公路运输的研究，并且多数低碳交通的研究多局限在从宏观层面定性提出政策路径上，专家主观因素干扰过多，对于发展对策的提出缺乏理论依据与定量分析，许多学者忽视了所选取的政策是否符合该城市的基本情况与特点，没有考虑政策的适应性因素，造成政策一致化。

参 考 文 献

[1] 王如松. 以五个统筹力度综合规划首都生态交通 [J]. 中国特色社会主义研究, 2004 (04).

[2] 莫翠梅. 我国发展绿色低碳运输的对策探讨 [J]. 当代经济, 2010 (06).

[3] 侯亘, 李小伟. 关于可持续发展战略下绿色城市交通规划的思考 [J]. 中国水运, 2010 (06).

[4] 白雁, 魏庆朝, 邱青云. 基于绿色交通的城市交通发展探讨 [J]. 北京交通大学学报 (社会科学版), 2006 (06).

[5] 江暮红. 基于公路运输的绿色物流 [J]. 物流技术, 2006 (08).

[6] 解晓玲. 公路运输行业减碳路径分析 [J]. 综合运输, 2011 (01).

[7] 张陶新, 周跃云, 赵先超. 中国城市低碳交通建设的现状也途径分析 [J]. 城市交通, 2011 (01).

[8] 宿凤鸣. 低碳交通的概念和实现途径 [J]. 综合运输, 2010 (05).

[9] 黄园高, 周晶. 收费公路和公共交通之间的定价博弈分析 [J]. 东南大学学报 (自然科学版), 2004 (02).

[10] 李振龙, 陈德望. 交通信号区域协调优化的多智能体博弈模型 [J]. 公路交通科技, 2004 (01).

[11] 李文勇, 陈学武. 出行前交通诱导决策系统的静态博弈模型 [J]. 武汉理工大学学报 (交通科学与工程版), 2007 (06).

[12] 何胜学, 范炳全. 基于有效路径的交通流博弈分配算法 [J]. 交通运输系统工程与信息, 2007a (01).

[13] 李得伟, 韩宝明, 张琦. 基于动态博弈的行人交通微观仿真模型 [J]. 系统仿真学报, 2007 (11).

[14] 谢菲菲. 城市交通碳排放量影响因素与低碳交通发展研究 [D]. 北京: 北京交通大学, 2013 (06).

[15] 陈飞. 低碳城市研究的内涵、模型及目标策略确定——上海实证分析 [D]. 上海: 同济大学, 2009.

[16] 龚勤, 沈悦林, 陈洁行等. 低碳交通的发展现状与对策建议——以杭州市为例 [J]. 城市发展研究, 2012 (10).

[17] 戴懿, 陈长虹, 景启国. 城市交通环境可持续发展指标体系的建立及评价 [J]. 世界科技研究与发展, 2005 (05).

[18] 陈毕伍，廖晓锋. 公路交通可持续发展评价指标体系研究 [J]. 中国公路学报，2009 (05).

[19] 臧广宇. 天津市构建低碳交通体系研究 [D]. 天津：天津商业大学，2012.

[20] 张清，陶小马，杨鹏. 特大型城市客运交通碳排放与减排对策研究 [J]. 中国人口资源与环境，2012 (01).

[21] 赵敏，张卫国，俞立中. 上海市居民出行方式与城市交通 CO_2 排放及减排对策 [J]. 环境科学研究，2009 (06).

[22] 刘建翠. 中国交通运输部门节能潜力和碳排放预测 [J]. 资源科学，2011 (04).

[23] 曲艳敏，白宏涛，徐鹤. 基于情景分析的湖北省交通碳排放预测研究 [J]. 环境污染与防治，2010 (10).

[24] 童抗抗. 居住——就业距离对交通碳排放的影响 [J]. 生态学报，2012，32 (10).

[25] 刘文宇. 北京市发展低碳交通的前景分析 [J]. 综合运输，2010 (09).

[26] 朱跃中. 未来中国交通运输部门能源发展与碳排放情景分析 [J]. 中国工业经济，2001 (12).

[27] 郑大勇. 城市客运交通碳排放计算及低碳发展策略研究 [D]. 西安：西安交通大学，2011.

[28] 朱松丽，姜克隽. 北京市城市交通能源需求和污染物排放：1998 - 2020 [J]. 中国能源，2002 (06).

[29] 李志鹏. 基于系统动力学的城市交通能源消耗与碳排放预测 [D]. 天津：天津大学，2001.

[30] 周健，崔胜辉等. 基于 LEAP 模型的厦门交通能耗与大气污染物排放分析 [J]. 环境科学与技术，2011 (11).

[31] 张军，杜文等. 基于 DEA 的城市交通可持续发展综合评价研究 [J]. 铁道运输与经济，2007 (08).

[32] 刘晓佳. 城市交通系统可持续发展协调能力的综合评价 [J]. 重庆交通大学学报（自然科学版），2008 (01).

[33] 郭宝. 模糊信息下的城市交通系统可持续发展综合评价研究 [D]. 西安：长安大学，2011.

［34］郝培文，蒋小茜，石载．绿色公路理念及评价体系［J］．筑路机械与社工机械化，2011（05）．

［35］竺石磊，周雪梅，付菊红．低碳经济下的公路交通现代化评价体系探讨［J］．交通信息与安全，2010（03）．

［36］景劲松，徐广印，蒋国良．可持续发展的公路运输费用效益分析［J］．河南农业大学学报，2001（02）．

［37］张生瑞，邵养福，严海．公路交通可持续发展评价指标及评价方法研究［J］．中国公路学报，2005（02）．

［38］蒋育红，何小洲，过秀成．城市绿色交通规划评价指标体系［J］．合肥工业大学学报（自然科学版），2008（09）．

［39］徐雅楠，杜志平．我国交通运输业的碳排放测度及因素分解［J］．物流技术，2011（06）．

［40］黄成，陈长虹，王冰妍，戴爵，赵静，王海鳃．城市交通出行方式对能源与环境的影响［J］．公路交通科技，2005（12）．

［41］苏涛永，张建慧，李金良等．城市交通碳排放影响因素实证研究——来自京津沪渝面板数据的证据［J］．工业工程与管理，2011，16（05）．

［42］高扬，张晓明，周茂松，曾栋鸿．城市居住社区交通碳排放特征及交通碳排放评估模型研究——以广州市为例［J］．城市发展与规划大会论文集，2012．

［43］纪建悦，孔胶胶．中国海洋交通运输业碳排放因素分解研究——基于中国远洋集团的实证分析［J］．海洋经济，2011（06）．

［44］沈满洪，池熊伟．中国交通部门碳排放增长的驱动因素分析［J］．江淮论坛，2012（01）．

［45］呙小明，张宗益．我国交通运输业能源强度影响因素研究［J］．管理工程学报，2012（04）．

［46］马静，柴彦威，刘志林．基于居民出行行为的北京市交通碳排放影响机理［J］．地理学报，2011（08）．

［47］刘志杰．公路网络交通碳排放影响因素研究［J］．交通与运输，2012（07）．

［48］欧阳斌，张跃军，郭杰．低碳交通运输的综合评价指标及其应用［J］．北京理工大学学报（社会科学版），2014（03）．

［49］姜军，陈静．道路运输业低碳竞争力评价指标体系探索［J］．开放

导报，2014（05）.

[50] 王珍珍. 城市交通系统可持续发展规划理论与方法 [D]. 南京：东南大学，2003.

[51] 竺石磊，周雪梅，付菊红. 低碳经济下的公路交通现代化评价体系探讨 [J]. 交通信息与安全，2010（03）.

[52] 陈冰飞. 高速公路低碳运营研究 [D]. 西安：长安大学，2011.

[53] 郭杰，陈建营，欧阳斌. 中国区域低碳交通评价指标体系研究 [J]. 综合运输，2012（06）.

[54] 王建伟，张晓明，宋庆亮，高洁. 基于 PSR 模型的低碳交通运输发展评价研究 [J]. 重庆交通大学学报（自然科学版），2014（03）.

[55] 李碧珍，叶琪. 福建省低碳物流发展的影响因子评价——基于网络层次分析法 [J]. 福建师范大学学报（哲学社会科学版），2014（03）.

[56] 王合存. 辽宁省公路运输业低碳绿色发展研究 [D]. 大连：大连海事大学，2015.

[57] 杨家本. 昆明城市绿色交通指标体系构建探讨 [J]. 城市建设理论研究，2012（05）.

[58] 王光荣. 天津市低碳交通建设：从节能减排到低碳交通模式 [J]. 天津经济，2011（03）.

[59] 孙红霞. 河南发展低碳交通的路径与对策 [J]. 焦作师范高等专科学校学报，2011（02）.

[60] 冷静. 我国二线城市交通拥堵的症结与消弭策略——以青岛为例 [J]. 上海城市管理，2011（01）.

[61] 钟蕾，刘亚. 基于低碳关键技术运用的交通基础设施建设的研究 [J]. 综合运输，2015（10）.

[62] 陆礼. 我国发展低碳交通的技术路线研究 [J]. 综合运输，2012（06）.

[63] 陈飞等. 城市低碳交通发展模型、现状问题及目标策略——以上海市实证分析为例 [J]. 城市规划学刊，2009（06）.

[64] 刘丽亚. 走低碳交通之路，促城市可持续发展 [J]. 综合运输，2010（01）.

[65] 殷广涛，黎晴. 低碳交通系统规划实践——以中新天津生态城为例城市交通 [J]. 2009（7）.

［66］孙德红. 城市低碳交通发展模式及措施［J］. 交通环保，2011（01）.

［67］来逢波，任建兰. 中国低碳交通运输体系构建必要性及治理模式探讨阴［J］. 华东经济管理，2012（04）.

［68］郎郑欣. 碳税与碳税政策分析［J］. 林业经济，2012（01）.

［69］周中林，吴杰. 碳减排放的经济手段评价［J］. 石油石化节能与减排，2012（02）.

［70］彭本利，李挚萍. 碳交易主体法律制度研究［J］. 中国政法大学学报，2012（02）.

［71］白洋. 我国低碳经济法规存在的问题及其应对机制［J］. 企业经济，2012（08）.

［72］王志华. 我国碳排放交易市场构建的法律困境与对策［J］. 山东大学学报（社会科学版），2012（04）.

［73］刘松. 制度性减排的路径选择［J］. 科学管理研究，2012（08）.

［74］邵亚申，张玉双. 基于交通基础设施角度的低碳交通发展研究［J］. 中国公共安全（学术版），2012（02）.

［75］蒋震. 支持新能源产业发展的税收政策取向［J］. 税务研究，2012（06）.

［76］郑萍，程娜，倪伟桥. 基于低碳交通理念的城市规划策略研究［J］. 华中建筑，2010（08）.

［77］任力，倪玲，李响. 厦门低碳交通发展研究［J］. 城市观察，2010（04）.

［78］王帆. 英国低碳审计对我国的启示［J］. 财务与金融，2010（06）.

［79］吕东旭. 基于低碳理念的新城规划策越研究［D］. 武汉：华中科技大学，2012.

［80］Keith Buchan. Low carbon transport policies for the UK Phase Two：Policies［J］. London，2006.

［81］Shaw，Rita. The true costs of low carbon transport［J］. IET Power Engineer，2006，20（6）：24－29.

［82］Abigail L Miles Tight Alison Pridmoreetc. Developing pathways to low carbon land-based passenger transport in Great Britain by 2050［J］. Energy Policy，2008，（36）：3427－3435.

［83］Bell M. G H，A game theory approach to measuring the Performance reliability of transport networks [J]. Transportation Research. Part B, 2000, (34): 533 –545.

[84] Rosenthal R. W, A class of games possessing pure-strategy Nash equilibrium [J]. International Journal of Game Theory, 1973, (2): 65 –67.

[85] James T, A game theoretic model of road usage in mathematics in transport Planning and control [C]. Proceedings of the third IMA international conference on mathematics in transport Planning and control, 1998: 401 –409.

[86] Castelli, Longo G, Pesenti R, U kovich W, Two – Player Non-cooperative Games over a Freight Transportation Network [J]. Transportation Science, 2004, 38 (2): 149 –159.

[87] Wang J. Y. T. , Yang H, A game-theory analysis of competition in a deregulated bus market [J]. Transportation Research Part E, 2005, (41): 329 –355.

[88] Bjomskau T, Elvik R, Can road traffic law enforcement permanently reduce the number faeeidents? [J]. Accident Analysis and prevention, 1992, 24 (5): 507 –520.

[89] Albert G, Analysis of the influence of tolls in a congested transport system (in Hebrew) [R]. Research report, Teehnion – Israel Institute of Technology, 2001.

[90] Arido G, Torres – Montoya M, Mehndiratta S. Urban Transport and CO_2 Emissions: Some Evidence from Chinese Cities [C]. World Bank discussion paper, 2009: 55 –773.

[91] Lisa Ryan, Susana Ferreira, Frank Convery. The impact of fiscal and other measures on new passenger car sales and CO_2 emissions intensity: Evidence from Europe [J]. Energy Economics, 2009, (31): 365 –374.

[92] Marco Mazzarino. The economics of the greenhouse effect: evaluating the climate change impact dueto the transport sector in Italy [J]. Energy Policy, 2000, 28 (13): 957 –966.

[93] L. Wu, S. Kaneko, S. Matsuoka. Driving Forces behind The Stagnancy of China's Energy-related CO_2 Emissions from 1996 to 1999: The Relative Importance of Structural Change, Intensity Change and Scale Change [J]. Energy Policy, 2005, (3): 319 –335.

[94] I. J. Lu, Sue J. Lin, Charles Lewis. Decomposition and Decoupling Effects of Carbon Dioxide Emission from Highway Transportation in Taiwan, Germa-

ny, Japan and South Korea [J]. Energy Policy, 2007, (1): 3226 – 3235.

[95] Katerina Papagiannaki, Danae Diakoulaki, Decomposition analysis of CO_2 emissions from passenger cars: The cases of Greece and Denmark [J]. Energy Policy, 2009, (37): 3259 – 3267.

[96] W. W. Wang, M. Zhang, M. Zhou. Using LMDI method to analyze transport sector CO_2 emissions in China [J]. Energy, 2011, (36): 5909 – 5915.

[97] Mar' a Mendiluce, Lee Schipper. Trends in passenger transport and freight energy use in Spain [J]. Energy Policy, 2011, 39 (10): 6466 – 6475.

[98] Lee Schipper et al. Transport and Carbon Emissions in the United States: The Long View [J]. Energies, 2011, (4): 563 – 581.

[99] Chapman L. Transport and climate change: A review. Journal of Transport Geography, 2007, (15): 354 – 367.

[100] Paravantis J, Georgaakellos D. Trends in energy consumption and carbon dioxide emissions of passenger cars and buses [J]. Technological Forecasting & Social Change, 2007, 74 (5): 682 – 707.

[101] Reid E Wing, Fang Rong. The Impact of Urban Form on U. S. Residential Energy Use [J]. Housing and Debate, 2008, 19 (1): 9 – 19.

[102] Phu Nguyen – Van. Energy consumption and income: A semi Parametric Panel data analysis [J]. Energy Economies, 2010, 32 (3): 557 – 563.

[103] Anca D, Cristea, David Hummels, Laura Puzzello, Misak Avetisyan. Trade and the greenhouse gas emissions from international freight transport [J]. Journal of Environmental Economics and Management, 2013, (65): 153 – 173.

[104] I. Meyer, M. Leimbach, C. C. Jaeger. International passenger transport and climate change: A sector analysis in car demand and associated CO_2 emissions from 2000 to 2050 [J]. Energy Policy, 2007, (35): 6332 – 6345.

[105] Vukan R. Vuchic. Urban Transit Systems and Technology [M]. New York: John Wiley & Sons, 2007: 102 – 156.

[106] Institute T T. TTI's 2012 Urban Mobility Report [R]. Texas: Texas A & M Transportation Institute, 2012.

[107] Department of Trade and Industry (DTI). UK Energy White Paper: Our Energy Future—Creating a Low Carbon Economy. London: TSO, 2003.

[108] Stern Nicolars. Stern Review on the Economics of Climate Change [M].

London: Cambridge University Press, 2007.

[109] CHRIS G How to live a low-carbon live: the individual's guide to shopping climate change [M]. London Sterling VA, 2007.

[110] Highways Agency, Highways Agency Annual Repor and Accounts 2006 – 2007. Stationery Office Books [R]. 2007. ISBN: 9780102946802.

[111] Azapagic and solberg-johansen olik, The principles and practice of life cycle assessment [J]. Engineering February, 1998: 26 – 27.

[112] Abigail L. Bristow. Developing pathways to low carbon land-based passenger transport in Great Britain by 2050. Energy Policy. Volume 36, Issue 9, September, 2008: 3427 – 3435.

[113] Marina Kousoulidou, Leonidas Ntziachristos. Road-transport emission projections to 2020 in European urban environments. Atmospheric Environment Volume 42, Issue 32, October, 2008: 7465 – 7475.

第三章

低碳公路运输业发展的理论基础

低碳交通运输的相关研究涉及的理论比较多，本章主要介绍了交易费用理论、产权理论、委托代理理论、制度变迁理论、公共经济理论、产业理论、共享经济理论、凯恩斯国家干预理论、可持续发展理论、生态系统理论、外部性理论和资源稀缺理论。

第一节　交易费用理论、产权理论与委托代理理论

一、交易费用理论

交易费用理论是新制度经济学研究的起点和出发点。正是因为交易费用的存在，人们才认识到制度在经济生活中所起到的重要作用。很多新制度经济学家都对交易费用作过界定，但在理解上和侧重点上不尽相同。科斯（1991）认为交易费用是谈判、签订和执行合约的费用；威廉姆森（1985）将交易费用分为"事前的"和"事后的"两种；张五常（1999）把交易费用等同于"制度成本"；① 袁庆明将交易费用定义为"当法律层面上和物质层面上的转变和移动发生的过程中产生的各种代价。"按照对象的不同，可以将交易费用分为两类：一类是不同制度之间的交易和既定制度范围内的各种交易费用；另一类是市场型交易、管理型交易和政治型交易的费用。其中管理型和政治型的交易费用比较相似，可以概括为组织内部的制度费用、管理费用、信息费用等。②

---

① 卢现祥，朱巧玲. 新制度经济学 ［M］. 北京：北京大学出版社，2007：154－157.
② 袁庆明. 新制度经济学教程 ［M］. 北京：中国发展出版社，2011：45－47.

　　按照威廉姆森的分析，交易费用的三个主要决定因素分别是：人的有限理性、机会主义和资产专用性。人的有限理性是指人的认知有局限性；机会主义是指人们在交易中通过不正当的手段追求自身利益的最大化，这是交易费用的核心概念；资产专用性是指人力或物质资产在多大程度上供选择的经济活动中具有的价值。[①] 只有当这三个因素同时出现的情况下，交易费用才会存在。因为如果一个人完全理性，就有能力预测到未来发生的各种可能，从而签订一个详尽的长期合同；如果机会主义不存在，人们就不会因为合同中的漏洞而投机；同样，如果不存在资产专用性，市场上的主体将是充分竞争的。[②]

　　交易费用理论研究中的重点和难点是交易费用的测量问题，交易费用测量当中无法经由市场衡量的成本，例如信息的获取、贿赂行为以及时间成本等最终导致了交易费用测量的困难。解决这一困难的方法是将测量分为两个层次：

　　一个是从宏观的角度出发，测量制度运行的交易费用；另一个则是从微观的角度出发，对于在一定的制度下各种变量引起的交易费用变化进行测量。交易费用测量不仅在衡量制度的有效性方面起着关键的作用，更是一国经济科学管理的重要组成部分。西方学者在交易费用测量上付出了极大的努力，但截至目前并没有取得很好的效果，这就促使广大的经济学者应结合我国的实际情况，找出符合国情的、有效的交易费用测量方法，为经济发展创造出更加有效的制度安排。

二、产权理论

　　阿尔钦认为，"产权是一种通过社会强制而实现的对某种经济物品的多种用途进行选择的权利。"[③] 菲吕普顿和佩杰维奇指出，"产权不是人与物的关系，而是因为物的存在及使用所产生的人与人之间互相被认可的行为关系。"[④] 可见，产权概念共有三个层次含义：其一，产权是人与人之间的基本行为关系；其二，产权是对经济物品所有及使用的一组权利的集合；其三，产权相对于个体而言并不存在，具有社会属性，是一些社会制度。产权是一组权利的集合，一般认为是由所有权、使用权、收益权和转让权四种基本权利构成。其中

　　① 迈克尔·迪屈奇. 交易成本经济学 [M]. 北京：经济科学出版社，1999：29.
　　② 汤喆. 交易费用理论综述 [D]. 长春：吉林大学，2006：6-7.
　　③ 约翰·伊特韦尔等. 新帕尔格雷夫经济学大辞典 [M]. 北京：经济科学出版社，1996：1101.
　　④ Furbotn, E. Pejovich, S. Property Rights and Economic Theory：A Survey of Recent Literature [J]. Journal of Economic Literature，Dec. 1972.

转让权最能体现产权的完整性与独立性，它承担的是产权人所拥有的改变资产价值的权利。

根据不同的依据，产权的分类也不同。按照产权的归属主体及排他性程度，产权可以分为私有产权、共有产权和国有产权；按照绝对和相对程度，产权可以分为绝对产权和相对产权。产权具有激励与约束功能、外部性内在化功能与资源配置功能。① 其中最重要的功能是外部性内在化功能。德姆塞茨认为，"产权的一个主要功能是引导人们实现将外部性较大地内在化的激励。与社会相互依赖性相联系的每一成本和收益就是一种潜在的外部性，使成本和收益外部化的一个必要条件是，双方进行权利交易（内在化）的成本必须超过内在化的所得。"② 因此，产权的外部性问题是相互的，不是单方面的，可以通过安排合理的产权制度解决外部性问题。科斯的学生（威廉姆森、张五常等）就是从研究外部性问题入手，总结概括出所谓的"科斯定理"。

新古典主义学者认为，市场是唯一的资源配置机制，个人追求利润最大化能够导致社会利益的最大化。然而，这种假设是建立在不确定性、交易费用为零的基础上的。新制度经济学者以交易费用大于零的现实世界为依据，揭示了产权对社会资源配置效率所起到的重要作用。他们通过分析比较现实中各种产权的结构、状态及其贡献的大小，就可以基本判断一个经济体应有的效率状况。产权理论认为，不同的产权制度对经济效率的影响差异巨大，有效的产权制度能够较好地解决外部性问题。与共有产权制度比较，私有产权制度的产权主体更明确、产权边界更清晰、交易费用也更低，它的转让权也更好地得到体现。

三、委托代理理论

委托代理理论是研究企业制度的经典理论，它指出了在非对称信息的条件下，委托人与代理人之间的利益差异所导致的诸多问题，具有很强的现实解释力。交易双方之间关系是多样的、复杂的。当交易一方将某项任务交由交易另一方完成，并给予其一定的报酬时，两者的关系就是委托代理关系。将任务交予他人的交易方就是委托人，而获取报酬的交易方就是代理人。

委托代理关系广泛地存在于社会经济生活之中，具有普遍性。委托代理关

---

① 卢现祥，朱巧玲. 新制度经济学［M］. 北京：北京大学出版社，2007：187 – 195.
② 科斯，阿尔钦，诺斯等. 财产权利与制度变迁——产权学派与新制度学派论文集［M］. 上海：上海三联书店，1991：98.

系是一个相对概念，可以是多层次的，即存在多个委托人与代理人，而一个市场主体可以具有委托人与代理人的双重角色。假设存在一个 4 层次的委托代理关系：A→B→C→D，A 是最终的委托人，D 是最终的代理人，而 B 与 C 既是委托人，也是代理人，对于 A 而言，B 是代理人；而对于 C 而言，B 又是委托人。委托代理之所以出现，在于这种体制能够充分发挥不同主体的专长，获取专业化带来的好处，节省委托人完成某项目标的成本。如果信息是完全的，委托方就能掌握对方全部的有用信息；委托人与代理人的利益是完全一致的，那么委托代理机制将是完美的。

但是，这种完美的假设并不存在于现实之中。一方面，不对称信息普遍存在，认知能力的缺乏及高昂的信息成本，使委托人难以获取比代理人更多的信息，为代理人追求私人利益创造了条件。另一方面，委托人与代理人的利益很难达到完全一致。每个人的收益函数与偏好都存在一定的差异，在很多时候，代理人的行为并不是追求委托人利益的最大化，为了维护自身利益甚至会以损害委托人的利益为代价。这两方面的原因导致了委托代理问题的存在，极易诱发代理人的"道德风险"与"逆向选择"问题。要解决这一问题，需要付出相当的代理成本，包括弥补委托人信息上的劣势，也就是信息成本；代理人的保证成本；代理人行为偏离委托人所造成的损失。委托代理理论的中心任务是研究在信息不对称和利益冲突的情况下，委托人如何设计最优契约激励代理人。[1] 因此，委托代理问题的实质是代理成本，在某种程度上也可以看作是交易成本。在存在委托代理关系的管理体制中，只要能够充分地降低代理成本，使委托人能够承担，那么委托代理问题就能够得到有效解决。

一般来讲，委托代理层次的数量与代理成本的高低呈正相关，委托代理层次越多，代理成本越高。因为，每一层的委托人与代理人之间都存在利益差别，代理人的行为或多或少都会偏离委托人的任务目标。层次越多，最终委托人与最终代理人的目标差异也就越大。同时，每一层委托代理关系都会存在一定的信息扭曲，层次越多，信息的及时性与真实性也就越难保证，信息成本也就越高。

威廉姆森（Williamson，1967）研究了企业内部的科层制问题，他认为，虽然科层制可以带来专业分工的好处，但是多级数的科层制会带来信息扭曲，

---

　　[1]　Ross，S. The Eeonolnie Theory of Agency：The PrinciPals' Problem ［J］. Ameriean Economic Review，1973（63）：134 – 139.

产生"控制损失",因此需要确定最优的科层数目。① 此外,委托代理的管理幅度也与代理成本密切相关。如果管理幅度过大,存在多个委托人对一个代理人的情况,那么,代理人需要同时满足不同委托人的任务。如果委托人之间存在权责不清,目标冲突将增加代理人完成目标的成本,使其缺乏努力工作、锐意进取的动力,面临的代理成本也就越高。②

因此,委托人可以采取一手抓激励、一手抓监督的策略。委托人不仅需要建立各种激励机制,对代理人进行高效的激励,更重要的是要对代理人实施强有力的、有效的监督,使其行为最大程度的符合委托人的利益函数。"代理成本本身是不可能消除的,但可以进行有效的控制。基于完全契约的委托代理理论认为,可以设计一份完美的激励契约来解决,实现激励与约束相兼容,激励代理人完成自己的任务目标,以此来尽可能地降低代理成本。这就意味着,设计合理的激励约束制度对于解决委托代理问题的重要性"。③

第二节　制度变迁理论、公共经济理论与产业理论

一、制度变迁理论

(一) 制度含义

很多经济学家都曾经对制度的内涵进行过解释,经济学家尼尔逊认为,"制度是对某些社会组织和团体的行为的约束和规范,我们也可以在一定的意义上把制度等同于一些社会组织和团体,例如政府、法院、协会等。"④ 制度经济学家诺思认为,"制度给人们提供一种可以互相影响的框架结构,这些框架构成了一个社会,更确切地说是构成了一种经济秩序上的博弈关系。"⑤ 我国的经济学家也对制度内涵做过很多研究,其中最为权威的内涵是林毅夫的观

① O. Williamson. Hierarchical Control and Optimal Firm Size [J]. Journal of Political Economy, 1967, 75 (2): 123 – 133.
② 年志远,袁野. 委托代理视角下高校非经营性国有资产管理分析 [J]. 学术交流, 2012 (10): 107 – 108.
③ 年志远,袁野. 委托代理视角下高校非经营性国有资产管理分析 [J]. 学术交流, 2012 (10): 108.
④ Nelson. The Co-evolution of Technology, Industry Structure and Supporting Institutions [J]. Industrial and Corporate Change, 1994, (3): 57 – 58.
⑤ 诺思. 经济史中结构与变迁 [M]. 上海:上海三联书店,上海人民出版社, 2003: 225.

点，他认为，"制度是一个社会中的个体所遵守的行为准则。"① 根据以上经济学家对制度的定义，可以总结出制度有两点最重要的涵义，即制度不仅是一种行为准则，更是社会中一系列权利和责任的集合体。

制度的种类繁多，对制度结构的分析是理解制度的基本前提。诺思在《制度、制度变迁与经济绩效》一书中认为，制度由非正式制度、正式制度和实施机制三部分构成。其中非正式制度是指人们在长期的生活、交往中逐渐演化成的价值观、道德、习俗等。即使在当今社会，人们的大部分日常生活仍旧依赖于非正式制度。正式制度是指由国家的权力机关等通过法定程序形成的对人们的行为具有约束力的各种规则和契约。实施机制是指实施的主体、方法和程序等。制度具有降低社会的交易成本、形成激励机制和实施利益分配等功能。

（二）制度变迁

制度是社会的游戏规则，它决定了一个社会的基本结构和选择取向。为了提高社会资源的配置效率，人们通常从产权和交易费用等多方面来进行制度创新，这就引起了制度变迁。制度变迁是制度的更替、转换及创新的过程，是创新的主体为了实现特定的目标而重新安排制度及重新调整制度结构的过程。创新的主体只有在预期收益大于预期成本的考量下，才会推动制度变迁。

制度变迁的动因则可以从制度变迁的供给与需求两个层面进行探讨。制度变迁供给是指供给主体（个体或组织）在收益大于成本的情况下，设计、出台、实施新制度以满足制度变迁需求的一系列活动。制度变迁需求是指制度现状无法满足人们需求，进而产生了对更高效率制度需求。如果制度变迁供给完全满足变迁需求，那么就会出现制度均衡的完美情况，即没有任何经济主体具有改变现有制度的动机及活动。当制度供给满足不了制度需求，或制度供给过剩时，制度非均衡的情况就会出现，此时就可能推动制度变迁。制度非均衡是制度变迁的先决条件及主要动因。②

诺思认为，个人、团体和政府都是制度变迁的主体，尽管他们三个层次不同，但是都可以看作是追求利润最大化的企业家，即使是政治家，在某种意义上来说也是在追求政治层面上的利益最大化。因此，诺思将这三个层次制度变迁的主体统称为"广义企业家"。诺思还将制度变迁的主体分为"初级行动团体"和"次级行动团体"，"初级行动团体"是首先进行制度创新的企业家，

———————————

　　① Lin Yifu. An Economic Theory of Institutional Change：Induced and Imposed Change ［J］. Cato J，1990，9（1）.

　　② 袁庆明. 新制度经济学教程 ［M］. 北京：中国发展出版社，2011：331 – 357.

这些企业家能够在创新的过程中发现商机和利润，而"次级企业家"则是从实现自身利益的角度出发进行制度变迁的团体。制度变迁的根本目的是提供多样的制度选择及制度平稳的进化，最终提高社会福利。诺思以产权理论、国家理论和意识形态理论为基础，构建了制度变迁理论框架。

布罗姆利指出："按照目标实现途径的不同，制度变迁可以分为旨在提升生产效率、重新分配收入、重新配置经济机会和重新分配经济优势等四种类型。而通过改变人们行为的选择来提升生产效率，从而增加社会净收益所得的制度变迁是人们最为熟悉、最为频繁的制度变迁类型。"[1] 制度变迁有三种表现形式：①在原有各种制度的基础上，增加新制度或减少制度，这种量的变化使制度结构发生变迁；②原有的制度结构中，制度的性质不变，某些制度的相对地位发生了变化；③原有的制度整体演变成新的制度。

对于制度变迁的发生机制，林毅夫认为，可以分为诱致性制度变迁和强制性制度变迁。所谓诱致性制度变迁，是制度供给者（主要是个人或群体）为了获取收益而采取的主动性变迁。但是由于人的理性是有限的，制度变迁中的交易成本尤其是谈判成本十分高昂，同时存在外部性问题，这往往导致诱致性制度变迁难以实现。而强制性制度变迁则是由国家（主要是政府）所推动的，具有国家的权威性与强制力，能够有效地解决外部性所导致的制度供给不足。但是，与诱致性制度变迁相比，缺乏让人们自觉遵守的激励。准确地说，任何一个社会大的制度变迁都是两种变迁方式的结合，因诱致性制度变迁引起，借强制性制度变迁推进完成制度变迁的全过程。只有将二者有机地结合在一起，充分发挥各自的作用，制度变迁才能获得成功。

制度变迁受政治、经济、传统观念等诸多因素的制约。一个国家的政治体制决定了这个社会的制度变革的难易程度。民主体制下拥有更多自由的权利，容易进行制度变迁。制度变迁过程中经济约束是一个根本性的约束，人们在进行制度创新时，不但要考虑制度变迁的成本和收益，还更加关注如何降低变迁中的交易费用。

（三）制度变迁的路径依赖

路径依赖（path dependence）的概念最早应用于生物学领域。美国斯坦福大学教授戴维在1975年发表的《技术选择、创新和经济增长》的著作中，首次将这一概念引入到经济学研究领域。很多学者都试图对路径依赖做出解释，

---

[1] 布罗姆利. 经济利益与经济制度 [M]. 上海：上海三联书店，1996：153-172.

但是因为强调的重点不同，所以，路径依赖并没有一个统一的定义。James Mahoney[①] 提出了路径依赖三个比较公认的特点：①路径依赖是对早期历史阶段相当敏感的过程之中因果的研究；②早期的历史事件的发生是随机的，而这种随机性无法用先前的事件解释；③只要随机性历史事件一发生，路径依赖就具有了相关确定性的因果模式。1990 年以后，学者们逐渐把研究技术变迁的路径依赖转向研究制度变迁的路径依赖。制度变迁的路径依赖是指一种制度形成以后会在一段时间内持续存在并不断得到强化，最终会影响后来的制度安排及选择。

如果路径正确，制度变迁就会进入良性循环轨道；如果路径错误，制度变迁就会陷入无效率的锁定状态。诺思对这两种极端形式进行总结后提出了诺思路径依赖Ⅰ和诺思路径依赖Ⅱ。诺思路径依赖Ⅰ是指：一种制度变迁沿着某一路径发展时，外部性效应和组织自我学习的能力等就会加强这一路径的发展，制度的有效演进会自动的选择社会效用最大化的目标发展，最终实现经济的长期增长。这条路径的基本特点是：资本流动性增加，信息费用降低和致力于规范市场秩序和法律制度建设的稳定政府。[②] 诺思路径依赖Ⅱ是指：即使是一些在早期带来经济增长的制度，随着市场的发展和组织合作的深入，市场上会逐步形成共同维持并保护其组织和集团之间利益的共识，这种称之为利益集团的组织是现有制度状态下的既得利益者，它们不但不会推动制度朝着更有利于社会效用最大化的方向发展，反而会强化现有无效率的制度安排，以整体的社会福利和发展为代价来保护自身的短期利益。一旦社会的制度发展进入这种锁定状态，要想摆脱这种"惯性"就会变得非常困难。该路径的主要特点是：市场交换基于社会关系及人治，市场信息制度缺失，产权不能得到法律的有效保护和缺乏一个强有力的稳定政府。[③]

按照诺思的思想，制度变迁的路径依赖运行机制由给定条件、启动机制、形成状态、退出闭锁四个步骤组成，即当随机性、偶然性事件发生的情况下，制度变迁中出现了收益增加，这种收益增加的结果可能会导致系统的闭锁，也可能是非效率的选择等，但无论是哪种结果的产生，都会受到政府等外界力量

① James Mahoney. Path Dependence in Historical Sociology [J]. Theory and Society, 2000, (29): 507 - 548.
②③ 卢现祥，朱巧玲. 新制度经济学 [M]. 北京：北京大学出版社，2007：474.

的干预，最终实现路径替代。①

二、公共经济理论

本书的公共经济理论包括公共财政理论、公共产品理论和公共选择理论。

（一）公共财政理论

公共财政是与市场经济体制相适应的一种财政体制，它是指作为公共部门的政府为满足社会公共的需要，提供公共产品和服务的行为。公共财政理论主要包括三个方面的内容：财政决策理论、财政制度理论与财政目标和绩效评价理论。

在社会主义市场经济体制下，市场在资源配置中起着决定作用。但是，在一些公共产品上，市场的力量已不再有效，这就需要政府作为资源配置的主体发挥作用。公共财政理论认为，政府财政可以解决由于公共产品、外部效应以及信息不充分等诸多因素而引致的市场失灵问题。财政的资源配置是指政府对经济运行中的资源进行干预，通过对资源的合理配置来提高资源配置的效率。财政资源配置的过程是公共部门为全体社会成员提供公共产品，运用经济和法律手段矫正外部性并维持市场有效竞争的过程。②

（二）公共产品理论

公共产品是公共经济学研究的基础概念。公共选择学派正是基于公共产品的概念将经济学的分析方法引入到政府管理领域。经济学者林达尔在 1919 年发表的《公平税收》一文中使用了"公共产品"这一概念，但是并没有对其含义进一步解释。之后的经济学家萨缪尔森、科斯、布坎南、斯蒂格利茨等从不同的角度定义其概念。其中较为经典的是萨缪尔森的定义，他认为："公共产品是一种社会全体成员同时享用的产品，每个人对这种产品的消费都不会导致其他人对该产品消费的减少。"③ 斯蒂格利茨的定义是："公共产品在增加一个人对它分享的同时，并不会引起成本的增加，而要排除其他个人对它的分享却要花费巨额成本。"

经济学家基本认同以上公共产品的定义，但是对其特征的理解则不尽相同。一种主流的观点是：与私人产品相比，公共产品具有消费上的非竞争性和

---

① 王均．中国高校产业管理体制改革——基于制度变迁理论的研究［M］．北京：经济管理出版社，2009：27 - 28.
② 贺忠厚．公共财政学［M］．西安：西安交通大学出版社，2007：29.
③ 余斌，张钟之．试析公共产品的本质属性［J］．高校理论战线．2007（01）：47 - 50.

非排他性。这种观点已经成为判断一种产品是否为公共产品的基本标准。但是，布坎南则认为：公共产品不仅是指那些完全符合非竞争性和非排他性的产品，还应该包含公共性程度不完全的产品。比如，公路、学校、图书馆等，这类产品的一个共同点就是当其消费者人数超过某一临界值时，边际成本开始上升甚至变得无穷大。换句话说，这些产品无法排他，但是当消费人数超出其承受范围时，人们之间就存在了竞争性。

公共产品可以分为纯公共品、俱乐部产品和共同资源三类。① 公共产品的共同消费属性往往会导致现实生活中出现"搭便车"（free riding）的行为。所谓"搭便车"就是形容享受公共产品却不为此付出代价的行为。理解了这种行为，也就了解了为什么公共产品不能由单一的市场机制供给。公共产品供给主体选择的标准包括效率标准、帕累托效率标准和萨缪尔森条件等。通过对众多的理论标准的商讨，理论界已经基本达成了共识，即公共产品可以由政府、市场及主体三方共同，在政府主导供给的同时，公共产品可以由其他不同的供给主体提供。

（三）公共选择理论

公共选择理论是 20 世纪 50 年代逐渐发展起来的西方经济学理论之一。它是介于政治学与经济学之间的一门新的交叉学科。在传统的主流经济学看来，人们追求自身的利益最大化只适用于市场环境下，而政治领域中完全不存在"经济人"的假设，个人的目的是谋求他人及整个社会福利的最大化。公共选择理论则认为，由于政府自身存在缺陷，不仅无法弥补市场机制的不足，而且还会造成社会资源配置的低效及整个社会福利水平的下降。政府是由官员及普通公务员组成的机构，无论是官员还是普通的公务员，在政策的制定及执行的过程中未必完全地从大众的利益考虑，他们总是在寻找着各种机会或多或少地引入个人的主观的利益诉求，正是这些单个人的目标多样性和遵循个人利益最大化的动机规律，才最终导致了"政府失灵"。

由此看来，国家和政府也可以被看成是整个大的经济体系当中的一个内生变量，和经济市场一样，可以把人们在政治领域中的种种行为归结成市场行为，因此，"经济人"的假设在政治市场上也完全适用。在政治市场中，政府官员、选民和利益集团是活动的主体，其中政府官员在政治市场中提供公共产

---

① 王磊. 公共产品供给主体选择与变迁的制度经济学分析 [M]. 北京：经济科学出版社，2009：71.

品，选民和利益集团则是这个市场中的需求者，他们用手中的选票和游说等方式来换取满足自身需要的公共产品及服务。①

公共选择理论的核心思想是用"经济人"的行为来分析政府的制度活动。同市场制度等其他制度一样，人们在政府制度框架下的活动既有合作又有冲突。如果政府制度安排合理，人们就会通过合理的制度安排追求公共福利的提高，而不是个人的利益诉求的最大化。公共选择理论的代表人物尼斯卡宁认为，在进行制度安排时，政府应该将竞争机制引入各个机构与部门之间，即使这会在初期引发强势机构或者部门的扩张倾向，但只要充分发挥竞争作用，就能够抑制它们在供给公共产品和服务上的垄断趋势，这不仅可以提高公共产品的质量及效率，还可以最终将政府的机构规模均等化，有效防止了某些部门规模扩大。同时，应该对政府机构的各种公共支出进行净收益分析，只允许净收益高的项目运行，防止各部门盲目追求项目预算。②

一个国家的国有资产的现实状况由其政府职能所决定，我国正处在社会主义初级阶段，各利益主体之间的矛盾冲突导致了国有资产的构成只能是一个公共选择的结果。

三、产业理论

产业作为经济学概念是社会生产力发展的必然结果。由于生产的进步以及技术的提高，同类属性的企业经济活动开始集合，显现出一种介于宏观经济与微观经济之间的中观经济形态。产业的出现离不开社会分工，从某种意义上说产业是社会分工的产物。如果没有社会分工，产业也将不复存在。人类历史上曾经出现几次较大的分工：畜牧业和农业的分离是第一次社会大分工；农业和手工业的分离是第二次社会大分工；商人的出现、商业的兴起是第三次社会大分工。在经历了三次大分工之后，产业结构不断发展，人类步入文明时代，社会也呈现出了崭新的面貌。

社会分工推动了产业结构的重大的变革，产业革命也随之产生。学界普遍认可的产业革命开始于18世纪60年代，工场手工业向机器大工业的转变推动了产业革命的发生，并使工厂生产取代了工场手工业。由于生产力的巨大飞跃，社会分工的形式也更加具体。马克思在此基础上提出了社会分工的三种形

①　许云霄. 公共选择理论 [M]. 北京：北京大学出版社，2006：11 - 13.
②　黄奕林. 西方新国家理论述评 [J]. 中州学刊，1997 (03)：22 - 27.

式，即一般分工、特殊分工以及个别分工。一般分工是指各个劳动领域之间的分工，在此基础上产生了农业、工业、商业的分工；特殊分工是指在劳动领域内部各部门之间的分工；个别分工是指在直接劳动过程中对不同工作种类等的更为细致的划分。社会分工的精细化使产业部门增加，产业的内涵和外延更加复杂化，受现实情况的推动，经济学开始重视对产业理论以及产业经济的研究。

产业主要指经济社会的物质生产部门，是同一性质的生产部门和提供劳务的集合体。产业理论以产业为研究的对象，主要包括产业组织理论、产业结构理论、产业布局理论以及产业政策理论。经济学旨在通过对产业理论的研究，更好地促进产业发展，实现经济社会的良性运行。

（一）产业组织理论

产业组织是指提供某种相同或者类似的产品及服务的企业间组织关系的集合体。产业组织理论主要研究在不完全自由竞争的市场机制之下企业的反应。19 世纪末，英国经济学家马歇尔在其《经济学原理》一书中提出了产业组织问题，并提出了"马歇尔冲突"难题，即规模经济与竞争活力之间存在内在冲突，产业组织理论正是在解决这一难题的基础上发展起来的。

传统的产业组织理论主要是"结构—行为—绩效"的经验模式，我们通常将其称之为"S－C－P"。在这种模式下，人们认为市场结构决定了经济行为，继而影响了绩效，是一种单向度的关系。在后来的发展过程中，人们对这一单向度关系进行了补充，提出了双向关系论，即认为"结构—行为—绩效"存在双向影响关系。随着对市场认识的进一步加深，在 20 世纪 70 年代产业组织理论采用博弈论、交易成本理论、激励理论来进行阐释，并运用这些理论来分析垄断与兼并等经济行为。产业组织理论的基础是对竞争以及垄断等问题的分析，市场结构深受竞争以及垄断关系的影响。通过对厂商的内部组织与外部关系的考察，从而解读其复杂的经济行为，确定市场结构类型。在产业组织理论不断发展成熟的同时，也为现实经济生活提供了指导。一是推动了反垄断法的制定，二是加强了政府对市场结构以及经济行为的管制。

（二）产业结构理论

产业结构是在社会再生产过程中形成的，反映了各产业之间的关联程度、联系方式以及比例关系。在产业结构方面，许多学者提出了自己的理论观点。17 世纪中叶英国古典政治经济学家威廉·配第在其《政治算数》一书中指出：由于工业能够产生比农业更多的收益，而商业则产生比工业更多的收益，因此伴随着社会的发展，农业在国民经济中所占的比例将会下降，与之相应的，农民的数量也会减少。之后的 1931 年，德国经济学家霍夫曼提出了著名的"霍夫曼定理"。霍夫曼提出了在工业化进程中工业结构演变的规律，认为资本资料产业所占比重不断上升并超过消费资料工业所占比重。这其中，资本资料产业是指资本密集型产业，如化学工业、一般机械工业等。而消费资料则是指用来满足人们物质和文化生活需要的社会产品，包括生存资料、发展资料以及享受资料等。20 世纪 40 年代英国经济学家科林·克拉克根据对自然资源利用的远近程度，提出了经济的三次产业结构。50 年代美国经济学家库兹涅茨分析了产业结构、收入分配结构的变化趋势及相互间的联系，指出产业结构的调整对经济发展会产生影响。

利用经济学家对产业结构的研究成果，我们可以将产业结构划分为三种：以农业为主的第一产业；以工业为主的第二产业；以服务业为主的第三产业。经济的增长不仅依赖于劳动力以及资本的投入，而且还取决于产业之间的结构状态。良好的产业结构不但能够使各个产业获得发展，还将有助于整个国民经济的发展。产业结构的调整可以从两方面入手：一是推动产业结构的协调化。这是指各个产业在数量上达到合理的比例，产业之间互相协调，关联的水平提升。二是推动产业结构优质化。在整个产业结构中优化各产业所占的比重，不断提升第三产业的比重，推动整个产业效率提高，提升产业结构的整体素质。提高产业中科学技术的比重，减少对资源以及体力劳动数量要求大的产业所占的比例，提高产品的附加值。原来依靠初级产品制造的产业要不断优化自身结构，提高效益率。这两面的工作优化了，产业结构才能够适应经济社会发展。

（三）产业布局理论

产业布局是指在一定的地域范围内产业的分布结构与空间组合，产业布局受到多种因素的制约与影响，而产业布局是否合理也影响着经济发展的速度以及战略性发展全局。

19 世纪，以杜能的农业区位理论和韦伯的工业区位理论为典型代表的古典区位理论的发展，揭开了产业布局理论的帷幕。杜能的区位理论实质上是一个"杜能圈"，是孤立国圈层理论，旨在研究如何在单位面积的土地上通过对农业的布局来获得最大的利润。从这个层面出发，距离城市市场的远近成为重要的因素，运费成为优先考虑的内容。在韦伯的工业区位理论中，将产业布局的影响因素归纳为运费、劳动力成本以及聚集力三个方面。这其中，运费起决定性的作用。随着交通运输的迅速发展，运费的影响力减弱，不再是影响产业布局的决定性因素。另外，伴随生产的发展以及产业结构的调整，农业的比例不断缩减，第三产业的比重不断地提升，贸易与市场开始兴盛起来。这时，产业的布局由运费选择转向了市场选择。只有占有更大的市场，才能够实现产业的发展。

在20世纪60年代以后，随着工业化、市场化、全球化进程的加速，原来的孤立局面被打破，人们更多地将区位整体经济统合起来进行研究，将影响产业发展的诸多因素综合起来进行考虑，从而发展了现代布局理论。

综观产业布局，不难发现其遵循了两大规律：发展规律及转移规律。发展规律是指不同产业的发展速度是不同的。一般而言，技术型及创新型产业会获得优先发展，形成高速发展区域。另外，不同地域之间的发展速度也是不同的，条件较好的城市往往会获得快速发展的权益。因此，在整个过程中，由于发展规律的作用，形成了由点到面，再到网的推动型经济发展模式，使产业布局走向成熟。转移规律是指当发达国家与地区的经济发展到一定程度的时候，其产业布局会发生改变，一些产业将会被会被转移到一些发展中国家与地区。

（四）产业政策理论

产业政策是指政府为了实现经济社会的良性发展，根据实际情况，以国家参与的方式来干预产业的生产经营活动。根据目的的不同，产业政策可以分为以下几种：一是指向型的特定产业政策；二是赶超型的产业政策；三是弥补市场失灵的产业政策。

产业政策的发展得益于日本的成功经验。日本在第二次世界大战之后经济局势危急，当时的元老派提出仅仅依靠市场机制是不够的，日本要想获得发展，必须制定产业政策来进行政府干预。在产业政策的影响下，日本开始规划产业目标，调整产业结构、产业组织、产业布局，主张"贸易立国论"。在产业政策的推动引导下，日本经济迅速崛起，成为世界经济强国，引起了巨大的轰动。受日本产业政策干预成功的影响，西方国家也开始尝试实施产业政策，通过国家干预的方式来实现产业经济的发展，并且取得了良好的成效。

整体看来，产业理论发展至今已经形成了较为成熟的理论体系。良好的市场结构与经济发展都离不开产业理论的指导作用，做好产业理论与实际发展之间的结合是实现经济社会发展的重要战略抉择。

第三节 共享经济理论、凯恩斯国家干预理论与可持续发展理论

一、共享经济理论

共享经济作为应用经济学的概念近年来备受关注，但共享经济模式实则存在已久。封建时期的地主与农民之间共同分享所得的支配形式，其实就是一种共享经济模式。约翰·斯图亚特·穆勒、凯恩斯等经济学家也曾提出过共享经济的相关理念。但共享经济理论被正式提出是在 1984 年，马丁·魏茨曼在《共享经济》一书中对其进行了详细的说明。

共享经济理论也被称为分享经济理论，该理论主要是基于资本主义国家失业问题而提出的。马丁·魏茨曼分析资本主义的诟病在于分配制度，主要表现为工资制度的极度不合理。在魏茨曼看来，传统的工资制度存在很大的弊端，即工资与厂商的经营活动不挂钩。对于厂商而言，劳动成本和工资都是固定的。因为成本的固定化，价格的固定化也就成为必然。一旦经济衰退、市场萧条，有效需求就将不足。在无法变更成本的前提下，企业不会采取降价的方式来处理产品，因为这样会导致企业赔本。面对需求收缩的现实，企业所采取的手段通常是减少生产数量。如此一来，对工人需求数量就会降低，失业问题也就随之产生。另外，如果企业没有采取减少产品生产数量的办法仍照旧常生产，在市场的有效需求不足的情况下，往往会导致商品无法卖出，形成积压。此时厂商的效益受到影响，很多厂商不得不进行裁员，也会产生工人失业。

正是在对传统工资制度的批判中，魏茨曼提出了"分享基金"的理念。在这一理念下，工人的工资与厂商的经营状况联系起来，也就是说，工人的工资与企业的利润和业绩直接挂钩。在共享经济理念下，工人的工资由基本保障薪酬和利润分享基金两部分构成。厂商的利润增加时，工人所得的分享基金就会增多。反之则会减少。当市场需求受到冲击时，厂商可以降低员工的工资来调整利润共享额度，从而降低产品的价格。价格的下降会刺激消费的需求，厂商随之扩大产量和就业。厂商所采取的降低工资水平的行为使劳动成本降低，伴随雇佣工人的增加，工资进一步下降，因此劳动边际成本低于劳动平均成本。在共享经济理念下，厂商有较高的劳动力需求，倾向于雇佣更多的工人进

行劳动。

共享经济理论的提出具有非常重大的意义。一是促进充分就业。厂商对劳动力的大量需求有效解决了工人失业的问题，稳定了就业。二是有效地解决了通货膨胀的问题。共享经济理念下，当市场需求不足时，往往会采取降低商品价格的手段，不会造成通货膨胀困扰。三是激发员工积极性。共享经济理论是建立在利润共享的基础之上的，利润分享基金将会对员工产生激励作用，激发其工作的热情，从而推动企业发展。

但是，这一理论同时也存在了很大的问题，主要表现在以下几个方面。第一，将工人的工资分为两部分必然使基础工资下降，厂商此时倾向于雇佣更多的劳动力，劳动力的需求激增后可能会产生劳动力供给不足的情况。第二，企业的工人数量不断扩大也就意味着利润要被更多的员工分享，每个人所能够得到的利润分享基金额度将会降低。第三，从本质上，魏茨曼并没有动摇资本主义的经济制度，只是在工资支付方式上加以技术改良，实际无法从根本上解决资本主义存在的问题。

继魏茨曼的"工资制度"之后，詹姆斯·米德提出了有关"产权制度"的共享经济理论。在米德看来，魏茨曼的工资制度虽然能够起到改良分配制度的作用，但是决定分配方式的则是产权制度。共享经济在实施的过程中极有可能受到原有产权制度的阻碍，因此仅仅改变分配方式是不够的，要想解决资本主义经济发展的弊病，必须调整产权结构。

按照工资制度的理念，工人的工资与企业利润挂钩之后，工人得到的分享基金越多，资本家的获利就会越少，这样就会存在利益的冲突。但是，如果改变这种绝对数额的做法，而采用相对比例的方法，即工人的收入与企业总收入之间确定一种比例关系，就能够有效的解决利益冲突问题。米德认为，劳动资本合伙的方式是十分有效的。在这种经济形式下，工人不需要进行投资，可以通过劳动力资本化的方式参与企业的利润分享。这一改变远远超出了工资制度改革的范围，是一种产权制度的变革，对资本主义体制产生巨大的震动。

共享经济理论在现实生活中得到了广泛的应用。早在20世纪英国就将这一理论与实际相结合，对英国的工资制度进行改革，将原工资的2/3定为固定工资，其余部分与企业利润价格，以共享利润的方式取代了固定工资。这一实践不仅有效地缓解了英国的失业问题，也使企业得以良好发展。

共享经济发展至今，内涵不断丰富，范围也不断延伸。目前，共享经济一般是指以获得一定的报酬为目的，基于陌生人且存在物品使用权暂时转移的一种经济模式。主要的形式是整合线下的闲置物品、各种资源。共享经济的理念允许人们以不同的付出方式来公平的享有各种资源，获得收益。这一模式发展至今已经可以通过互联网加以运转，很大程度上改变了人们的生活。在现代共享经济中，供给方通过在特定时间内让渡出物品的使用权或者提供服务，来获得一定的利润；而需求方可以不用购买商品，即不拥有所有权，而是通过租、借等方式达到同样的效果。可以说，这一内容上的延展对整个经济生活具有了巨大的意义。

二、凯恩斯国家干预理论

从 17 世纪中叶到 19 世纪 30 年代，古典经济学在资本主义国家中占据主导地位。以亚当·斯密为代表的古典经济学家强调市场的作用，主张实行自由放任的经济政策。从 19 世纪末期开始，以马歇尔为代表的新古典学派兴起。在马歇尔看来，只要自由竞争，通过市场，资本主义经济社会就能够达到一种充分就业的均衡状态，经济危机只是一种反常的、暂时的现象。不难看出，新古典经济学仍然主张自由放任，认为市场能够调节一切经济问题。然而，1929～1933 年资本主义国家爆发了空前的经济危机，"市场万能论"受到了强烈的质疑与抨击。在这样的现实条件下，西方经济学界迫切需要新的理论解释当时的危机，并寻求解决办法。于是，凯恩斯主义应运而生，国家干预经济理论诞生。

1936 年，凯恩斯发表了《就业、利息与货币通论》。此书的出版在资本主义世界中引起了巨大的轰动。在凯恩斯看来，资本主义经济危机的根源在于有效需求不足。其实早在 1820 年马尔萨斯就在其《政治经济学原理》一书中提出"社会有效需求不足导致经济危机的可能性"的论断。经济危机爆发之后，凯恩斯重提有效需求不足理论，并对这一问题做出了更进一步的解释，从而建立起了更加完整的理论体系。所谓的有效需求是指总供给与总需求达到一种均衡状态的社会总需求。而有效需求不足是指消费需求不足以及投资需求不足。由于有效需求不足，导致产品滞销，生产受阻，工人失业，收入锐减等现象出现，经济危机由此爆发。在这一分析的基础上，凯恩斯将有效需求不足的影响因素归纳为：消费倾向、资本边际效率、流动偏好。

第一，消费倾向。消费倾向是指消费占收入的比例。因为收入的增加而导致的消费增加称为边际消费倾向。在收入增加的时候，消费的增加额度却减小的现象称为边际消费倾向递减。在收入增长的时候，受心理因素的影响，人们倾向于将增长的部分进行储蓄，因此消费的增加则越来越少。受消费倾向的影响，资本家的获利就会减少。为了寻求利润他们往往选择增加产量的方式，这时社会的总供给远远超过总需求，产品过剩与失业等问题也将随之产生。

第二，资本边际效率。资本的边际效率是资本家对于投资在未来收益的一种预期，是投资增加之后预期可以获得的利润率。从长期来看，资本边际效率呈现递减的趋势。主要原因包括两大方面：一是资本家存在并不看好未来收益的心理，随即减少投资，导致资本边际效率下降；二是当实际投资增加之后，产品数量增加，价格随之走低，实际收益减少。无论是上述两种情况的哪一种，都将影响到资本边际效率，从而对投资行为产生影响。

第三，流动偏好。流动偏好是指人们在持有货币和进行其他投资行为的选择中倾向于前者的一种心理偏好。当经济繁荣到一定程度，资本主义经济中的不稳定性开始表现出来，投资的风险性就会加大。在这种形势下，人们倾向于将货币牢牢地把握在自己手中以应对危急，由此导致储蓄额降低，贷款利率上升，投资受到阻碍，从而诱发有效需求不足。凯恩斯认为，人们应当降低对货币的流动偏好，以此来刺激投资与就业。但是因为个人的偏好往往不容易改变，这就需要国家采取强有力的方式对其进行干预。

在分析经济危机原因的同时，凯恩斯提出了国家干预经济理论。凯恩斯认为，市场经济根本无法解决有效需求不足的问题，私人或团体也没有足够的能力扭转危机局势。因此，要想解决经济危机和失业问题，必须实行国家干预。凯恩斯对国家干预经济的设想主要集中在三个方面。

（1）财政政策。凯恩斯认为要想改变有效需求不足的情况，单靠个人的力量是不够的，国家必须要采取强有力的财政政策进行干预。凯恩斯反对以增加税收的方式来提高政府收入，他认为在经济危机的形势下政府应该采取的是举债的方法，直接增加政府支出，甚至可以通过"赤字财政政策"的方法来弥补投资及需求不足的情况。只有这样才能够刺激投资与消费，提升有效需求，改善就业状况，保障经济发展。

（2）货币政策。从某种程度上说，货币政策是财政政策的有力支持。凯恩斯强调，政府应该降低利息以鼓励人们进行投资和消费。与此同时，政府应该增加货币的发行量，必要时可以推行通货膨胀政策。根据凯恩斯的分析，当货币的发行量增加时，消费与投资行为就会增加，有效需求不足的状况将得到明显的改善。通货膨胀导致物价提升，资本家的收益随之增加，将雇佣更多的劳动力，倾向于进一步的投资行为，更进一步地解决失业以及有效需求不足问题。

（3）税收政策。在资本主义国家中，财富往往集中在少数的富人手中。然而富人倾向于将大部分财产进行储蓄，只将一小部分用于消费领域。凯恩斯认为国家可以通过累进税的方式对经济进行调节，实现国民收入的再分配。国家应增加对富人的税收，通过社会福利开支的方式，对穷人进行救济，从而实现财富的转移过程。当穷人得到救济后，由于他们有较高的边际消费倾向，就会产生消费行为。如此一来，不仅改善了穷人的生活水平，整个社会的宏观经济也将得到明显改善。

在对上述三种政策的描述中不难看出，凯恩斯反对自由放任的经济发展模式，主张以国家干预的形式挽救资本主义经济，国家干预的手段主要表现为政府直接投资与刺激个人消费两种。凯恩斯试图通过财政政策、货币政策、税收政策的共同作用来刺激有效需求，从而达到缓解危机的目的。

在经济危机的背景下，凯恩斯理论取得了巨大的成功。在面对危机的时候，凯恩斯突破了古典经济的传统思维模式，提出以国家干预的方式来面对危机。这一理论的提出有效地解决了有效需求不足的问题，刺激了经济的发展，缓解了失业问题，降低了经济危机的危害性后果。凯恩斯理论的应用最早在美国取得了成功，美国经济获得了迅速的发展。第二次世界战之后，凯恩斯理论风靡欧洲国家，受到了高度重视，成为各国制定经济战略的重要指南。由于政府的干预在很大程度上弥补了市场经济的缺陷，使得资本主义国家经济形势一片大好，在第二次世界大战20多年里经济稳定增长，呈现出繁盛态势，因此人们往往将这一时期也称作是"凯恩斯时代"，凯恩斯本人也受到了推崇，成为西方最有影响力的经济学家之一。

从凯恩斯理论看来，的确有许多值得我们学习借鉴的地方。一是凯恩斯对经济的主张其实是一种宏观分析的方法，这一方法也对后来西方的经济学界产生了很大的影响，掀起了宏观经济学的革命浪潮。二是凯恩斯的国家干预方式不是简单的政治干预，而是结合市场机制的一种有效的经济干预方式。事实上，这一干预方法在经济社会中取得了很大的成功。三是凯恩斯对于危机的解读是有正确性的，采取刺激有效需求的方式的确能够对经济的发展产生一定的积极作用。

但是，我们也应该看到凯恩斯的理论是存在局限性的。从本质上讲，它是保护资本主义制度的，对危机的干预是在不触动资本主义制度的大前提下进行的。凯恩斯所提出的国家干预经济的理论是为了解救资本主义的危机局面，而不是要推翻制度本身。因此，这一理论的实质是为资本主义制度服务的、为资本主义国家服务的。但是由于资本主义基本矛盾的存在，从长远看来，凯恩斯国家干预理论并不能解决资本主义的本质问题。在面对20世纪70年代资本主义国家新的危机的时候，凯恩斯理论宣告失败，这也使凯恩斯理论陷入了前所未有的危机局面。表面上看来，是生产降低以及通货膨胀的共同出现使凯恩斯理论无法对这一问题做出解答。但是从实质上看来，只要资本主义制度存在，资本主义的基本矛盾得不到解决，资本主义的经济危机就不可能彻底消失。与其说这是凯恩斯国家干预理论的缺陷，其实更是资本主义制度本身存在的缺陷。

三、可持续发展理论

第二次世界大战以后，世界范围内的经济得以迅速发展，取得了较为可观的成绩。与此同时，工业化进程所带来的负面影响也日益显著，人口剧增、资源压力、环境污染等问题逐渐被人们意识到。为了实现自身更好的生存与发展，保证后代的接续发展，改变这一不利现状迫在眉睫。于是，人们开始反思传统经济发展方式的正确性，倾向于开辟一条有别于传统模式并能够实现可持续发展的道路。另外，随着理性认识以及精神文明的发展，人类逐渐意识到自己作为自然的一部分，只有尊重自然、保护自然、与自然和谐共处才能够实现人类社会的长久发展。这一思想的转变无疑将推动可持续发展理念的建构。同时，科学技术的发展为这一思想的实现提供了切实的可能性。技术的进步不仅使资源节约、环境保护成为可能，也为全球范围内各国协同努力实现可持续发展提供了便利条件。

（一）可持续发展概念的提出

可持续发展理论经历了一个漫长的历史发展过程。1962年，美国生物学家蕾切尔·卡逊在《寂静的春天》一书中提到：自然界可能会因人类使用敌敌畏一类的杀虫剂以及农药、化肥等有害化学物质而陷入一种失去活力的死亡般沉寂状态。此书的出版深深震撼了人们的心灵，掀起了世界范围内发展观热议的浪潮。

1972年罗马俱乐部提出了《增长的极限》研究报告，在报告中指出人类发展所面临的困境并强调如果世界人口、工业化、污染、粮食生产以及资源消耗按现在的增长趋势继续不变，这个星球上的经济增长就会在今后一百年内某一个时候达到极限。最可能的结果是人口和工业生产能力这两方面发生颇为突然地、无法控制地衰退或下降。① 该报告的问世无疑为人类敲响了警钟，但也因观点带有过分悲观的色彩而备受质疑。

1980 年可持续发展这个概念第一次被明确在《世界自然保护策略：为了可持续发展的生存资源保护》这一文件中提出。之后，1987 年布伦特兰夫人向联合国世界环境与发展委员会提交的一份名为《我们共同的未来》的报告中，明确了可持续发展这一概念的定义，即：既满足当代人的需求，又不对后代满足其基本需要的能力构成危害的发展。这一概念得到了国际社会的广泛赞同与认可，在今天依然被认定为是较具权威的定义。1992 年《里约宣言》使得可持续发展理念受到重视，并且实现了从理论到行动转向的巨大飞跃，成为全世界共同遵循的行为守则。

（二）可持续发展的内涵

经过了几十年的发展之后，如今可持续发展理念已经成体系，其内涵主要表现在以下三个方面。一是"需求"。需求的概念很广泛。简单来讲，需求是指满足当代所有人的需求，尤其是贫困人口的基本生活需求。从复杂意义上讲，需求不仅体现在物质层面，也包括精神层面。长远看来，需求不仅包含了当代人的需要，也包含了对子孙后代满足其需要能力的考虑。二是"限制"。限制主要是基于自然环境的脆弱性以及资源的有限性做出的行为选择，以技术等手段将耗竭程度降到最低，不仅满足现阶段的需求，也实现可持续性的发展。三是"协调"。可持续发展注重人与人及人与自然之间的协调发展。这其中不仅包括同时代不同地区、不同国家人类的协调发展，也包括代际间的协调发展。

（三）可持续发展的主要内容

可持续发展理论至今已经形成了较为完整的体系，从内容上讲主要包含以下几个层面：

第一，经济可持续发展。经济可持续发展是可持续发展理论的核心内容。可持续发展并不是只讲保护而不讲经济，以保护环境为由而废除经济发展的行为并不符合可持续发展的核心理念。实际上，可持续发展是指在保护自然环境与资源的基础之上，同时保证经济的持续发展，因为只有保证经济增长才能够满足人们的基本需求以及更高的发展愿望。可持续发展是鼓励经济增长的，目前世界上还存在着许多的贫困国家与地区，贫困的存在无疑是可持续发展的巨

---

① ［美］D. 梅多斯. 增长的极限［M］. 北京：商务印书馆，1984：12.

大阻力。只有经济发展了，才能够为可持续发展的实现提供切实的可能。但是过去仅仅注重 GDP 的粗放型经济增长模式已经不适应新时代的发展要求，经济的增长应该更加注重质量上的发展，以集约模式取得更好的经济效益。

第二，生态可持续发展。生态可持续发展是可持续发展理论的前提。可持续发展强调对资源以及环境进行利用的同时，应该对其进行保护。人类的欲望是无限的，但是资源是有限的，因此必须将资源的开发利用限制在其可再生能力范围之内。对于不可再生资源而言，要以科技手段提高其资源的利用效率并且积极寻找可替代性资源，从而更好地保护资源与环境，实现生态的可持续利用。在资源问题上，我们不应该只考虑当代人的利益，更需要考虑未来人类的需要。如果生态系统失去了可持续发展的能力，那么人类的可持续发展也难以实现。因此，我们必须在经济发展与生态保护之间、在当代发展与人类发展之间寻找到一个平衡点，寻求最佳的生态体系，以生态的可持续发展更好地推动可持续发展理念的整体实现。

第三，社会可持续发展。社会可持续发展是可持续发展理论的目的。社会可持续发展强调的是社会的公平与正义：不仅要在发展的过程中保证财富的公平分配，最大意义上消除贫困，实现共同富裕；更要共同践行可持续发展理念，齐力保护自然资源及环境。社会可持续发展强调人的自由全面发展，既满足人们的基本生存需要，同时逐步提高人们的生活、健康及福利水平，完善社会的保障机制及灾难预防、应对机制，从而为人们提供一个自由、平等、安全、富裕、人权的社会环境，实现人与社会的共同发展。同时，在发展中也要注重协调好人与人、人与自然之间的关系。人口过多往往造成资源短缺、污染加剧等问题，因此要严格控制人口数量，努力提高人口质量，使其符合可持续发展的要求。

第四，可持续发展的基本原则。为了实现经济、生态、社会的可持续发展，提高人们的生活质量，更好地利用资源并保护环境，必须将可持续发展的理论落实到实践中。可持续发展的基本原则主要包括：公平性原则、持续性原则和共同性原则。

一是公平性原则。可持续发展注重人类社会的共同发展及共同富裕，因此消除贫困以及发展中的不平等是可持续发展的应有之义。人们应该平等的享有发展的权利，共享发展的成果。目前，不同的国家与地区之间的发展水平差距较大，发展中国家与发达国家之间业存在着很大的差距。即便如此，任何时候都不能把一个地区的发展建立在伤害其他地区的基础之上。全人类应当以平等的机会享受资源、获得发展，发达国家不应以自己的优势限制其他地区的发展。另外，在发展的同时，我们也应当意识到资源不仅仅是我们一代人的，子孙后代也应当享有公平的发展权利，当代的发展不能够损害后代人的利益。

二是持续性原则。持续性主要集中在资源利用与环境保护问题上。只有将人类的经济行为控制在资源与环境的可承载的范围之内，才能够实现发展的可持续性。在发展问题上，我们不能只顾眼前利益，以资源和环境为代价来换取经济社会的进步。而是应当树立一种长远性、可持续发展的战略眼光，不危害资源及生态系统。在发展过程中寻求人与自然的和谐，通过改变、调节等手段，保护资源及自然系统，从而保证可持续发展的后劲动力。

三是共同性原则。时至今日，世界已经发展成为一个"地球村"。在全球化的影响推动下，没有哪个国家能够独立于世界体系之外。可持续发展作为人类社会的共同议题，任何国家都不能置身事外。虽然不同国家之间的发展程度、发展理念、文化背景与历史传统千差万别，但是在面对我们共同的家园这一问题上，各国应当联合起来共同致力于可持续发展的实现。在涉及人类共同命运及利益的这一重大问题上，单靠一个或几个国家的力量是不够的，只有全人类共同努力，才能够实现可持续发展的目标。

从整体性上讲，人类社会是遵循一定发展演变脉络的，在不同的发展时期会形成不同的认识。在科技进步、经济发展、文明进步的合力推动下，人类慢慢产生了自我反思的意识。从"增长"到"发展"这一理念的转变，使我们对发展模式、发展目标等有了更多的思考。可持续发展理论的提出，不仅是一种适应现阶段以及未来发展要求的理论成果，更是人类思维转化所取得的重大突破。社会的永续发展依赖于可持续发展理论的落实，从这个意义上来说，走可持续发展道路是人类社会的必然选择。

第四节　生态系统理论、外部性理论与资源稀缺理论

一、生态系统理论

生态系统理论最早是由英国学者坦斯利于1935年首先提出的。他认为生态系统是由生命有机体与非生物环境之间通过能量流动与物质循环所形成的统一整体。美国生态学家林德曼通过对湖泊生态系统的研究，提出了食物链的理

念以及生态金字塔理论，从而更好地论证了生态系统是生物与环境间进行能量交换和物质循环的基本单位。奥德姆在 1959 年对这一理论进行了进一步的完善与发展，认为生态系统是生命有机体和无机物相互作用并产生物质交换的一个自然区域。经过发展与完善之后，生态系统理论在 20 世纪 60 年代已经具有了雏形。

在生态系统的研究中，对其范围并无严格意义上的界定。小到一滴水、一片草地，大到整个地球所构成的生态圈都算是生态系统。生态系统是由有机体和无机环境之间通过互动、影响、相互作用而形成的，构成生态系统的不同因子之间是相互影响和联动反应的。受这种错综复杂的相互关系的影响，生态系统内部遵循一种较为稳定的物质循环和能量流动规律，从而使生态系统自身具有持久、稳定、协调的优势。与此同时，人类的经济活动以及社会行动会对生态系统的稳定性产生一定的冲击，影响到生态系统自身结构、功能的稳定。因此，只有正确认识生态系统、把握其特征，才能够实现人与生态之间的和谐发展。

（一）生态系统的特征

第一，生态系统是一个开放性的复杂系统。生态系统是由生产者、消费者、分解者以及非生物环境构成的。生产者是指通过能量作用将无机物转化为有机物的自养生物，他们是构成生态系统的基础组成部分。消费者是指通过直接或者间接的方式依赖于生产者所创造的物质来维持自己生命的异养生物。分解者是将有机物分解为生产者能够再次利用的简单化合物的异养生物。非生物环境则是指由能量以及物质所组成的非生物成分。由于构成的复杂性，导致不同因素之间存在着复杂的能量交换和物质转移过程，使得生态系统成为一个复杂的时刻运行着的存在。生态系统不是一个封闭的体系，环境作用于生物，生物也会反作用于环境。生态系统在这种互动的过程之中，呈现出开放性的特质。

第二，生态系统是一个动态的系统。生态系统并非是一成不变的，而是存在着一个从低级到高级、从简单到复杂、从不成熟到成熟的动态变化过程。生态系统是一个不断进行物质交换以及能量传递的系统，因此系统会逐步成长、进步、演化。如同动物一样，生态系统也会经历自身发展的各个时期，包括幼年时期、成长时期、成熟时期等不同的阶段。因此，从总体上看来，生态系统在不同阶段会表现出不同的特征，在结构与功能方面表现出不同的特点，生态系统的组成部分也会呈现出一种动态的变化态势，从而推动系统的演替。

第三，生态系统具有自我调节能力。自然生态系统很少会发生剧烈变动是因为经过长时间的发展之后系统会通过调节作用使自身维持在一个相对稳定的状态之下。除了人为因素的强力干扰之外，生态系统在面临气候变化、季节更替的时候，甚至也能够保持一种稳定的状态。生态系统的自我调节能力主要表现在：生物与环境之间的调节、同类生物种群的密度调节、异类生物种群的数量调节。通过这三方面的共同作用，生态系统在总体性上相互协调。而系统自身结构越复杂、生物种类性越多，所表现出来的调节能力也会越强。

（二）生态系统的功能

自然生态系统的存在有着重大意义，对人类的发展有重要的影响。生态学家经过长期的探索，对生态系统的功能进行了概括总结。

第一，物质循环。物质循环是系统维持和运行的前提。所谓物质循环是指化学物质由无机环境进入到生物有机体，经过生物有机体的生长、代谢、死亡、分解，又重新返回环境的过程。[①] 物质循环可以分为三个层次：水循环、气体循环以及沉积循环。这其中，水循环是最基本的，因为生态系统中所有的物质循环都依赖于水循环的推动作用。通过海陆间循环、陆地内循环、海上内循环，水从一个地方，通过吸收太阳能量的方式，改变状态到另外一个地方。气体性循环是指物质以气体形态在系统内部或者系统之间循环。因为是气体的缘故，循环周期一般不长，例如氧气、二氧化碳、氮气、氟气等都属于这一类的循环。在气体型循环中，物质的主要储存库是大气和海洋，其循环与大气和海洋密切相连，具有明显的全球性，循环性能最为完善。沉积循环主要集中在岩石圈和土壤圈，典型的如磷、硫、钙等的循环。沉积要经历一个漫长的过程，此周期往往会很长，因此在物质循环中可能会出现匮乏之象。

整体看来，物质循环一般呈现出平稳状态。系统内的物质的输入与输出之间会维持在一个相对平衡的水平。各种物质总体上比较稳定，即使在面对一些自然状况的时候，也能够及时做出调整应对，保持整体循环的畅通。但是近年来由于人为因素的影响，使得系统自身的循环模式被打破，循环速度受到改变，而循环模式的不稳定必将对生态系统产生一定的影响，继而影响到人类的社会发展与经济活动。这一点应该引起我们的重视与反思。

第二，能量流动。能量流动对于推动物质循环具有重要的意义，没有能量的支持，物质循环就会陷入僵局。生态系统所需的能量来自于太阳能。太阳能

---

① 潘鸿，李恩．生态经济学 [M]．长春：吉林大学出版社，2010：61．

通过光合作用的形式转化为化学能，存储在有机体内。然后通过食物链和食物网，能量随着这种消费的过程产生了流动，由植物体内逐渐流动到动物体内。最后，在微生物的作用下，将有机物分解成为可溶性的化合物，以热能的形式释放出能量，完成一套相对完整的能量流动过程。

能量流动的特点是：单向流动和逐级递减。单向流动是指生态系统的能量流动是按照一定的方向流动的，一般不能逆向流动，因为生物长期进化所形成的营养结构是比较稳定的。逐级递减是指能量在食物链的流动过程中是逐级减少的。在能量金字塔中，生态系统中的营养级越多，在能量向上流动过程中损耗的能量也就越多。因此营养级越高，能够被提供的能量也就越少。综观整个能量流动过程，我们不难看出太阳能在其中的重要作用。生态系统要想实现正常的能量流动，就必须保证太阳能的补充。

（三）生态系统的平衡与调节理论

生态系统在自然状态下，系统内各部分和谐共处，各种活动正常运行，在总体上达到一种平衡的状态。当然，这其中不同的系统的平衡力表现是不同的。一般来讲，生物种类越齐全、系统结构越复杂，所具备的平衡能力就会越高。

生态系统的调节能力主要建立在抵抗力、恢复力以及反馈机制上。其中，反馈机制包括正反馈和负反馈两种。负反馈是指系统通过自身的各项结构以及功能来缓解所遇到的压力，从而维持自身的平衡与稳定。与负反馈相反，正反馈是指系统偏离正常的状态，平衡性以及稳定性受到动摇。一个系统要想具备较好的负反馈能力，就需要具备较为成熟的系统体系，增强抵抗外界干扰的能力。

生态系统具有稳定性以及自我调节能力，但是这种能力毕竟是有限度的。当生态系统的承受能力超过其自身的"生态阈限"的时候，这种调节能力就会受到影响，引发系统结构危机以及功能危机。整个系统受此影响可能会出现失衡甚至崩溃。

近年来，出于各种目的，人类对生态系统的干预已经超过了系统自身的调控范围，产生了一些严重的后果，如生态失调等。因为系统自身的开放性特质，科学技术能够轻而易举地改变系统的物质循环、能量流动过程甚至是系统的结构、物种等。但是，我们应该意识到人类的活动应该尊重自然、遵守自然的规律。即便人类掌握了改变与操纵自然的能力，但仍然受到自然的制约。要想使人类社会的发展与生态系统和谐共处，就必须自觉反省人类行为。因为人类作为一种理性的存在，有支配自己思想与行动的能力。只有尊重自然，保护生态系统，才能够拥有一个良好的生态环境。

二、外部性理论

外部性是经济学的概念，也可以成为溢出效应或外部影响。外部性理论发源于19世纪末，马歇尔在《经济学原理》中首先提出了"外部经济"的概念。他指出，生产要素除了包括土地、劳动、资本以外，还包括工业组织。工业组织的大规模生产，不仅使产量增加，而且会使生产费用减少。因此，马歇尔强调"外部经济与内部经济相比，正不断地变得越来越重要"。① 随后，马歇尔的弟子，被称为"福利经济学之父"的庇古提出外部性实质上是私人成本与社会成本、私人收益与社会收益的差额问题。之后，兰德尔将外部性定义为：当一个行动的某些效益或成本不在决策者的考虑范围内的时候所产生的一些低效率现象；也就是有些效益被给予或某些成本被强加给没有参加这一决策的人。② 萨缪尔森以及诺德豪斯则从产生主体的角度将外部性定义为：那些生产或消费对其他团体强征了不可补偿的成本或给予了无须补偿的收益的情形。③

在古典经济学看来，在市场机制下，只要信息足够充分、不产生交易成本，就能够达到帕累托最优。但是从实际上讲，由于诸多影响因素的存在，总收益无法实现最大化，市场这只"看不见的手"会丧失其作用，出现"市场失灵"。外部性理论也就是建立在"市场失灵"基础之上的，其目的在于提供解决问题的思路，实现资源配置的最优状态。

综合上述分析，我们将外部性定义为：经济主体的行为为社会上其他成员带来损失或利益的情况。因此，外部性可以分为正外部性与负外部性。正外部性是指个体成本高于社会成本并且个体的收益低于社会收益。也就是说经济主体的行为为社会其他成员带来利益，但是却无法进行收费。例如植树造林会为他人带来利益，但是他却不必为此而支付费用，这就是正外部性带来的效果。从这一实例来看，正外部性是值得鼓励的，但是也需警惕其负面影响。因为过分的这种"损己利人"行为，会影响到正常的市场秩序与经济运行。负

---

① ［英］阿弗里德·马歇尔. 经济学原理［M］. 北京：华夏出版社，2005：239.
② ［美］阿兰·兰德尔. 资源经济学［M］. 北京：商务印书馆，1989：155.
③ ［美］保罗·A·萨缪尔森，威廉·D·诺德豪斯. 经济学［M］. 北京：华夏出版社，1999：263.

外部性是指社会成本的增加，他人利益受损，但是经济主体却不必承担成本。最典型的例子就是环境污染。负外部性的任意发展会动摇市场的平等原则，经济社会的发展也将会受到影响。

外部性具有以下几个方面的特征。

第一，外部性是独立于市场机制之外的。外部性没有通过市场加以体现，因为外部性是无须对收益和受损进行支付的，因此市场之中的价格模式对于外部性来讲是没有意义的。不仅如此，市场这只看不见的手也无法对经济主体加以奖惩，外部性是不受市场机制统筹和约束的。

第二，外部性是一种附属产物。对于经济主体而言，首先考虑的是个人利益的最大化或者说是利润的最大化，受这种情况影响，很多因素没有被纳入到考虑范围之内。外部性并不是因计划产生的，而是伴随经济活动所产生的一种附属产物。

第三，外部性具有不可避免性。这种不可避免性表现在当外部性产生时，无论是在收益还是亏损的情况下，受影响者都无法逃避。这种影响是不以个人意志为转移的，其作用性是强制的。尤其是在负外部性产生之时，受影响者是不愿意接受的，但是被影响却不可避免。

第四，外部性具有不可消除性。伴随外部性的产生往往会有很多的消极影响，但是外部性自身却难以消除。因为市场机制无法作用于外部性，信息的不健全等诸多因素，使得外部性完全消失是不可能的。我们只能通过相应的措施与机制来达到降低影响的效果。

外部性会产生诸多问题，其中最严重、最典型的就是环境问题。受边际个人收益的驱动，经济主体往往将目标锁定于利润的增长，而忽略对环境的保护，环境污染等负外部性就会产生。污染物的过度排放、资源的枯竭、环境质量下降等问题就随之而来，从而引发环境危机。因此，解决这一问题就显得尤为重要。庇古税与科斯定理的提出对于外部性问题的解决起到了关键性的作用。

庇古认为市场机制对于外部性是没有作用的。个人与社会边际成本及收益的不对等的情况下，采用放任自由的方式是无法实现边际效益最大化的。由于"市场失灵"的事实，所以才需要政府这一强有力的存在对外部性加以治理。在解决方法上，庇古主张以经济手段来解决这一难题，通过征税与补贴的形式来克服外部性的影响。对于边际私人成本大于边际社会成本的企业，主张实行补贴和奖励。也就是当存在正外部性时，政府对企业进行补贴。反之，当边际私人成本小于社会成本的时候，即出现负外部性时，政府应该对其进行征税。通过这两种调节手段，庇古税的理论因此产生。

庇古税不仅在理论层面上站稳了脚跟，实际上也在现实生活中加以广泛的利用。以上述环境问题为例，"谁污染，谁治理"的方法就是庇古税的现实层面的应用。环境不是以价格进行计算的，因此无法通过市场调节的方法加以解决。而排污收费、违规罚款的方法却能够为环境问题的解决提供切实可行的手段。让污染者承担成本的目的是为了挽救自然环境，保护自然资源。另外，在基础设施建设过程中的"谁受益，谁投资"方法也是庇古税的具体应用。庇古想通过这一方法，以政府干预的方式来弥补市场失灵的缺憾，实现外部效应的内部化。在庇古税取得成绩的同时，也受到了质疑与挑战，科斯在批判庇古税的基础之上提出了科斯定理。

与庇古强调政府干预的方式不同，科斯注重的是市场机制的调节作用。在科斯看来，市场失灵并不能作为政府干预的充要条件，不能将政府的干预作为解决问题的唯一途径。科斯对庇古理论的批判主要集中在两个方面。一是外部性问题具有两面性。以环境污染问题作为分析的切入点，庇古认为污染征税的方式并非是最好的解决方法。因为在保护了附近居民以及环境利益的同时，却伤害了企业自身的发展，生产的不景气或许会在经济与发展上造成更大的问题。二是交易费用的情况并未充分考虑。科斯指出，在交易费用为零的情况下，庇古税就多此一举了。外部性的很大原因是产权不明晰造成的。在不存在交易费用的前提下，产权无论赋予外部成本的行为者还是受害者，双方都会通过谈判，达成产权交易协议，实现社会资源配置的效率最优。① 既然通过自愿协商能够解决问题，因此庇古税也就没有必要。

在批判庇古税的基础之上，科斯形成了自己的两个主要解决思路：企业合并、明确产权。企业的合并能够降低生产费用以及交易成本。把市场交易变成企业内部的市场行为能够有效解决外部性所产生问题，将外部影响内化到企业内部进行有效缓解。在合并之后，如果能够保证边际成本不大于边际收益，就能够使资源的配置状态达到帕累托最优，实现社会福利的最大化。在产权方面，科斯指出，在市场机制下，往往会产生昂贵的交易费用，这一点不容忽视。因此，产权的明晰尤为重要。只有产权明晰化才能够进行交易，才能够合理的配置资源。

---

① 孙钰. 外部性的经济分析及对策［J］. 南开经济研究，1999（03）：31－34.

产权一般是指拥有某种财产的权利或人们使用占有资源的一组权利，主要包括使用权、收益权、转让权等。在交易成本为零或者很小的情况下，可以通过明确产权的方法，以一种有效的方式协商解决外部性问题。但是，应当意识到，产权的实施和控制是有代价的，因此对它的界定仅靠个人是不可能完成的。应该借助政府、法律以及各种社会规范的力量来降低产权的实施成本，从而更好地解决外部性问题。科斯对外部性问题的解决思路是有意义的。但是，科斯定理也是存在局限的。

第一，自愿协商在科斯看来是解决外部性的一条有效途径，但是协商的前提是发生在交易费用很小甚至为零的情况下。但实际上，由于市场机制的不健全、法律的不完善、经济社会存在弊病等原因，往往会产生很大的交易费用。在这种形势下，协商的思路就失去了可行性。

第二，科斯提出明确产权的方法在实际操作中的阻力很大。一方面是由于产权实施与控制是有代价的，另一方面是对某些资源进行测量也是有代价的，尤其是像环境资源这样的公共产权。因此，在产权不明确的情况下进行自愿协商更是举步维艰，资源的有效配置也就成为了泡沫。

第三，科斯所倡导的经济自由主义理念很大程度上是建构在"市场"之上的。在这种情况下，市场的发展应当是比较成熟的。但是实际情况是不同国家与地区的市场发展程度还是有很大的区别的。有部分地区的市场化程度不高，在这种情况下，科斯定理往往难以发挥作用。

虽然庇古与科斯的理论都存在不足，但是应当承认的是，每一种理论都不可能完全不存在缺陷。并且理论方法的建构也不是一劳永逸的事情，而是应该根据发展的现实情况适时地做出调整。解决外部性问题还应当考虑到自身的实际情况，因地制宜地提出解决思路。

三、资源稀缺理论

资源的概念起源于经济学，是作为生产的物质基础提出的。随着经济社会的发展，资源的意义被更多的人认识到，经济的竞争也越来越表现为资源的竞争。在资源占有的过程中，人们越来越发觉资源并不是无限的，而是一种重要的、稀缺性的存在。从本质上讲，资源的稀缺性是指可利用资源的有限性与资源需求无限性之间的矛盾。因此，要想实现长足发展，必须对资源的稀缺性有足够的认识。

资源的稀缺带有两重性。一方面，资源的稀缺是客观的。资源的总量是一定的，但是人类社会发展的客观需要导致对资源需求的增速远远超过了资源自身的增长速度，这就使得资源出现了稀缺性。并且由于人口的增长，对资源的需求量也会随之增加，这时资源也会表现出客观性的短缺。另一方面，资源的稀缺又是主观的。稀缺性是指资源的数量相对于人们对该资源的需求来说是稀少的，而不是资源在绝对数量上的稀少。除去人类社会来说，资源自身并不存在稀缺和非稀缺。另外，由于不同国家、不同地域的人们所拥有的物质资源带有很大的差异性，一种资源对一个国家来说是稀缺的，对另一国家却未必如此，因此，资源的稀缺性是相对的。

资源稀缺理论主要有古典学派和新古典学派。马尔萨斯在18世纪的《人口原理》一书中提出"两个公理、两个级数"。在马尔萨斯看来，食物是人类所必需的，两性之间的情欲是必然的，这是过去和未来都无法改变的，因此被称为"公理"。[①] 人口的增长速度比生活资料增长的要快，人口是按几何级数增长的，而生活资料则只按算术级数增长。因此，人口的增长数量必将超过资源的承受能力，资源将出现稀缺性。如果人们意识不到资源的稀缺性，继续无休止的占用有限的资源，那么不仅物质性的自然资源会面临衰竭，而且劳动报酬投入也会产生递减效应。从当时的时代来讲，马尔萨斯的理论带有一定的先进性，在社会上引起了巨大的反响。但是，由于马尔萨斯认为自然资源的有限性以及稀缺性是必然的，并没有承认技术进步以及社会发展的客观作用，从而使这一理论表现出了局限性，他的"绝对稀缺理论"也因过分悲观的色彩而受到了各种质疑。

与马尔萨斯不同，李嘉图提出了"相对稀缺论"。他在《政治经济学及赋税原理》中，对马尔萨斯的资源均质性论断提出了质疑，认为自然资源是非均质的。以土地为例，不同的土地肥力是存在差异的。因此，肥沃的土壤不是绝对稀缺的，而是相对稀缺。肥沃的土壤被开发利用之后，人们为了获得接续发展，会继续开发质量相对差一些的土地。因此，土壤肥力相对较低的土地也会得到开发利用，资源不会陷入绝对稀缺的困境。在否决绝对稀缺论的同时，李嘉图却承认资源是存在相对稀缺性的。因为自然的再生能力毕竟有限，资源短缺会使得市场价格走高，表现出相对稀缺的态势。与马尔萨斯的悲观性不同，李嘉图承认科学技术对于提高资源利用效率的作用，资源稀缺并不会对人类社会以及经济结构产生毁灭性的影响。

---

① ［英］马尔萨斯. 人口原理［M］. 北京：商务印书馆，1992：6.

英国古典经济学家穆勒在结合马尔萨斯和李嘉图思想的基础上，构造出了"静态经济"思想的模型。一方面，穆勒认为资源是有限的，有限的资源耗竭之后必然表现出绝对的稀缺。另一方面，穆勒认为科学技术以及社会进步的强大推动力会减缓资源绝对稀缺来临的速度，甚至还有可能无限期的推迟这一天的到来。穆勒将资源稀缺理论引入环境领域，认为人类虽然具备解决资源稀缺的能力，但是人类并不应该采取征服自然的态度。与之相反，应该通过使人口、资源、环境、财富维持在一个静止稳定的水平上来防止资源稀缺的出现。受穆勒的影响，戴利在继承其思想的基础上提出了"稳态经济论"。"稳态经济论"主张自然资源、人口以及财富应该保持在一个静止稳定的水平，并且要确保这一水平要远离自然资源的极限水平。

古典经济学家的描述我们不难看出，其整个思想所体现的仍然是一种控制式的征服态度。虽然提倡人们应该对资源的利用加以节制，但是这是出于资源对人类的价值的考虑，而并非是要保护资源、与自然和谐共处。从这一点看来，古典经济学家的思想仍然存在一定的不足。

19世纪70年代新古典主义学派兴起，他们主要关注的是市场行为。那么何为市场？市场表示一个群体或者一群人，他们当中有的希望获得需要的东西，有的处在供给他人的位置上。供求关系构成市场。因此，马歇尔认为资源不是统一的，而是由资源自身的特点和市场进行配置的。这样一来，资源的稀缺性问题就可以通过市场配置机制来得以解决，利用边际效用的递减规律以及帕累托效益原理来减少资源稀缺所带来的影响。具体可以表现为：在市场机制的影响之下，寻求不同资源的配置状态达到帕累托最优。所谓的帕累托效益是指所考察的经济不可能通过改变产品和资源的配置，在其他人的效用水平至少不下降的前提下，其他任何的效用水平有所提高。通过新技术、新方法所带来的报酬的递增效益，来减少因资源稀缺而产生的报酬递减的影响与危害，从而解决资源稀缺所带来的难题。

受市场观念的影响，西蒙认为市场的存在和价格机制的调节，会使稀有资源得到保护，不致稀缺。新古典经济学派的乐观派认为，资源的绝对稀缺理论是不成立的。资源的相对稀缺性可以通过市场调节机制得以解决，因为市场的价格机制、供应机制会对稀缺资源做出反应。一旦一种资源成为稀缺资源，它的价格就会上升。人们出于对成本的考虑，就会转而寻找、开发其他的替代品，或者通过技术革命来提高资源的利用效率。

国内学者也很重视资源稀缺理论的研究。刘文在1996年指出："过去我们承认的理论是，自然资源没有价格，或者即使有价格，也严重偏低，这是我国价格体系和价值理论的严重缺陷，也是造成自然资源浪费和短缺，生态环境污染和破坏的一个重要因素。"① 正是由于资源的价格偏低导致了人们对其过度的开发利用，致使资源出现稀缺。高欢迎认为，经济学可以归纳总结为解决资源稀缺与需求无限之间的矛盾。李晓龙在2005年提到："世界已经从自然资源丰富、人造资源稀缺转变为人造资源相对丰富而自然资源相对稀缺的状态"。②

通过对资源稀缺问题的关注，人们越来越意识到资源对于经济发展和社会进步的约束性作用。资源是人类生存和发展的基本前提，是社会财富的源泉。我们在利用科学技术、市场机制解决资源稀缺问题的同时，也应该树立尊重自然、保护资源的意识。经济社会的进步理应推动思想观念的更变，树立可持续的资源理论成为顺应时代的选择。在对待资源的态度上，我们更应该树立一种长远的眼光，不仅关注眼前利益，更应该筹谋未来的发展。资源从来就不是不竭不尽的，合理开发、适度利用才能使人类社会实现可持续的发展。

在人口膨胀、环境污染、资源短缺、生态破坏的今天，我们更有必要认真的审视我们所拥有的资源。资源稀缺成为一个不容回避的话题，我们不能否认、逃避这一事实。经济学家在这一问题上也提出了许多极富建设性的观点，如效用利用论、极限增长论、能力建设论，等等，帮助人们在这一问题上不断形成新的思路与认识。但是，必须承认的一点是，目前中国在认识资源的稀缺性问题上所取得的成绩仍然不多，对这一问题的专门研究也尚未形成系统。揆诸现实，我们在资源稀缺问题上的理论探索及行动研究上还有很长的路要走。中国要想实现更好的发展，必须对资源稀缺问题加以重视，并且通过落实到行动上来切实利用好、保护好资源。

参 考 文 献

[1] 卢现祥，朱巧玲. 新制度经济学 [M]. 北京：北京大学出版社，2007.

[2] 袁庆明. 新制度经济学教程 [M]. 北京：中国发展出版社，2011.

[3] 迈克尔·迪屈奇. 交易成本经济学 [M]. 北京：经济科学出版社，1999.

[4] 汤喆. 交易费用理论综述 [D]. 长春：吉林大学，2006.

① 刘文，王炎庠，张敦富. 资源价格 [M]. 北京：商务印书馆，1996：49.
② 李晓龙. 稀缺资源的转换与经济学边界的拓展 [J]. 中国人口资源与环境，2005（03）：13－17.

[5] 约翰·伊特韦尔等. 新帕尔格雷夫经济学大辞典 [M]. 北京：经济科学出版社，1996.

[6] 科斯，阿尔钦，诺斯等. 财产权利与制度变迁——产权学派与新制度学派论文集 [M]. 上海：上海三联书店，1991.

[7] 年志远，袁野. 委托代理视角下高校非经营性国有资产管理分析 [J]. 学术交流，2012（10）.

[8] 诺思. 经济史中结构与变迁 [M]. 上海：上海三联书店，上海人民出版社，2003.

[9] 布罗姆利. 经济利益与经济制度 [M]. 上海：上海三联书店，1996.

[10] 王均. 中国高校产业管理体制改革——基于制度变迁理论的研究 [M]. 北京：经济管理出版社，2009.

[11] 贺忠厚. 公共财政学 [M]. 西安：西安交通大学出版社，2007.

[12] 吴红卫等. 非经营性国有资产管理研究 [M]. 北京：法律出版社，2010：111.

[13] 余斌，张钟之. 试析公共产品的本质属性 [J]. 高校理论战线，2007（01）.

[14] 王磊. 公共产品供给主体选择与变迁的制度经济学分析 [M]. 北京：经济科学出版社，2009.

[15] 许云霄. 公共选择理论 [M]. 北京：北京大学出版社，2006.

[16] 黄奕林. 西方新国家理论述评 [J]. 中州学刊，1997（03）.

[17] D. 梅多斯. 增长的极限 [M]. 北京：商务印书馆，1984.

[18] 潘鸿，李恩. 生态经济学 [M]. 长春：吉林大学出版社，2010.

[19] 晏智杰，阿弗里德·马歇尔. 经济学原理 [M]. 北京：华夏出版社，2005.

[20] 阿兰·兰德尔. 资源经济学 [M]. 北京：商务印书馆，1989.

[21] 保罗·A. 萨缪尔森，威廉·D. 诺德豪斯. 经济学 [M]. 北京：华夏出版社，1999.

[22] 孙钰. 外部性的经济分析及对策 [J]. 南开经济研究，1999（03）.

[23] 马尔萨斯. 人口原理 [M]. 北京：商务印书馆，1992.

[24] 刘文，王炎庠，张敦富. 资源价格 [M]. 北京：商务印书馆，1996.

[25] 李晓龙. 稀缺资源的转换与经济学边界的拓展 [J]. 中国人口资源

与环境，2005（03）.

[26] 乔勇，丁士军. 农民疾病风险处理的支持与研究 [M]. 武汉：湖北人民出版社，2012.

[27] 唐旭辉. 农村医疗保障制度研究 [M]. 成都：西南财经大学出版社，2006.

[28] 萧成. 市场机制作用与理论的演变 [M]. 上海：上海社会科学院出版社，1996.

[29] 王树林，刘树桂. 国外宏观经济管理比较 [M]. 北京：华文出版社，2000.

[30] 谢丽华. 马克思主义国家干预理论与凯恩斯国家干预理论的比较 [J]. 福建师大福清分校学报，1999（01）.

[31] 李其庆. 凯恩斯国家干预理论的缺陷和 90 年代国家干预的特征 [J]. 国外理论动态，1994（02）.

[32] 张会军，戎占怀，相力. 教育产业化实用全书 [M]. 北京：开明出版社，2000.

[33] 唐德琯. 国民经济管理学新编 [M]. 北京：中国政治大学出版社，2001.

[34] 张朝尊. 新编政治经济学原理 [M]. 北京：北京理工大学出版社，1994.

[35] 杨靖波，赵卫华，达著钦. 科级公务员任职培训教程 [M]. 广州：广东经济出版社，2011.

[36] 王保庆. 世界经济新论 [M]. 北京：中国人民大学出版社，1995.

[37] 帅斌. 物流产业经济 [M]. 北京：科学出版社，2006.

[38] 冯艳飞. 中国高等教育产业研究 [M]. 北京：经济管理出版社，2004.

[39] 陈文晖，鲁静. 产业经济研究与暗流分析 [M]. 北京：社会科学文献出版社，2010.

[40] 李孟刚，蒋志敏. 产业经济学理论发展综述 [J]. 中国流通经济，2009（04）.

[41] 待佰勋，沈宏达. 现代产业经济学 [M]. 北京：经济管理出版社，2001.

[42] 陈清泰，吴敬琏. 塑造企业所有权文化 [M]. 北京：中国财政经济

出版社，2001.

[43] 陈黎明. 薪资管理 [M]. 北京：煤炭工业出版社，2001.

[44] 李德伟，盖建玲，杨合相，文明. 世纪末的变革——现代市场经济的困惑与演变 [M]. 北京：中国经济出版社，1992.

[45] 赵涛. 人力资源开发与管理 [M]. 天津：天津大学出版社，2005.

[46] 王小平. 保险支持以房养老研究 [M]. 北京：中国金融出版社，2014.

[47] 蔡书凯，倪鹏飞. 新型城镇化与生活环境 [M]. 广州：广东经济出版社，2014.

[48] 韩再. 住房反向抵押贷款运作机制 [M]. 北京：中国经金融出版社，2014.

[49] 孙金帅，陈瑞华，曲万华. 上市公司会计信息质量与市场微观结构特征研究 [M]. 天津：天津大学出版社，2014.

[50] 朱厚玉. 我国环境税费的经济影响及改革研究 [M]. 北京：人民出版社，2014.

[51] 郑四渭. 森林环境可持续发展管理问题研究 [M]. 北京：中国环境科学出版社，2002.

[52] 褚琳琳，陈丹，陈昔. 节水农业综合效益价值评估与发展模式研究 [M]. 南京：河海大学出版社，2014.

[53] 杨星. 碳金融概论 [M]. 广州：华南理工大学出版社，2014.

[54] 王雨濛. 土地用途管制与耕地保护及补偿机制研究 [M]. 北京：中国农业出版社，2013.

[55] 蒋明君. 环境安全学导话 [M]. 北京：世界知识出版社，2013.

[56] 张剑波. 低碳经济法律制度研究 [M]. 北京：中国政法大学出版社，2013.

[57] 陈国铁. 中国企业生态化建设 [M]. 福州：福建人民出版社，2013.

[58] 余杰. 生态文明概论 [M]. 南昌：江西人民出版社，2013.

[59] 赵玲. 生态经济学 [M]. 北京：中国经济出版社，2013.

[60] 宋凯，朱煜，汝宜红. 低碳物流 [M]. 北京：北京交通大学出版社，2012.

[61] 潘鸿，李恩. 生态经济学 [M]. 长春：吉林大学出版社，2010.

[62] 雷睿鹤. 长江口湿地保护研究 [M]. 北京：中国水利水电出版社，

2010.

[63] 李小文. 数字环保理论与实践 [M]. 北京: 科学出版社, 2010.

[64] 王惠. 资源与环境概论 [M]. 北京: 化学工业出版社, 2009.

[65] 闫峻. 林业生物灾害管理 [M]. 上海: 上海科学技术出版社, 2009.

[66] 赵桂慎. 生态学重点学科丛书生态经济学 [M]. 北京: 化学工业出版社, 2009.

[67] 卓祖航. 论资本——资本经济与中国崛起 [M]. 厦门: 厦门大学出版社, 2004.

[68] 中国民航局政策法规司. 民航航班时刻管理的理论与实践: 一种稀缺资源的应用研究 [M]. 北京: 中国民航出版社, 2009.

[69] 吴次芳. 土地资源安全研究的理论和方法 [M]. 北京: 气象出版社, 2004.

[70] 童霞. 基于资源约束的中国出口商品结构转型经济研究 [M]. 兰州: 兰州大学出版社, 2010.

[71] 张芳. 农业自然资源价值及核算研究 [M]. 北京: 中国农业出版社, 2011.

[72] 王常文. 资源稀缺理论与可持续发展 [J]. 当代经济, 2005 (04).

[73] 韩刚, 刘雪玲. 辽宁古生物化石管理研究 [M]. 北京: 清华大学出版社, 2014.

[74] 邹艳芬. 区域能源消费行为的时空差异及其驱动机制研究 [M]. 北京: 经济管理出版社, 2014.

[75] 杨立中, 贺玉龙, 熊春梅等. 绿色铁路理论及评价 [M]. 成都: 西南交通大学出版社, 2014.

[76] 张秦. 区域可持续发展能力研究: 发展能力可持续发展力的跃迁 [M]. 北京: 中国经济出版社, 2014.

[77] 王崇梅. 系统创新视角的区域绿色转型研究 [M]. 成都: 西南交通大学出版社, 2014.

[78] 徐慧, 陈林, 李艳, 曹雯雯. 环境科学概论 [M]. 北京: 中国铁道出版社, 2014.

[79] 王永杰, 张略, 冷伟, 谢瑜, 杨红燕. 知识经济与创新 [M]. 成都: 西南交通大学出版社, 2014.

［80］李文超，贺丹．高技术产业生态转型的动力系统研究［M］．镇江：江苏大学出版社，2001．

［81］邹冬生，高志强．当代生态学概论［M］．北京：中国农业出版社，2013．

［82］Ross，S. The Eeonolnie Theory of Agency：The PrinciPals' Problem［J］．Ameriean Economic Review，1973，（63）：134 – 139．

［83］O. Williamson. Hierarchical Control and Optimal Firm Size［J］．Journal of Political Economy，1967，75（2）：123 – 133．

［84］Furbotn，E. Pejovich，S. Property Rights and Economic Theory：A Survey of Recent Literature［J］．Journal of Economic Literature，Dec. 1972．

［85］Nelson. The Co-evolution of Technology，Industry Structure and Supporting Institutions［J］．Industrial and Corporate Change，1994，（3）：57 – 58．

［86］Lin Yifu. An Economic Theory of Institutional Change：Induced and Imposed Change［J］．Cato J，1990，9（1）．

［87］James Mahoney. Path Dependence in Historical Sociology［J］．Theory and Society，2000，（29）：507 – 548．

第四章

中国低碳公路运输业发展分析

本章主要分析了中国低碳公路运输业发展历程、中国低碳公路运输业发展现状和中国低碳公路运输业发展存在的问题及原因。

第一节　中国低碳公路运输业发展历程回顾

交通运输业是国民经济的重要支柱，也是经济社会运行发展的基础。交通运输方式分为铁路运输、公路运输、水路运输、航空运输、管道运输五种，其中公路运输在整个运输体系中具有基础作用和骨干作用，对巩固国防、发展农业、繁荣经济、方便人民生活等方面都具有十分重要的意义。到 2015 年底，全国公路总里程达到 457.73 万公里，其中高速公路 12.35 万公里，农村公路398.06 万公里。全年营业性客运车辆完成公路客运量 161.91 亿人、旅客周转量 10 742.66 亿人公里；营业性货运车辆完成货运量 315.00 亿吨、货物周转量57 955.72 亿吨公里①。

伴随着公路运输的快速发展，在公路的建设施工、使用管理和运行维护中，大量的自然资源被耗用，特别是由于煤炭、石油等化石能源的广泛使用，导致大气中二氧化碳浓度大幅提升。不仅损害了生态环境，也影响了社会经济的可持续发展，甚至危及全人类的生存安全。因此，公路运输必须要走绿色环保低碳化的发展路径。

---

① 交通运输部. 2015 年交通运输行业发展统计公报［EB/OL］.［2016 - 05 - 06］. http：//www. jttj. gov. cn/shownews. asp？ id = 3021。

受经济增长模式、发展路径和环保理念的影响，我国低碳公路运输发展经历了一个较为漫长的过程，大体可分为萌芽阶段、启动实施阶段和快速发展阶段等三个阶段。

一、萌芽阶段（2000 年以前）

多年来，为了控制污染、保护和改善环境、保证交通能源安全、推动交通可持续发展，国家出台了许多治污环保、节能减排的政策措施，最早可以上溯到 20 世纪 80 年代。1986 年 3 月，国务院环境保护委员会、国家计划委员会、国家经济委员会联合发布了《建设项目环境保护管理办法》，提出凡是从事对环境有影响的建设项目都必须执行环境影响报告书的审批制度。这标志着我国正式将公路建设等建设项目的环境保护问题纳入法制范畴。1987 年交通运输部发布了《交通建设项目环境保护管理办法（试行）》，试行三年后，于 1990 年正式颁布《交通建设项目环境保护管理办法》，这是我国交通建设环境保护方面最早的专门性法规。1998 年 11 月，国务院发布了《建设项目环境保护管理条例》，将建设项目环境保护提升到国家层面。

这一时期，国家还制定了一系列相关法律法规和规章制度，从不同角度对公路建设、运营管理的环境保护、节能减排问题提出要求，主要包括《中华人民共和国公路法》《中华人民共和国公路管理条例》《中华人民共和国环境保护法》《中华人民共和国节约能源法》《中华人民共和国大气污染防治法》《中华人民共和国环境噪声污染防治法》《中华人民共和国固体废物污染环境防治法》《县乡公路建设和养护管理办法》，等等。

这些法律法规和部门规章虽然从客观上促进了中国公路运输的环境保护和节能减排，但对公路运输的节能减排关注不够，措施也不够有力，更没有提出建设发展低碳公路、低碳交通体系等问题。

二、启动实施阶段（2001～2009 年）

进入 21 世纪以来，交通运输行业环境保护、节能减排工作正式走上科学化、法制化、规范化的轨道，一系列法律法规和政策措施陆续出台实施（见表 4.1），并取得了积极的效果，到 2009 年，中国正式提出包括低碳公路运输在内的低碳交通建设问题。

表 4.1　　　　中国低碳公路运输发展的主要政策（2001 年至 2009 年）

颁布时间	政策名称	颁布机构	有关低碳公路运输的主要内容
2002	《中华人民共和国环境影响评价法》	全国人大	明确了包括公路建设在内的建设项目的环境影响评价要求
2003	《交通建设项目环境保护管理办法》	交通部	对交通建设项目环境影响评价程序、环境保护设施等内容做出明确规定，出台了惩罚措施
2004	《能源中长期发展规划纲要》和《节能中长期专项规划》	国家发改委	将交通运输列为节能重点领域，并对公路运输在内的各类运输方式的节能措施做了说明
2006.4	《建设节约型交通指导意见》	交通部	"十一五"末与 2005 年相比，公路每亿车公里用地面积下降 20%，营运车辆百吨公里能耗下降 20%
2006.8	《关于加强节能工作的决定》	国务院	将交通运输列为节能重点领域，要求推进节能型综合交通运输体系建设，加快淘汰老旧汽车，鼓励发展节能环保型交通工具，开发和推广车用代用燃料和清洁燃料汽车
2007.5	《关于进一步加强交通行业节能减排工作的意见》	交通部	提出交通行业六个方面的节能减排措施：强化行业管理、创新发展模式、改进基础设施、推进结构调整、依靠科技进步、提高队伍素质等
2007.6	《中国应对气候变化国家方案》	国务院	将交通运输作为提高能源效率与节约能源的重点行业之一，要求强化节能技术的开发和推广
2007.10	修订《中华人民共和国节约能源法》	全国人大	增加了交通运输节能的相关内容
2008.8	《关于进一步加强节油节电工作的通知》	国务院	要求"对客车实载率低于 70% 的线路，不投放新的运力"
2008.9	《公路水路交通节能中长期规划纲要》	交通运输部	提出了到 2015 年和 2020 年公路交通节能的总体目标、主要任务和重点工程等
2009.2	《资源节约型环境友好型公路水路交通发展政策》	交通运输部	提出了资源节约型、环境友好型公路交通发展的使命、方式和主要政策
2009.5	《关于进一步促进公路水路交通运输业平稳较快发展的指导意见》	交通运输部	提出要提高公路货运车辆的安全、节能环保准入标准，优化运力结构

颁布时间	政策名称	颁布机构	有关低碳公路运输的主要内容
2009.6	《道路运输车辆燃料消耗量检测和监督管理办法》	交通运输部	总质量超过3 500千克的客货运车辆的燃料消耗量应分别满足交通行业标准要求，否则不得用于营运
2009.12	《关于促进甩挂运输发展的通知》	五部门	明确了减少挂车检验次数、调整挂车保险、完善甩挂车辆海关监管制度、调整通行费征收办法等措施

（一）低碳公路运输发展政策

第一，国家层面重大政策相继出台。一是法律法规不断完善。全国人大先后颁布了《中华人民共和国环境影响评价法》《中华人民共和国可再生能源法》《中华人民共和国循环经济促进法》《中华人民共和国清洁生产促进法》，修订了《中华人民共和国节约能源法》，对公路运输的节能减排和环境保护问题做出了法律规定。二是国家政策陆续推出。国务院印发了《关于加强节能工作的决定》和我国第一部应对气候变化的政策性文件——《中国应对气候变化国家方案》，将交通运输列为节能重点领域和提高能源效率与节约能源的重点行业，要求鼓励发展节能环保型交通工具，强化节能技术的开发和推广；印发了《关于进一步加强节油节电工作的通知》，明确要求"对客车实载率低于70%的线路，不投放新的运力"。

第二，行业层面重大政策陆续实施。一是行业指导政策相继发布。国家发改委发布了改革开放以来的第一个关于节能的中长期规划——《能源中长期发展规划纲要》和《节能中长期专项规划》。交通部制定了《交通建设项目环境保护管理办法》和《道路运输车辆燃料消耗量检测和监督管理办法》，发布了交通运输行业的第一个节能中长期专项规划——《公路水路交通节能中长期规划纲要》，印发了《建设节约型交通指导意见》《关于进一步加强交通行业节能减排工作的意见》《资源节约型环境友好型公路水路交通发展政策》《关于进一步促进公路水路交通运输业平稳较快发展的指导意见》等指导文件，对公路运输的节能减排提出了要求。二是能源限制措施接连出台。交通运输部制定了《汽车节油产品使用技术条件》《载货汽车运行燃料消耗量》《载客汽车运行燃料消耗量》《营运客车燃料消耗量限值及测量方法》《营运货车燃料消耗量限值及测量方法》等标准规范，编制发布了《水泥混凝土路面再生利用结构设计与施工工艺指南》《沥青路面再生技术指南》《橡胶沥青及混合料设计施工技术指南》等技术指南，对公路运输的能源消耗提出了限制性的要求，对资源的循环利用做出了技术上的规范。

（二）低碳公路运输装备发展政策

在国家政策层面，全国人大修订的《中华人民共和国节约能源法》首次将发展新能源汽车和替代燃料写入法律。国务院编制的《国家中长期科学和技术发展规划纲要（2006～2020年）》将"低能耗与新能源汽车"和"氢能及燃料电池技术"分别列入优先和前沿技术。国务院办公厅印发的《汽车产业调整和振兴规划》提出了实施新能源汽车战略和电动汽车产销形成规模的重大战略目标，为中国新能源汽车描绘了发展蓝图。

在行业政策层面，科技部的"863计划"电动汽车重大科技专项确立了"三纵三横"的研发布局，即以混合动力汽车、纯电动汽车、燃料电池汽车为"三纵"，以多能源动力总成控制系统、电机及其控制系统和电池及其管理系统为"三横"。国家发改委发布的《汽车产业发展政策》和《新能源汽车生产准入管理规则》，为新能源汽车发展建立了规范的行业准则，被业界看作是国家真正鼓励发展新能源车及市场化的开始，被誉为我国新能源汽车发展史上的一座里程碑。财政部、国家税务总局对具有节能、环保特点的汽车给予税收优惠。工业和信息化部首次发布了《新能源汽车生产企业及产品准入管理规则》，进一步明确了新能源汽车企业和产品准入条件。国家发展新能源汽车的主要政策见表4.2。

表4.2 　　　　中国低碳公路运输装备——新能源汽车发展的
主要政策（2001年至2009年）

颁布时间	政策名称	颁布机构	有关低碳公路运输的主要内容
2001	"863计划"节能与新能源汽车重大专项	科技部	确立了"三纵三横"研发布局
2004.5	《汽车产业发展政策》	国家发改委	提出要突出发展节能环保、可持续发展的汽车技术
2006.2	《国家中长期科学和技术发展规划纲要（2006～2020年）》	国务院	将"低能耗与新能源汽车"和"氢能及燃料电池技术"分别列入优先和前沿技术
2006	《财政部、国家税务总局关于调整和完善消费税政策的通知》	财政部、税务总局	对具有节能、环保特点的汽车将实行一定的税收优惠

续表

颁布时间	政策名称	颁布机构	有关低碳公路运输的主要内容
2007.10	《新能源汽车生产准入管理规则》	国家发改委	首次定义了新能源汽车的范围，对生产企业资质、生产准入条件以及申报要求作了具体规定
2007.10	《中华人民共和国节约能源法》	全国人大	首次将发展新能源汽车和替代燃料写入法律
2009.3	《汽车产业调整和振兴规划》	国务院办公厅	提出实施新能源汽车战略和电动汽车产销形成规模的重大战略目标
2009.6	《新能源汽车生产企业及产品准入管理规则》	工信部	进一步明确了新能源汽车企业和产品准入条件

这些政策措施为新能源汽车产业发展构建了一个较为有利的政策环境，促进了清洁能源汽车的发展，也有力推动了低碳公路运输业的发展进程。据统计，在 2008 年北京奥运会期间，有 500 多辆新能源汽车集中投入使用，使得 2008 年被称为"中国新能源汽车的元年"。[1]

（三）组织机构

为切实加强应对气候变化和节能减排工作的领导，2007 年 6 月，国务院下发通知决定成立国家应对气候变化及节能减排工作领导小组，作为国家应对气候变化和节能减排工作的议事协调机构，时任国务院总理温家宝担任组长。为做好应对气候变化工作，国家发改委在 2008 年机构改革中设立了应对气候变化司，负责综合分析气候变化对经济社会发展的影响，组织拟订应对气候变化重大战略、规划和重大政策等。

交通运输部也积极完善工作机制，2006 年 11 月，成立了交通部节能工作协调小组，时任交通部部长李盛霖任组长。2009 年 12 月，成立了交通运输部节能减排工作领导小组，时任交通运输部部长李盛霖任组长，同时还调整并强化了交通运输部节能减排与应对气候变化工作办公室，负责交通运输部节能减排和应对气候变化工作的牵头、汇总、协调和督查工作。由"协调小组"变为"领导小组"，进一步体现了对节能减排工作的重视，为全面推进交通行业节能减排工作提供了强有力的组织保障。

---

[1] 陈柳钦. 新能源汽车产业发展的政策支持 [J]. 南通大学学报（社会科学版），2010（4）：124-133.

各省市地方政府交通运输主管部门也成立了环境保护和节能减排工作领导小组和管理部门，强化对节能减排工作的组织领导、统筹协调和汇总考核工作，逐步形成以政府为主导、企业为主体、社会广泛参与的绿色循环低碳交通管理工作体系，从组织和机制上为推进绿色循环低碳交通运输发展提供了有力保障。

（四）低碳交通体系的提出

2009 年 8 月，国务院常务会议首次明确提出，要"加快建设以低碳排放为特征的工业、建筑、交通体系"。同月，全国人大常委会通过了《关于积极应对气候变化的决议》，提出要建设低碳型工业、建筑和交通体系，大力发展清洁能源汽车、轨道交通，创造以低碳排放为特征的新的经济增长点，促进经济发展模式向高能效、低能耗、低排放模式转型。由此，我国正式开启包括低碳公路运输在内的低碳交通体系建设。

三、快速发展阶段（2010 年以后）

2010 年以后，国家进一步明确了包括低碳公路在内的低碳交通运输体系的建设目标，出台多项政策（见表4.3）推动低碳公路运输发展，低碳公路运输迈上了发展的快车道。

表 4.3　　　中国低碳公路运输发展的主要政策（2010 年至 2015 年）

颁布时间	政策名称	颁布机构	有关低碳公路运输的主要内容
2010.10	《甩挂运输试点工作实施方案》	交通运输部、国家发改委	明确了甩挂运输试点工作的有关扶持政策和工作要求，确定了浙江、江苏等10个首批试点省份
2011.2	《建设低碳交通运输体系指导意见》	交通运输部	提出加快建设以低碳排放为特征的交通运输体系，明确了公路运输 2015 年和 2020 年节能减排目标
2011.2	《建设低碳交通运输体系试点工作方案》	交通运输部	提出开展建设低碳交通运输体系试点工作，首批确定 10 个试点城市
2011.4	《交通运输"十二五"发展规划》	交通运输部	提升节能减排理念，构建绿色、低碳交通运输体系，"十二五"期间加快构建"三大体系"，组织"两项专项行动"，推进"十大重点工程"
2011.6	《公路水路交通运输节能减排"十二五"规划》	交通运输部	同上

续表

颁布时间	政策名称	颁布机构	有关低碳公路运输的主要内容
2011.9	《"十二五"公路养护管理发展纲要》	交通运输部	提出到2015年公路养护管理主要发展指标和工作要求
2011.10	《道路运输业"十二五"发展规划纲要》	交通运输部	"十二五"时期道路运输业要大力发展绿色道路运输，突出行业节能减排
2011.12	《"十二五"控制温室气体排放工作方案》	国务院	加快建立以低碳为特征的能源、交通等产业体系和消费模式，推进节能降耗，重点发展低碳交通、绿色照明等低碳技术
2012.1	《公路水路交通运输环境保护"十二五"发展规划》	交通运输部	提出了6个发展重点和7项主要任务
2012.6	《节能与新能源汽车产业发展规划（2012～2020年）》	国务院	加快培育和发展节能与新能源汽车产业的技术路线、主要目标和主要任务
2012.8	《节能减排"十二五"规划》	国务院	提出"十二五"期间节能减排的主要目标等。营运车辆单位运输周转量能耗要从2010年的7.9千克标准煤/百吨公里下降到2015年的7.5千克标准煤/百吨公里，下降5%
2013.5	《加快推进绿色循环低碳交通运输发展指导意见》	交通运输部	提出要推进交通运输绿色发展、循环发展、低碳发展，到2020年基本建成绿色循环低碳交通运输体系
2014.5	《2014～2015年节能减排低碳发展行动方案》	国务院办公厅	提出狠抓交通运输等重点领域节能降碳，到2015年，营运货车单位运输周转量能耗比2013年降低4%以上
2014.9	《国家应对气候变化规划（2014～2020年）》	国家发改委	明确2020年前应对气候变化工作的主要目标等，公路运输单位客运周转量二氧化碳排放比2010年降低5%，单位货运周转量二氧化碳排放比2010年降低13%

（一）低碳公路运输发展政策不断完善

第一，国家层面重大政策相继出台。国务院印发了《"十二五"控制温室气体排放工作方案》和《节能减排"十二五"规划》，提出加快建立以低碳为特征的能源、交通等产业体系和消费模式，大力推进节能降耗，明确"十二五"期间公路运输节能减排目标；印发了《节能与新能源汽车产业发展规划（2012～2020年）》，提出了加快培育和发展节能与新能源汽车产业的技术路线、主要目标和主要任务。国务院办公厅印发了《2014～2015年节能减排低碳发展行动方案》，提出到 2015 年，营运货车单位运输周转量能耗比 2013 年降低 4% 以上。

第二，行业层面重大政策相继实施。一是发展规划和工作方案陆续制定。国家发改委制定了我国应对气候变化领域的首个国家专项规划——《国家应对气候变化规划（2014～2020 年)》。交通运输部和国家发改委联合印发了《甩挂运输试点工作实施方案》，明确了甩挂运输试点工作的有关扶持政策和工作要求。交通运输部制定了《交通运输"十二五"发展规划》《公路水路交通运输节能减排"十二五"规划》《公路水路交通运输环境保护"十二五"发展规划》《"十二五"公路养护管理发展纲要》《道路运输业"十二五"发展规划纲要》等发展规划和年度节能减排工作要点，印发了《交通运输行业应对气候变化行动方案》《交通运输行业"十二五"控制温室气体排放工作方案》和《建设低碳交通运输体系试点工作方案》，颁布了《建设低碳交通运输体系指导意见》《加快推进绿色循环低碳交通运输发展指导意见》和《关于公路水路交通运输行业落实〈国务院"十二五"节能减排综合性工作方案〉的实施意见》，从不同角度对公路运输节能减排和低碳发展做出了规划和要求。二是行业标准和规范不断完善。交通运输部制定了《道路运输车辆燃料消耗量检测评价方法》《乘用车燃料消耗量限值》《重型商用车燃料消耗量限值》和《汽车驾驶节能操作规范》等有关国家标准、行业标准，进一步完善了公路运输燃料消耗和节能减排的管理标准和操作规范。

第三，地方配套政策相继制定。根据国家和行业有关政策精神，各地方政府和交通运输管理部门也结合实际情况制定了各自的规划纲要、行动方案、实施意见和标准规范。江苏省制定了《江苏省公路水路交通运输节能减排"十二五"规划纲要》《江苏省交通运输行业节能减排行动计划（2013～2015 年)》《江苏省交通运输行业节能减排工作考核办法》《关于加快道路运输业发展的若干意见》《关于加快推进江苏省干线公路建设工程科技成果推广应用的实施意见》和《江苏省普通国省道沥青路面再生技术推广实施意见》等十多个政策文件，逐步提高了绿色循环低碳管理意识和水平，明确了目标要求。重庆市发布了《重庆市公路水路交通节能减排中长期规划》《重庆市公路水路交通运输节能减排"十二五"规划》《重庆市公路水路交通运输"十二五"发展规划》和《交通清洁化实施方案》等政策文件，对公路运输业的节能减排工作提出了要求。云南省制定了《绿色公路评价标准》等十多个地方标准，填补了国内公路系统同类技术规范的空白，为科学合理实施绿色公路提供技术支撑。这些政策措施为各地低碳公路运输发展提供了制度保障。

（二）专项资金持续投入

为推进交通运输节能减排工作，交通运输部和财政部设立了交通运输节能减排专项资金，从 2011 年起，每年安排资金支持交通运输节能减排。2011 年至 2015 年中央财政共投入资金 32.5 亿元，支持了 976 个交通运输节能减排项目，其中，一般性项目 775 个、绿色交通省项目 4 个、绿色交通城市项目 27 个、绿色公路项目 20 个、绿色港口项目 11 个、绿色交通装备（天然气车船）项目 59 个、营运（施工）船舶节能技术改造项目 10 个、节能减排能力建设项目 70 个。[①]

配合中央交通运输节能减排专项资金的设立，有的地方政府也设立专项资金，不断加大地方财政的资金投入力度。江苏省设立了科技节能减排项目专项资金，2012 年对 51 个项目共资助经费 600 多万元，2013 年资金规模达 2 500 万元，并制定了《江苏交通运输科技节能减排项目管理办法》。重庆市设立交通节能减排专项资金，用于奖励节能减排效果好的科技创新成果，补助节能减排新技术、新产品的应用推广。

专项资金的设立，促进了交通运输行业优化运输结构、用能结构、运力结构，加快了交通运输装备制造产业、信息化产业的技术进步，提升了行业发展质量。通过专项资金的支持，公路运输行业的运行效率和管理水平也大大提升，能源消耗水平大幅下降。以 2011 年为例，经测算，扣除无法准确计算节能减排量的管理与服务能力建设类项目外，该年度项目可节能 31.5 万吨标准煤，替代燃料 22.4 万吨标准油，减少二氧化碳排放 113.8 万吨。[②]

（三）节能减排重点工作成效显著

第一，严格实行营运车辆燃料消耗量准入制度。交通运输部要求，从 2010 年 3 月 1 日起，所有申办营运资格的新购车辆必须符合燃烧消耗量限值标准方可投入营运。截至 2012 年底，交通运输部累计审查、公布了 21 批达标车型，发布达标车型 2 万余个，2011 年和 2012 年全国新进入营运市场的达标车辆分别为 252 万辆和 276 万辆。通过燃料消耗量准入限制，两年内共节约燃油 299 万吨，减少二氧化碳排放 964 万吨。

---

① 刘布阳. 绿色理念落地履行"中国承诺"——"十二五"绿色交通发展综述［EB/OL］.［2015 - 12 - 23］. http://www. moc. gov. cn/zhuzhan/jiaotongxinwen/xinwenredian/201512xinwen/201512/t20151223_1958328. html.

② 交通运输部. 绿色低碳交通运输发展年度报告 2012［M］. 北京：人民交通出版社，2013：5.

第二，严格实行客运运力调控政策。按照国务院有关文件精神，交通运输部要求，对于年平均实载率低于70%的县际以上客运班线，一律不得新增运力；对一类客运班线、与高速铁路和城际轨道交通平行的客运班线，原则上不再审批新增运力；对与现有班线重复里程在70%以上的二类以上客运班线，严格控制新增班线和运力，努力做到客运运力的供需平衡。

第三，积极推进公路甩挂运输发展。从2010年10月，交通运输部、国家发改委联合印发通知，启动了甩挂运输试点工作，并建立甩挂运输试点专项资金，解决了挂车交强险制度障碍。截至2012年底，遴选发布了两批共75个甩挂运输推荐车型，确定了两批95个项目纳入国家甩挂运输试点，带动山东、江苏、福建、广东等8个省（区、市）启动了省级甩挂运输试点，试点项目累计完成投资额59亿元，开通覆盖全国和跨区域的试点线路465条，完成货物周转量138.6亿吨公里。相对传统运输模式，甩挂运输单位运输成本下降了10%～20%，单位运输周转量能耗下降了15%～20%，两年内共节约燃油16.2万吨，减少二氧化碳排放49.7万吨。

第四，着力推广天然气装备在公路运输领域的应用。交通运输部组织召开了城际客货运输推广天然气汽车试点工作座谈会，积极推进在江苏、山东、山西、广东等地及相关企业开展天然气汽车应用试点。

（四）试点示范工作得到务实推进

第一，开展绿色低碳公路主题性项目建设。2013年，交通运输部确定了广东广中江高速公路、云南麻昭高速公路等7条公路作为主题性试点。2014年又组织确定了鹤大高速公路、昌樟高速公路、道安高速公路等13条绿色公路项目，进一步扩大了主题性项目的建设范围，逐步形成了一套绿色低碳公路主题性试点管理模式。

第二，开展"车、船、路、港"千家企业低碳交通运输专项行动。从2010年5月到2013年底，共有1 126家交通运输企业报名参加专项行动。在"车"的方面，主要是积极推进甩挂运输，推广节能驾驶经验，举办机动车安全节能驾驶竞赛，淘汰高耗能车辆，推广新能源和清洁能源车辆等；在"路"的方面，主要是开展高速公路运营节能技术应用与示范工程，推广电子不停车收费系统，推广公路隧道照明节能技术，推广路面材料再生技术，推进太阳能在公路系统的应用等。通过专项行动，增强了企业的节能减排意识，提高了企业节能减排水平，充分发挥了先进企业的示范效应，企业在节能减排工作中的主体地位得到强化。

第三，推广节能减排示范项目。到 2013 年，交通运输部先后推出了五批共 100 个部级节能减排示范项目，对总结节能减排经验、推广节能减排技术、促进节能减排工作发挥了积极作用。

第四，开展重点企业能耗统计监测试点工作。从 2011 年起，在 4 个省级交通运输部门和 83 家重点企业建立交通运输能耗统计监测报表制度，初步建立了部级公路交通运输能耗统计监测网络和分析系统，获取了典型公路能源消耗数据。这些试点示范工作的开展，起到了以点带面、"四两拨千斤"的作用，调动了各级交通运输主管部门和企业推动节能减排工作的积极性，发挥了很好的示范引领作用。

（五）依靠科技创新支撑节能减排

第一，开展重大科技项目攻关，加快应用研究和成果的转化。开展了"建设低碳交通运输体系研究"等交通运输部重大科研课题，推进"公路甩挂运输关键技术与示范"等交通运输部重大科技专项，实施了云南昆龙高速运营节能科技示范工程等节能减排示范工程，有效提升了公路运输生产效率和服务水平，增强了公路运输节能减排的技术基础和保障能力。

第二，开展节能减排能力建设项目，提升节能减排工作管理水平。开展了"交通运输行业能源消耗与碳排放统计监测体系""低碳交通运输体系评价指标体系""交通运输温室气体排放影响、排放峰值与减排目标、路径研究"等3 个方面 15 项交通运输节能减排能力建设项目；开展了交通运输行业能源统计体系建设，将公路运输能源统计指标纳入国家统计指标体系中；初步建立了行业节能减排监测考核体系，优化扩充了能耗监测重点企业范围，探索实验了普通营运货车能源利用状况的远程监测，在山东等地开展了节能减排监测考核试点。①

（六）行业环境保护工作得到重视

根据《2015 年交通运输行业公路水路环境保护评述》，2015 年交通运输行业全面贯彻落实"绿色发展"理念，大力加强生态环境保护，持续推进生态文明建设，坚持追求交通运输行业绿色发展、循环发展、低碳发展。一是生态保护及污染防治设施投入受到重视。全年公路运输环境保护投入达到 140.5 亿元，主要以生态保护和污染防治为主，分别占总投入的 65.05% 和 21.51%；

---

① 何建中．深化试点示范推进节能减排 加快建设绿色循环低碳交通运输体系——在绿色循环低碳交通运输体系建设试点示范推进会上的讲话（2013 年 6 月 18 日）．

污水处理基础设施的建设进一步加强，截至 2015 年底，交通运输行业公路水路污水处理设施配备总数达到 7 547 台，同比增加 27%，污水处理设施的总设计处理能力达到 3.15 亿吨/年；大气污染防治力度进一步加大，截至 2015 年底，行业锅炉除尘设备配备总数增至 1 259 台，同比增加 7%，总设计处理能力达到 20.12 万吨/年，同比增加 37%；锅炉脱硫设备总数为 440 台（套），与上年基本持平；作业粉尘处理设备总数为 6 973 台（套），同比增加 20%。二是主要污染物排放量有效消减。2015 年交通运输行业公路水路污水产生 0.94 亿吨，污水处理 0.9 亿吨，污水达标排放 0.78 亿吨，污水回用 0.3 万吨。经过处理后的污水达标排放率 87%。全年交通运输行业公路水路废气产生总量 1 296.2 亿标立方米；公路水路固体废弃物产生总量 1 777.02 万吨，固体废物处置量为 1 691 万吨，处置率为 95%。三是环境保护工作持续受到重视。在 2015 年批复开工的公路水路建设项目中，环境保护投资估算总额平均占工程总投资 2.4% 左右。当年通过环境保护验收的建设项目为 290 项，实施施工期环境监测的项目数量为 530 项，实施施工期环境监理的建设项目数量为 539 项。[①]

（七）节能减排全民行动成效显著

交通运输部持续深入开展节能减排全民行动，多次组织召开了低碳交通运输体系试点经验交流会和工作推进会等专题会议，配合中国节能协会举办了"中国低碳发展论坛"交通节能分论坛，举办节能减排培训班，组织开展年度节能宣传周活动，制定汽车驾驶节能操作规范，编写驾驶节能手册，推广驾驶节能技术。各中央国家机关、地方政府和企业也相应开展了形式多样的节能减排宣传和推广活动，宣传低碳交通理念，倡导绿色出行，推广新能源汽车和低碳节能技术产品，低碳发展、绿色发展的社会环境和舆论氛围正在形成。

配合国家低碳交通体系建设的进程，各地也纷纷推出自己的低碳交通发展举措。江苏作为全国首个绿色低碳交通运输体系试点省份，提出了绿色循环低碳交通运输发展目标，组织开展了本省的绿色循环低碳公路项目建设；河北、云南、青海、吉林等省份积极组织了全国绿色循环低碳公路主题性项目的建设；甘肃在全面推广高速公路标准化施工的同时，开展"绿色低碳公路"试点建设工作，等等。

---

① 后志良，李宁．交通运输部发布《2015 年交通运输行业公路水路环境保护评述》［EB/OL］．［2016 - 06 - 07］．http：//www.zgjtb.com/2016 - 06/06/content_85891.htm．

随着这些政策措施的逐渐落实，我国低碳公路运输业的发展步伐迈入了新的篇章，绿色低碳理念不断提升，节能减排意识明显增强，节能减排工作成效显著。据测算，2012 年公路运输节约能耗 284 万吨标准煤，减排二氧化碳 616 万吨；2013 年公路运输节约能耗 469 万吨标准煤，减排二氧化碳 1 018 万吨。2012 年至 2014 年，营运车辆单位运输周转量能耗分别比上年下降了 0.8%、2.1%、2.4%[①]，我国公路运输迎来绿色低碳新时代。

第二节　中国低碳公路运输业发展现状描述

近年来，随着我国低碳公路运输业进入快速发展阶段，法律法规体系更加完善，政策措施更加有力，发展环境更加优化，发展理念逐渐广为人知。

一、中国公路运输业能耗现状

（一）中国能源消费现状

根据《中国能源统计年鉴 2014》的数据，2013 年中国能源消费总量达到 416 913 万吨标准煤，同比增加 14 775 万吨标准煤，增长 3.7%。在能源消费总量中，煤炭、石油、天然气、一次电力及其他能源所占比重分别为 67.4%、17.1%、5.3%、10.2%。煤炭、石油等高碳能源在我国能源消费结构中仍占主导地位，见表 4.4。

表 4.4　　　　　　　　全国能源消费总量及构成情况

指标 年份	能源消费总量 （万吨标准煤）	占能源消费总量的比重（%）			
		煤炭	石油	天然气	一次电力及其他能源
2006	286 467	72.4	17.5	2.7	7.4
2007	311 442	72.5	17.0	3.0	7.5
2008	320 611	71.5	16.7	3.4	8.4
2009	336 126	71.6	16.4	3.5	8.5

---

① 国家发展和改革委员会. 中国应对气候变化的政策与行动 2015 年度报告［EB/OL］.［2015/11/19］. http：//qhs. ndrc. gov. cn/gzdt/201511/t20151119_759078. html.

续表

指标 年份	能源消费总量 （万吨标准煤）	占能源消费总量的比重（%）			
		煤炭	石油	天然气	一次电力及其他能源
2010	360 648	69.2	17.4	4.0	9.4
2011	387 043	70.2	16.8	4.6	8.4
2012	402 138	68.5	17.0	4.8	9.7
2013	416 913	67.4	17.1	5.3	10.2

资料来源：《中国能源统计年鉴2014》。

2013 年全国能源消费构成情况见图 4.1。

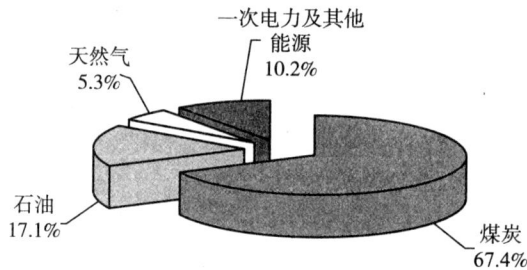

图 4.1　2013 年全国能源消费构成情况

资料来源：根据表 4.4 整理得出。

在行业分布上，2013 年工业占能源消费总量的 69.8%，生活消费占 10.9%，交通运输、仓储和邮政业占 8.4%，排在第三位，见图 4.2。

（二）公路运输业能源消费现状

交通运输行业是能源消费的重点领域之一，根据《中国能源统计年鉴 2014》数据，2013 年，交通运输、仓储和邮政业能源消费量为 34 819 万吨标准煤，占全社会能源消费总量的 8.4%。2000～2013 年，我国全社会能源消费总量年均增长率为 8.35%，而同期交通运输行业能源消费年均增长率为 8.93%，高于全社会能源消费年均增长水平，交通运输行业能源消费量占全社会能源消费总量的比重明显上升，见表 4.5、图 4.3、图 4.4。

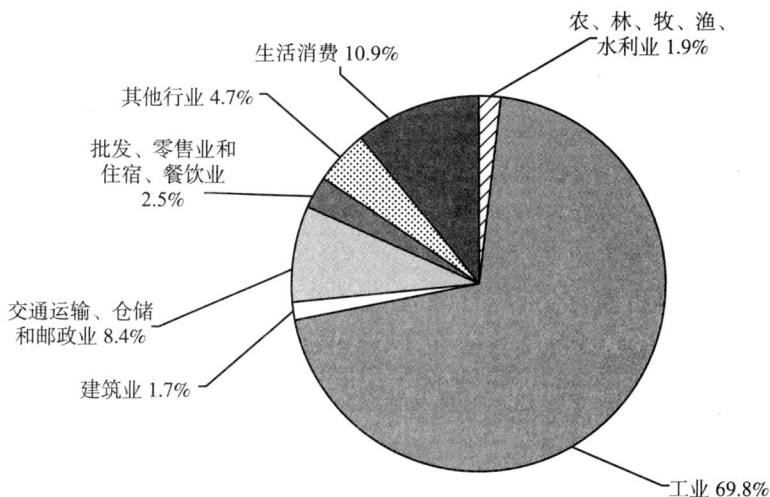

图4.2　2013年全国能源消费行业分布情况

资料来源：根据表4.4整理得出。

表4.5　全国能源消费总量及交通运输业能源消费情况（2000～2013年）

年份 \ 指标	能源消费总量（万吨标准煤）	同比增长（%）	交通运输业能源消费（万吨标准煤）	交通运输业能源消费占比（%）	同比增长（%）
2000 年	146 964	4.5	11 447	7.8	—
2001 年	155 547	5.8	11 834	7.6	-2.3
2002 年	169 577	9.0	12 852	7.6	-0.4
2003 年	197 083	16.2	14 955	7.6	0.1
2004 年	230 281	16.8	17 775	7.7	1.7
2005 年	261 369	13.5	19 136	7.3	-5.1
2006 年	286 467	9.6	20 926	7.3	-0.2
2007 年	311 442	8.7	22 419	7.2	-1.5
2008 年	320 611	2.9	23 997	7.5	4.0
2009 年	336 126	4.8	24 460	7.3	-2.8
2010 年	360 648	7.3	27 102	7.5	3.3
2011 年	387 043	7.3	29 694	7.7	2.1
2012 年	402 138	3.9	32 561	8.1	5.5
2013 年	416 913	3.7	34 819	8.4	3.1

资料来源：《中国能源统计年鉴2014》。

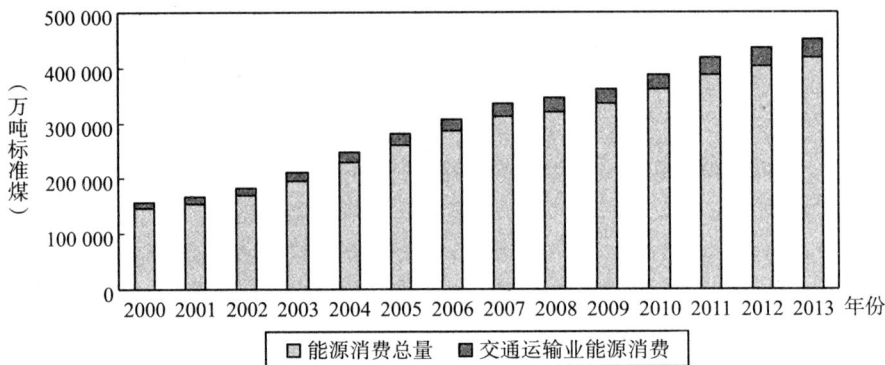

图 4.3　能源消费总量及交通运输业能源消费情况（2000～2013 年）

资料来源：根据表 4.5 整理得出。

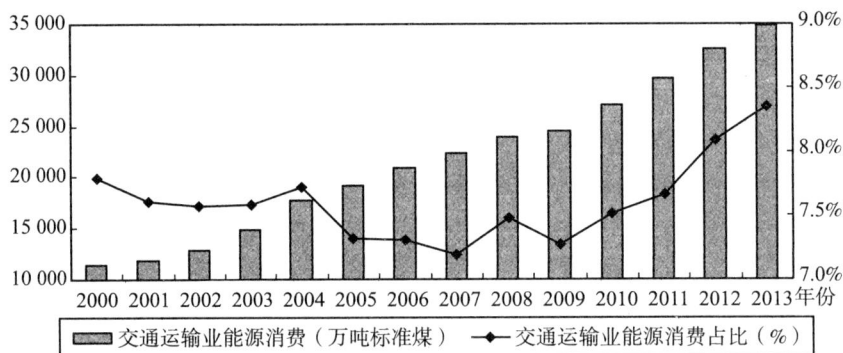

图 4.4　交通运输业能源消费情况（2000～2013 年）

资料来源：根据表 4.5 整理得出。

　　数据分析表明，交通运输业是用能增长最快的行业之一，其中公路运输能耗占交通运输行业能耗的比重为 67%，水运能耗比重为 15%，铁路运输能耗比重为 11%，民航运输能耗比重为 6%，其余运输方式能耗比重为 1%。[①] 可见，公路运输是交通运输行业能耗最大的领域。

---

① 曾德丽. 道路交通运输结构性节能减排研究［D］. 重庆交通大学，2012：17.

　　根据交通运输部重点监测企业能源消耗情况看，2015 年，公路班线客运企业每千人公里单耗 12.6 千克标准煤，同比增长 3.8%，相比上年，增长势头有所放缓；百车公里单耗 28.7 千克标准煤，同比下降 2.1%，相比上年，呈加速下降态势；公路专业货运企业每百吨公里单耗 1.9 千克标准煤，同比下降 6.9%，扭转了上年的增长势头，见表 4.6。

表 4.6　　　　　　　2014～2015 年公路重点监测企业能源消耗情况

监测对象	年度	月均监测车辆数			单耗		
		计量单位	实绩	比上年增长（%）	计量单位	实绩	比上年增长（%）
公路班线客运企业	2014	辆	1 086	1.1	千克标准煤／千人公里	12.1	4.3
					千克标准煤／百车公里	29.3	-1.6
	2015	辆	1 075	-1.1	千克标准煤／千人公里	12.6	3.8
					千克标准煤／百车公里	28.7	-2.1
公路专业货运企业	2014	辆	572	1.5	千克标准煤／百吨公里	2.0	6.7
	2015	辆	577	0.9	千克标准煤／百吨公里	1.9	-6.9

　　资料来源：2014 年、2015 年交通运输行业发展统计公报。

二、中国低碳公路运输业发展现状

（一）基础设施建设突飞猛进，公路通行能力显著提升

　　第一，路网结构改善，运输成本节省。路网结构决定了运输能力，优化合理的路网结构，可以节省运输的时间成本和经济成本，达到节能降耗的目的。2015 年底，全国公路总里程达到 457.73 万公里，比 2006 年增加 112.03 万公里，增长 32.4%。公路密度达到 47.68 公里／百平方公里，比 2006 年增加 11.67 公里／百平方公里，公路运输能力大幅度提升，见表 4.7。

表 4.7　　　　　　　　　　全国公路里程及公路密度情况

指标 年份	公路总里程 （万公里）	同比增速 （%）	公路密度 （公里/百平方公里）	同比增加 （公里/百平方公里）
2006	345.70	3.3	36.01	1.20
2007	358.37	3.7	37.33	1.32
2008	373.02	4.1	38.86	1.53
2009	386.08	3.5	40.22	1.36
2010	400.82	3.8	41.75	1.53
2011	410.64	2.4	42.78	1.03
2012	423.75	3.2	44.14	1.36
2013	435.62	2.8	45.38	1.24
2014	446.39	2.5	46.50	1.12
2015	457.73	2.5	47.68	1.18

资料来源：历年中国统计年鉴、交通运输行业发展统计公报。

2006～2015 年全国公路里程及公路密度增长情况见图 4.5。

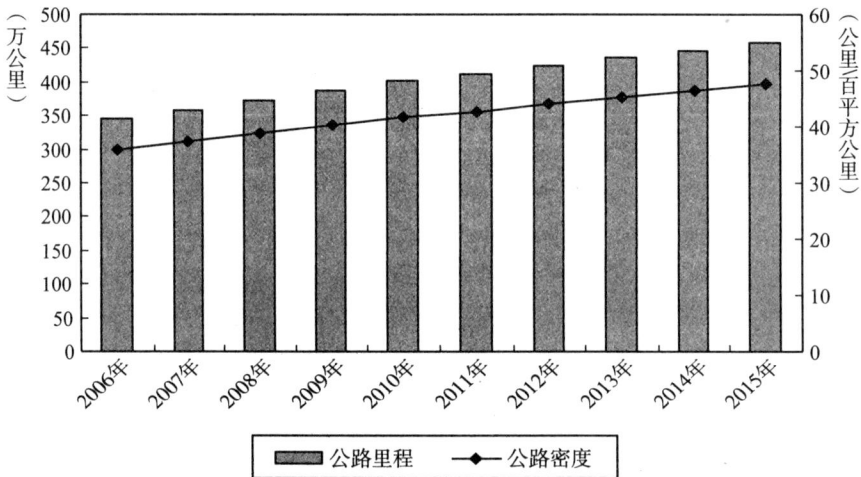

图 4.5　全国公路总里程和公路密度情况

资料来源：根据表 4.7 整理得出。

第二，等级公路比重增加，通行效率明显提升。国家标准《载货汽车运行燃料消耗量》（GB4352 - 2007）、《载客汽车运行燃料消耗量》（GB4353 -

2007）将公路分成 6 类，以 1 类公路耗油水平为 1，其他各类别公路耗油情况见表 4.8。这一分类说明了公路等级对能耗的重大影响，等级公路特别是高等级公路的增加不仅能够提高车辆行驶速度，提升运输效率，更可以降低车辆行驶油料等能源消耗。

表 4.8 　　　　　　　　　GB4352－2007《载货汽车运行燃料消耗量》

公路类别	公路等级	耗油情况
1 类公路	平原、微丘地形的高速一、二级公路	1
2 类公路	平原、微丘地形的三、四级公路，山岭、重丘地形的高速公路	1.1
3 类公路	平原、微丘地形的一、二、三级公路	1.25
4 类公路	平原、微丘地形的等外公路	1.35
5 类公路	平原、重丘地形的四级公路	1.45
6 类公路	平原、重丘地形的级外公路	1.7

2015 年底，全国等级公路里程达到 404.63 万公里，比 2006 年增加 176.34 万公里，增长 77.2%，远远超过公路总里程 32.4% 的增幅，使得等级公路里程占公路总里程的比重从 2006 年的 66.0% 提高到 88.4%，提高了 22.4 个百分点。其中，二级及以上公路里程达到 57.49 万公里，比 2006 年增加 22.16 万公里，增长 62.7%；高速公路里程达到 12.35 万公里，比 2006 年增加 7.82 万公里，增长 172.6%，见表 4.9。

表 4.9 　　　　　　　　　　全国公路等级公路里程情况

指标 年份	等级公路里程（万公里）	同比增速（%）	等级公路所占比重（%）	二级及以上公路总里程（万公里）	二级及以上公路所占比重（%）	高速公路里程（万公里）
2006	228.29	6.7	66.0	35.33	10.2	4.53
2007	253.54	11.1	70.8	38.04	10.6	5.39
2008	277.85	9.6	74.5	39.97	10.7	6.03
2009	305.63	10.0	79.2	42.53	11.0	6.51
2010	330.47	8.1	82.5	44.72	11.2	7.41
2011	345.36	4.5	84.1	47.35	11.5	8.49
2012	360.96	4.5	85.2	50.20	11.8	9.62
2013	375.56	4.0	86.2	52.44	12.0	10.44
2014	390.08	3.9	87.4	54.57	12.2	11.19
2015	404.63	3.7	88.4	57.49	12.6	12.35

资料来源：历年中国统计年鉴、交通运输行业发展统计公报。

2006～2015年全国等级公路里程、二级及以上公路里程增长情况见图4.6。

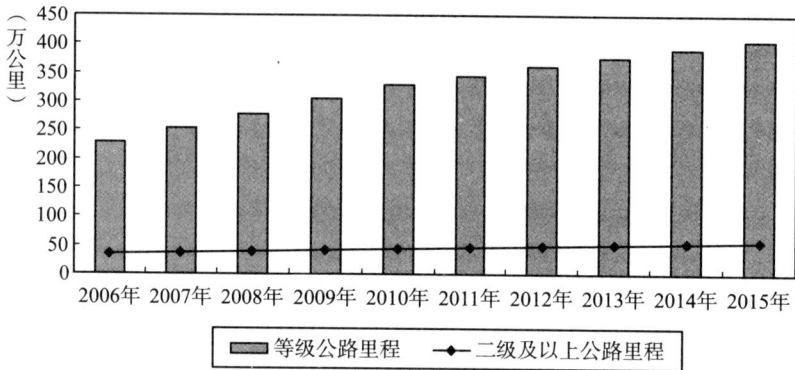

图4.6　全国等级公路里程、二级及以上公路里程增长情况（2006～2015年）

资料来源：根据表4.9整理得出。

2006年全国各技术等级公路分布情况见图4.7。

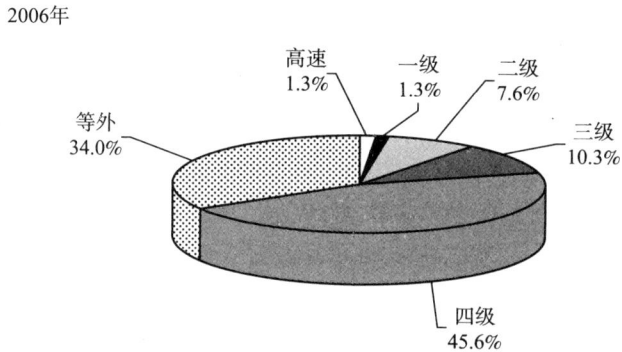

图4.7　2006年全国各技术等级公路里程情况

资料来源：根据表4.9整理得出。

2015年全国各技术等级公路分布情况见图4.8。

2015年

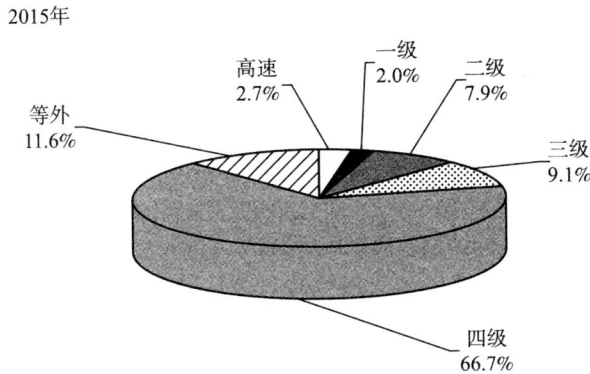

高速 2.7% 一级 2.0% 二级 7.9%
等外 11.6% 三级 9.1%
四级 66.7%

图 4.8 2015 年全国各技术等级公路里程情况

资料来源：根据表4.9整理得出。

从图 4.7、图 4.8 中可以看出，近年来，全国高速公路和四级公路发展势头迅猛，所占比重有很大提升。

2015 年底，全国各行政等级公路里程分别为：国道 18.53 万公里、省道 32.97 万公里、县道 55.43 万公里、乡道 111.32 万公里、专用公路 8.17 万公里、村道 231.31 万公里，比 2006 年底分别增加 5.19 万公里、9.01 万公里、4.78 万公里、12.56 万公里、2.37 万公里和 78.11 万公里，见表 4.10。

表 4.10　　　　**全国各行政等级公路里程情况（2006～2015 年）** 单位：万公里

年份 \ 指标	国道	省道	县道	乡道	专用公路	村道
2006	13.34	23.96	50.65	98.76	5.80	153.20
2007	13.71	25.52	51.44	99.84	5.71	162.15
2008	15.53	26.32	51.23	101.11	6.72	172.10
2009	15.85	26.60	51.95	101.96	6.72	183.00
2010	16.40	26.98	55.40	105.48	6.77	189.77
2011	16.94	30.40	53.36	106.60	6.90	196.44
2012	17.34	31.21	53.95	107.67	7.37	206.22
2013	17.68	31.79	54.68	109.05	7.68	214.74
2014	17.92	32.28	55.20	110.51	8.03	222.45
2015	18.53	32.97	55.43	111.32	8.17	231.31

资料来源：历年中国统计年鉴、交通运输行业发展统计公报。

2006 年全国各行政等级公路分布情况见图 4.9。

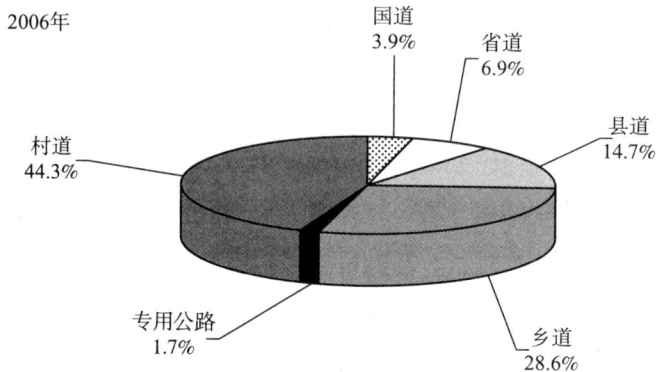

图 4.9　2006 年全国各行政等级公路分布情况

资料来源：根据表 4.10 整理得出。

2015 年全国各行政等级公路分布情况见图 4.10。

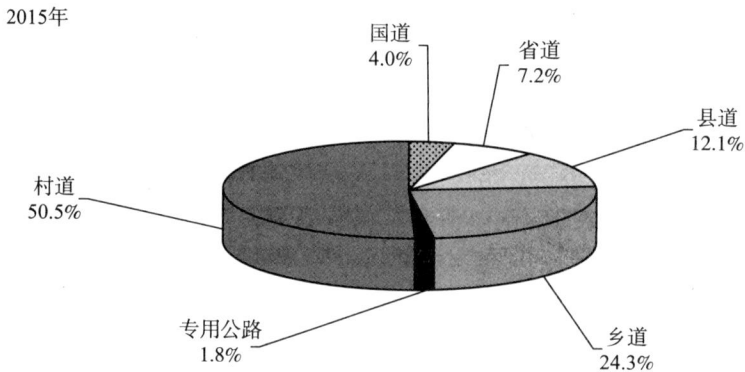

图 4.10　2015 年全国各行政等级公路分布情况

资料来源：根据表 4.10 整理得出。

第三，公路养护和绿化受到重视，通行环境明显改善。随着全国公路网规模的不断扩大，必要的路基路面养护和绿化是构建低碳公路运输体系不可或缺的重要环节。2015 年底，全国公路养护里程达到 446.56 万公里，比 2006 年增加 178.35 万公里；养护里程占公路总里程的 97.6%，比 2006 年提高了 20 个百分点。公路绿化里程达到 251. 11 万公里，比 2006 年增加 127. 53 万公里；绿化里程占公路总里程的 54. 9%，比 2006 年提高了 19. 2 个百分点，见表 4. 11。

表 4. 11　　　　　　　　全国公路养护里程、绿化里程情况

指标 年份	养护里程 （万公里）	占公路总里程的 比重（%）	绿化里程 （万公里）	占公路总里程的 比重（%）
2006	268. 21	77. 6	123. 58	35. 7
2007	304. 00	84. 8	142. 39	39. 7
2008	350. 59	94. 0	167. 69	45. 0
2009	368. 83	95. 5	177. 29	45. 9
2010	387. 59	96. 7	194. 34	48. 5
2011	398. 04	96. 9	204. 45	49. 8
2012	411. 68	97. 2	220. 21	52. 0
2013	425. 14	97. 6	230. 75	53. 0
2014	435. 38	97. 5	243. 75 *	54. 6
2015	446. 56	97. 6	251. 11 *	54. 9

资料来源：2014 年中国统计年鉴、交通运输行业发展统计公报。2014 年、2015 年绿化里程数据是根据《年度中国国土绿化状况公报》计算得来。

2006～2015 年全国公路养护里程和绿化里程情况见图 4. 11。

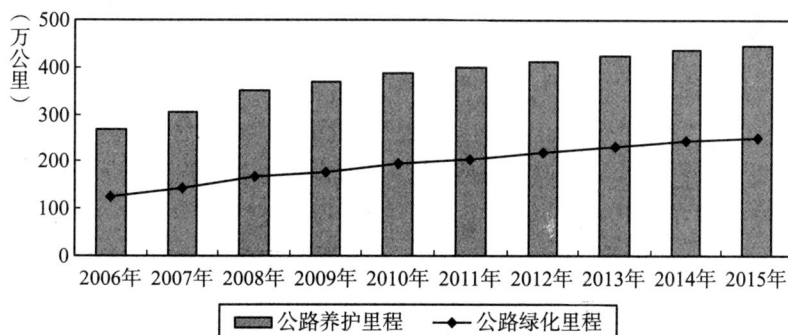

图 4. 11　全国公路养护里程和绿化里程情况（2006～2015 年）

资料来源：根据表 4. 10 整理得出。

第四，路面状况改善，通行能力得以提升。我国目前路面改造技术主要有铺装沥青混凝土和铺装水泥混凝土两种，随着科技的进步和对环保的认知，开始对越来越多的公路路面进行低碳化建造，提高了公路通行畅通程度，减少了因拥堵而导致的额外排放。2014 年底，全国有铺装路面公路里程 263.62 万公里，比 2006 年增加 163.97 万公里，占公路总里程的 59.1%，比 2006 年提高 30.2 个百分点。简易铺装路面、未铺装路面占公路总里程的比重分别从 2006 年的 15.3%、55.9% 下降到 2014 年的 10.8%、30.2%。在有铺装路面中，沥青混凝土路面 73.10 万公里，水泥混凝土路面 190.52 万公里，分别比 2006 年增加 38.09 万公里、125.88 万公里，见表 4.12。

表 4.12 全国公路路面状况 单位：万公里

指标 年份	有铺装路面公路里程			简易铺装路面公路里程	未铺装路面公路里程
	沥青混凝土	水泥混凝土	合计		
2006	35.01	64.64	99.65	52.86	193.19
2007	40.16	84.88	125.03	52.62	180.72
2008	44.11	102.37	146.48	53.08	173.45
2009	48.89	123.10	172.00	53.25	160.83
2010	54.25	137.55	191.80	52.42	156.60
2011	59.13	151.21	210.34	51.23	149.07
2012	64.19	165.32	229.51	50.35	143.89
2013	68.81	177.73	246.54	49.22	139.87
2014	73.10	190.52	263.62	48.13	134.64

资料来源：2014 年中国交通运输统计年鉴。

2006 年全国公路路面状况见图 4.12。

2014 年全国公路路面状况见图 4.13。

由于公路基础设施建设的快速发展，使得我国公路网络化程度、路网技术等级、路面等级结构和通达率都有了大幅提高，路网结构更加合理，路面状况更加优化，为公众出行和货物运输提供了更加方便的条件，节省了在途时间，降低了燃料消耗，减少了轮胎磨损，有效提升了公路运输的整体节能减排水平，控制温室气体排放成效明显。

2006年

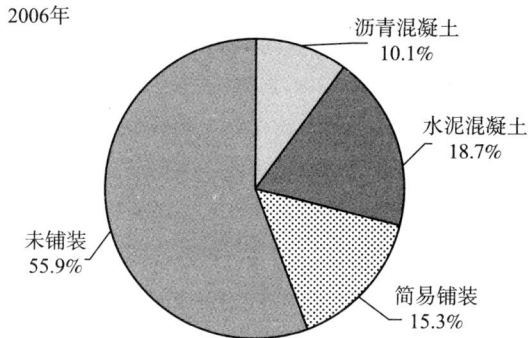

图 4.12　2006 年全国公路路面状况

资料来源：根据表 4.12 整理得出。

2014年

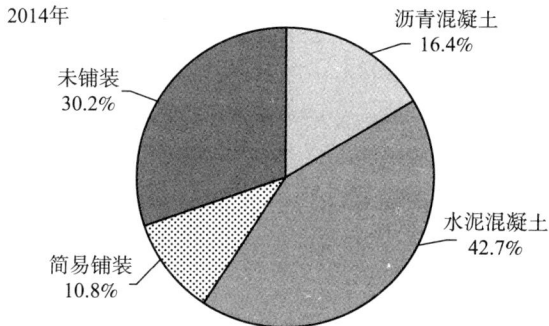

图 4.13　2014 年全国公路路面状况

资料来源：根据表 4.12 整理得出。

（二）运输装备迅速升级改造，营运结构进一步优化

第一，新能源汽车迅猛发展。新能源汽车主要包括混合动力汽车（HEV）、纯电动汽车（BEV）、燃料电池汽车（FCEV）、氢发动机汽车、燃气汽车、醇醚汽车等。在国家有关政策的激励下，近年来我国新能源汽车销量和所占市场份额不断攀升，特别是 2014 年以后，呈现"井喷式"发展，2014 年销量为 7.48 万辆，同比增长 325%；2015 年销量为 33 万辆，同比增长 343%，首次超越美国，成为全球第一大新能源汽车市场。相对于整体汽车市场持续低迷、销量增速放缓的态势，新能源汽车表现惊艳，受到业界的广泛关注，见表 4.13。

表 4.13　　　　　中国新能源汽车销量及所占市场份额（2011～2015 年）

年份＼指标	汽车总销量（万辆）	同比增长（%）	新能源汽车销量（万辆）	同比增长（%）	新能源汽车占比（%）
2011	1 850.51	2.46	0.82	26.34	0.04
2012	1 930.64	4.33	1.28	56.77	0.07
2013	2 198.41	13.87	1.76	37.60	0.08
2014	2 349.19	6.86	7.48	324.79	0.32
2015	2 459.80	4.71	33.11	342.86	1.35

资料来源：交通运输部网站。

　　第二，天然气汽车快速推广。研究表明，使用天然气汽车二氧化碳排放可减少 25%，碳氢化合物可减少 80%，二氧化硫可减少 70.5%，氧化硫可减少 99%，颗粒杂质可减少 1.67%，一氧化碳可减少 90%。[①] 因此，天然气等清洁能源替代石油是减少石油消耗、污染排放和燃料成本的最有效途径之一。近年来，在国家各项优惠政策的鼓励下，天然气汽车在我国得到快速推广使用，截至 2014 年底，我国天然气汽车保有量已达 459.5 万辆，其中 CNG 汽车 441.1 万辆，LNG 汽车 18.4 万辆，加气站近 7 000 座，均居世界第一位，[②] 见表 4.14、表 4.15。

表 4.14　　　　　　全国 CNG 汽车及加气站保有量（2010～2014 年）

年份＼指标	车辆保有量（万辆）	同比增长（%）	世界排名	加气站保有量（座）	同比增长（%）	世界排名
2010	110	22.2	—	1 800	28.6	—
2011	148.5	35	5	2 300	27.8	—
2012	208.5	40.4	3	3 014	31	2
2013	323.5	55.2	2	3 732	23.8	1
2014	441.1	36.6	1	4 455	19.4	1

---

　　① 曾德丽. 道路交通运输结构性节能减排研究 [D]. 重庆：重庆交通大学，2012：36.
　　② 李永昌. 我国天然气汽车保有量升至世界第一 [EB/OL].［2015 - 05 - 13］. http://www. china5e. com/news/news - 905755 - 0. html.

表 4.15　　　　　　　全国 LNG 汽车及加气站保有量（2010～2014 年）

指标\年份	车辆保有量（万辆）	同比增长（%）	加气站保有量（座）	同比增长（%）
2010	1	—	约 100	—
2011	3.8	280	约 200	100
2012	7.5	97.4	600 多	200
2013	13	73.3	1 844	207
2014	18.4	33.5	约 2 500	35.6

注：从 2012 年起我国 LNG 汽车及加气站的排名均居世界第一。

在 CNG 汽车中，"油改气"汽车约占 80%，原装车仅占约 20%；在 LNG 汽车中，原装车占比 90% 以上，改装车不到 10%。2014 年全国车用天然气消费量达 368 亿立方米，比上年增加 99 亿立方米，增长 36.8%，占全年天然气消费总量的 20%，比上年提高 4 个百分点。天然气汽车的快速发展，对于替代使用汽油、柴油的车辆，减少二氧化碳等温室气体排放，促进低碳公路运输业发展，具有极为重要的意义。

第三，营运汽车结构得到进一步优化。截至 2014 年底，全国公路营运汽车达到 1 537.93 万辆，同比增长 2.2%，其中载客汽车 84.58 万辆、2 189.55 万客位，比上年分别减少 0.8% 和增加 0.9%。载客汽车中，大型客车 30.67 万辆、1 326.24 万客位，分别占营运客车的 36.3% 和 60.6%。载货汽车 1 453.36 万辆、10 292.47 万吨位，同比分别增长 2.4% 和 7.1%。载客汽车中，普通货车 1 091.32 万辆、5 241.45 万吨位，分别占营运货车的 75.1% 和 50.9%。营运车辆结构的优化提升了运输服务质量，最大限度地实现了人便其行、货畅其流，从而节省出行时间、提高运输效率，促进公路运输节能减排，见表 4.16。

表 4.16　　　　　　　全国公路营运汽车情况（2010～2014 年）

指标\年份	营运汽车数（万辆）	营运载客汽车数（万辆）	营运载客汽车客位数（万客位）	营运载货汽车数（万辆）	营运载货汽车吨位数（万吨）
2010	1 133.32	83.13	2 017.09	1 050.19	5 999.82
2011	1 263.75	84.34	2 086.66	1 179.41	7 261.20
2012	1 339.89	86.71	2 166.55	1 253.19	8 062.14

续表

指标 年份	营运汽车数 （万辆）	营运载客汽车数 （万辆）	营运载客汽车客位数（万客位）	营运载货汽车数 （万辆）	营运载货汽车吨位数（万吨）
2013	1 504.73	85.26	2 170.26	1 419.48	9 613.91
2014	1 537.93	84.58	2 189.55	1 453.36	10 292.47

资料来源：历年交通运输行业发展统计公报。

（三）运输组织推进低碳发展，节能减排阶段任务如期完成

第一，政策法规体系日渐完善，助力低碳公路运输发展。目前，我国已初步建立起以法律法规为引领、以规划纲要为目标、以发展政策为指南、以实施方案为依托、以标准规范为准绳的低碳公路运输政策体系，包括《中华人民共和国节约能源法》和《中华人民共和国环境保护法》等法律法规，《节能减排"十二五"规划》和《公路水路交通运输环境保护"十二五"发展规划》等规划纲要，《建设低碳交通运输体系指导意见》和《汽车产业发展政策》等发展政策，《交通运输行业应对气候变化行动方案》和《交通运输行业"十二五"控制温室气体排放工作方案》等实施方案，《营运客车燃料消耗量限值及测量方法》和《营运货车燃料消耗量限值及测量方法》等标准规范，为低碳公路运输业的健康发展提供了政策支持。

第二，高能耗车辆被限制、淘汰，公路运输运力结构得到优化。根据道路运输车辆燃料消耗量检测和监督管理信息服务网的数据统计，截至 2016 年 5 月，交通运输部累计审查、公布了 34 批达标车型，发布达标车型 6.22 万个。通过实行严格的营运车辆燃料消耗量准入制度，使不达标的车辆不能进入营运市场，一大批能耗大、性能落后、技术状况差的老旧车辆退出营运市场。通过车辆购置税、车船税等税收政策的调整，鼓励小排量汽车的消费，提高大排量和高耗油汽车的税负水平，体现了国家促进节能减排和保护环境的政策导向。

第三，甩挂运输发展稳步推进，公路货运组织水平不断提高。通过发展甩挂运输，减少了装卸环节，降低了车辆空载率，车辆运行效率大幅提升，单位运输成本和能耗水平明显下降。截至 2015 年，交通运输部在全国共组织实施甩挂运输试点项目 209 个，累计拉动社会投资约 278.6 亿元，为全社会节约燃油约 21 万吨，节约物流成本近 300 亿元，带动山东、江苏、浙江等 9 个省份启动了省级甩挂运输试点。据统计，甩挂运输货运车辆日均行驶里程平均达到 380 公里，车辆平均里程利用率超过 80%，远高于行业平均水平，达到

发达国家水平。单车年均完成货物周转量达到 351 万吨公里，是行业平均水平的 2.5 倍。①

第四，节能减排技术研发应用，服务公路运输低碳发展。随着科技研发的进步，越来越多的节能减排新技术、新工艺投入应用。在公路建设和养护方面，温拌沥青混合料铺路技术、废旧轮胎橡胶沥青路面技术、沥青和水泥混凝土路面材料再生利用技术、地源热泵供热技术、LED 照明技术得到推广应用。在智能交通技术方面，电子不停车收费系统（ETC）、车辆智能化运营管理系统、公众出行信息服务系统、汽车驾驶模拟训练系统等得到推广使用。以 ETC 为例，截至 2015 年 10 月，全国建成 ETC 专用车道 12 772 条，ETC 用户 2 515 万。除海南、西藏外，全国 29 个省份实现了高速公路 ETC 的联网。相比传统的人工收费方式，ETC 单车油耗可节约 50%，一氧化碳、二氧化碳排放分别减少 71.3%、48.9%，每小时通行能力可增加 3.5 倍。未来，随着更多新技术的不断研发和应用，公路运输也将为国家的绿色低碳环保型经济建设贡献更多的力量。

第五，绿色交通项目试点示范，引领公路运输低碳发展。截至 2015 年底，交通运输部共推出 62 个绿色交通试点项目、6 批共 130 个部级节能减排示范项目②，其中包括江苏、浙江、山东、辽宁 4 个绿色交通省，河南三淅高速公路、京港澳高速公路河北段等 20 条绿色公路，逐步形成了一套绿色低碳交通运输区域性和主题性试点管理模式，对行业绿色发展起到了很好的引领带动和宣传作用，显著提高了行业节能环保意识，有力推进形成了行业绿色发展的新格局。以京港澳高速公路河北段项目为例，该项目采用地源热泵技术，节省能源和运行费用达 40% ~ 50%；采用橡胶改性沥青技术，将 336 万条废旧轮胎加工成改性沥青胶结材料铺筑路面，应用规模全国第一；利用建筑垃圾、开槽土、废弃河砂和煤矸石 156 万立方米填筑路基，节约占地 1 564 亩；推广使用高性能混凝土 350 万立方米，节约水泥 30 万吨，减少二氧化碳排放 26 万吨，同时延长了结构混凝土的使用年限，实现了低能耗、低排放、低污染、高效率的目标，在交通运输部的考核验收中被评定为优秀示范项目。

（四）交通分享经济发展异军突起，节能减排成效突出

分享经济是指利用互联网等现代信息技术整合、分享海量的分散化闲置资

---

① 赵文君. 我国"十二五"发展甩挂运输节约物流成本近 300 亿元 [EB/OL]. [2015 - 12 - 28]. http://www.gov.cn/xinwen/2015 - 12/28/content_5028507.htm.

② 杨传堂. 践行绿色发展理念　建设美丽中国 [N]. 经济日报, 2016 - 06 - 16 (3).

源，满足多样化需求的经济活动总和。① 近年来，分享经济在中国得到迅猛发展，2015 年市场规模约 19 560 亿元，参与提供服务者约 5 000 万人，参与分享经济活动总人数已经超过 5 亿人。②

第一，交通分享经济发展迅猛。作为分享经济的六大领域之一，交通出行领域的分享经济起始于 2010 年 9 月，此后，易到用车、快的打车、滴滴打车等品牌陆续建立，经过 5 年多的发展，服务类型快速拓展、经营规模迅速扩大、运营模式换代更新、市场份额不断增加，被越来越多的人所认可接受。滴滴、嘀嗒、易到、神州和优步逐渐发展成为融资额达 10 亿美元或注册用户达千万级以上的主流平台。其中滴滴以 165 亿美元估值、2.5 亿用户成为业内的"超级平台"和交通分享领域的代表性企业，神州专车、友友租车、车纷享等也凭借自身特色获得了市场认可，基本形成了"一超多强"的格局：滴滴出行保持领先地位；优步拼车加大投入奋力追赶；神州专车坚守高端路线；易到用车紧随其后。数据显示，目前主流交通分享平台接入平台汽车数量逾千万，占全国汽车总量 6.5% 以上。覆盖用户 2.5 亿，占全国人口 18.3%。根据主流平台公开的订单量及行驶里程，结合其定价估算，保守估计 2015 年各平台成交额约为 1 000 亿元左右。③ 2016 年 8 月 1 日，滴滴宣布与优步中国合并，这种"一超多强"的市场格局发生了重大变化，"多强"的俱乐部少了一个成员，"一超"的规模和市场份额变得更大，引发社会舆论对其是否有垄断问题的关注。

第二，交通分享大幅减少了全社会的碳排放。交通分享经济发展模式可以按需求配置出行资源，提高约车成功率，利用更少的资源消耗，满足更多人群的出行需要，在实现智能出行的同时，也有效降低了汽车空驶率，提升车辆使用效率，减少能源消耗和碳排放，有利于缓解汽车保有量增长过快、道路拥堵、污染严重等问题，推动绿色消费，为绿色发展、可持续发展提供条件。据滴滴媒体研究院和第一财经商业数据中心发布的《中国智能出行 2015 大数据报告》显示，仅快车拼车和顺风车两项业务一年可节省 5.1 亿升汽油、减少 1 355 万吨碳排放，相当于多种 11.3 亿棵树的生态补偿量。优步拼车也表示，其在杭州的拼车出行服务开展两个多月来，为杭州减少了 500 多吨二氧化碳排

---

① 国家信息中心课题组. 分享经济：全球态势和中国概览——中国分享经济发展报告（2016）要点 [J]. 浙江经济，2016（06）：21 – 24.

②③ 分享经济发展报告课题组. 中国分享经济发展报告：现状、问题与挑战、发展趋势 [J]. 电子政务，2016（04）：11 – 27.

放，这意味着优步拼车服务每 3 天就向杭州贡献一个西湖大小的森林。①

三、部分省份低碳公路运输业发展的实践

（一）江苏省：首个低碳交通运输发展示范省份

江苏省位于东部沿海中心、长江下游，东濒黄海，东南与上海和浙江毗邻，西接安徽，北连山东，全省面积 10.26 万平方公里。2014 年常住人口 7 960 万人，居全国第 5 位，人均国土面积在全国各省区中最少。江苏与上海、浙江共同构成长江三角洲经济圈，2015 年 GDP 达到 70 116.38 亿元，人均 GDP 为 88 085.24 元，高于全国平均水平。江苏省地少人多、资源环境承载力弱，必须要走资源节约的绿色低碳发展之路。多年来，江苏省多措并举，积极推进低碳公路运输的快速发展。

第一，着力完善公路交通网络。公路网络化程度、路网技术等级和路面等级结构不断提升。到 2012 年底，全省公路交通基础设施已率先基本实现现代化，即使是相对欠发达的苏北地区的公路密度也已达到 101.5 公里/百平方公里，远高于全国平均水平；国省干线二级以上公路比例为 98.96%，居全国首位；高速公路密度居全国首位，并率先实现了联网畅通，长江江苏段主航道上的跨江大桥、隧道达到 11 座，近半数省辖市建成了高速公路外环。四通八达的路网以及全国一流的路况，为公众出行和货物运输提供了直达、便捷的路径选择，在节省通行时间的同时，也实现了节能减排。

第二，不断优化运输装备结构。加快调整优化车辆运力结构，运输装备逐步向大型化、专业化和标准化方向发展，营运客车中高级车型、清洁能源车型的比例大幅上升，重型货车、集装箱拖挂车、厢式车等节能高效车型的比例稳步提高，"十一五"末，全省中高级客运车辆占营运班车和旅游客车总数的 66.8%；积极推广货运车辆的大型化、厢式化和专业化，鼓励发展集装箱、厢式等专用和多轴重载大型车辆。

第三，不断优化运输组织结构。在客运方面，持续推进客运班车公司化经营改造。到 2012 年底，省内市际、县际客运班线公司化率已达到 70%，客运实载率大幅提高，仅班次的增加和相对车辆数的减少每年可节油近 10 万吨。在货运方面，积极发展甩挂运输。到 2012 年底，部省两级甩挂运输试点企业

---

① 张璇，陈晓波．优步拼车在杭州：每三天贡献一个西湖大小的森林［EB/OL］．［2015 - 11 - 12］．http://www.zj.xinhuanet.com/2015 - 11/12/c_1117115240.htm.

达到 20 家，其中国家甩挂运输试点项目 7 个，数量居全国首位。试点项目投入牵引车 1 569 辆、挂车 2 378 辆，通过降低车辆空驶率，货运车辆里程利用率提高到 80% 以上，单位运输周转量能耗下降近 18%。

第四，加快推广绿色低碳运输装备。一是建立实施营运车辆燃料消耗量准入制度。全省淘汰油耗不合格运输车辆 1 700 多辆，可节省燃油 4.3 万吨，减少碳排放 13.9 万吨。督促运输企业制定"黄标车"淘汰计划，及时更新节能环保车型。二是推广使用清洁能源车辆。被交通运输部纳入全国道路运输行业推广天然气汽车试点省份。全省长途客运班车中有 1 697 辆为 LNG（液化天然气）车辆，规模货运企业已有 487 辆天然气货车。同柴油相比，液化天然气可大幅减少二氧化碳、一氧化碳、碳氢化合物排放量，减排优势更加显著。

第五，大力推进绿色低碳技术。一是在施工中积极探索节约资源、保护生态的新技术、新举措。全省所有高速公路、国省干线公路均达到绿色通道标准，县乡公路绿化率达到 85%。宁杭高速江苏段建成为全国首条"生态、环保、旅游、景观"四位一体的高速公路；宁连高速宁淮段老山隧道建设被誉为环保型建设的典范；沿海高速公路部分路段采用低路堤方案，减少取土坑用地近 1 万亩；泰州大桥构建并实施绿色营建体系；苏虞张公路改造工程通过合理设置主线出入口实现主线与辅道之间的沟通，全线消灭红绿灯，行车耗油量可降低 5% 左右，日均降低油耗 3 万升。二是在养护中推广再生利用技术。沥青温拌、冷热再生及温拌再生等新技术得到应用推广。2012 年全省普通干线公路大中修再生技术应用里程 440 车道公里，使用再生沥青混合料约为 31 万吨，大中修工程中沥青路面再生利用率达到 25%。S122 省道句容段养护改造后，每公里减少碳排放约 2 000 吨，节约投资 60 万元。

第六，全面加强信息化和智能化建设。一是积极开展长三角高速公路不停车收费系统（ETC）联网示范工程建设。江苏省在全国首次实现跨省联网不停车收费，ETC 联网运行已扩大至周边五省一市，2012 年底全省已开通 731 条 ETC 车道，ETC 技术水平、规模和各项运营指标均位居全国前列，每年可节省燃油 392 万升，减少碳排放近 1 万吨。二是在全国率先开通公路客运联网售票系统。全省所有的二级以上客运站和 150 个三级及以下客运站均开通了联网售票，方便群众出行的同时，有利于科学调配运力，提高客运实载率。①

① 交通运输部. 绿色循环低碳交通运输发展年度报告 2013［M］. 北京：人民交通出版社，2014：43－46.

第七，在全国率先开展绿色汽修和节能驾驶技术研究推广。"绿色汽修"项目已成为全国同行中的一张名片，节能驾驶技术已在全省推广，年均培训学员 100 多万人，常运集团"乔森节油法"入选第四届江苏省职工"十大先进操作法"。

第八，持续改善绿色循环低碳发展制度环境。一是完善节能减排相关管理制度。出台了《江苏省交通运输行业节能减排工作考核办法》《关于加快道路运输业发展的若干意见》和《关于加快推进江苏省干线公路建设工程科技成果推广应用的实施意见》等多项政策文件，修订了《江苏省道路运输条例》，逐步提高了各领域绿色循环低碳管理意识和水平，明确了目标要求。二是建立节能减排标准规范体系。在全国范围内率先制定颁布了汽车节能驾驶技术规范等一批地方性标准，提升了行业管理的规范化、标准化水平。[①]

2013 年 6 月，江苏省政府和交通运输部签订了《共同推进江苏省绿色循环低碳交通运输发展框架协议》，提出要加快构建以绿色、循环、低碳为特征的综合交通运输体系，到 2020 年建成绿色循环低碳交通运输示范省。[②] 2014年 7 月，江苏省制定了《江苏省绿色循环低碳交通运输发展规划（2013～2020年）》；2015 年 11 月，江苏省政府办公厅印发了《关于加快绿色循环低碳交通运输发展的实施意见》，进一步明确了工作任务和责任分工。

在框架协议指导下，2014 年初，江苏省推出了首批 6 个绿色循环低碳公路主题性项目，建设内容贯穿规划设计、建设施工、运营管理各个阶段，涵盖路基路面、交安设施、桥面隧道、绿化氛围等领域，预期通过主题性项目的建设，在全省范围内树立绿色循环低碳发展典范。[③] 2014 年 4 月，江苏省首条绿色循环低碳公路——宁宣高速公路完成交工验收，正式投入运行。作为全国和江苏省首批绿色循环低碳公路主题性试点项目，宁宣高速公路在建设过程中，遵循绿色、循环、低碳核心理念，分别围绕路面、桥梁、交安设施、房建、施工过程、运营管理、用户服务、科普展示等九大方面，创新集成应用了 30 余项节能减排新材料、新技术、新工艺，从而实现了宁宣高速公路全寿命周期内的节能减排目标。经测算分析，宁宣高速公路总节能量达到 12.7 万吨标准煤，

①　江苏省人民政府办公厅.《江苏省绿色循环低碳交通运输发展规划（2013～2020 年）》. 2014 - 07 - 11.

②　林红梅，齐中熙. 交通运输部、江苏省签署绿色循环低碳交通运输发展框架协议 [EB/OL]. [2013 - 06 - 18]. http：// news. xinhuanet. com/fortune/2013 - 06/18/c_116192549. htm.

③　古召. 江苏加快推进苏南等地绿色循环低碳交通建设 [EB/OL]. [2014 - 05 - 14]. http：// su. people. com. cn/n/2014/0514/c154792 - 21202169. html.

减排二氧化碳量达到 27.6 万吨。[1]

（二）河南省：创新驱动低碳发展[2]

河南位于中部地区、黄河中下游，东接山东、安徽，北邻河北、山西，西连陕西，南临湖北，呈承东启西、望北向南之势，全省面积 16.7 万平方公里。2014 年常住人口 9 438 万人，居全国第 3 位。2015 年全省 GDP 为 37 010.25 亿元，人均 GDP 为 39 214.08 元，低于全国平均水平。作为人口最多的省份之一，河南省面临着更多的交通出行节能减排压力。多年来，河南省按照"五个更加注重"（更加注重科学发展、更加注重规范管理、更加注重提质增效、更加注重统筹运作、更加注重素质建设）的要求，积极推动包括低碳公路运输在内的绿色低碳交通运输体系建设。

第一，加大政府宏观指导。一是制定绿色交通管理文件。制定并实施了《河南省公路水路交通运输"十二五"节能减排规划》，下发了《加快推进河南省低碳交通运输体系建设指导意见》和《关于实施交通运输节能减排专项资金支持区域性、主题性项目的意见》等文件。二是召开专题会议。2011 年 6 月，召开了全省第一次交通运输科技创新暨低碳交通运输体系建设大会；2013 年 3 月，又召开了河南省绿色低碳交通运输体系建设推进会，分析了形势，提出了要求。

第二，示范试点工程成效显现。作为全国第二批低碳交通试点城市，济源市强力推进"沥青冷再生技术应用"和"碳汇林工程"等建设项目，绿色低碳公路建设取得明显成效。作为全国首批绿色循环低碳公路主题性试点项目的三淅高速公路在 2015 年底建成通车，该项目通过采用节能减排技术、实施环境保护措施，在施工期替代燃料 33 550 吨标准油，节能 11 854 吨标准油，减排二氧化碳 121 889 吨；在运营期每年节能 9 012.24 吨标准油，减排二氧化碳 9 927.77 吨。该项目还通过了 10 项科研攻关项目，形成了交通运输行业标准 3 项、专利 4 项，对生态敏感区、山岭重丘区绿色公路建设起到示范引领作用。连霍高速隧道群完成了 LED 灯改造，不仅大幅提高了行车安全，还有效降低了隧道照明费用，节能效果达到 50% 以上。"八挂来网"等四个交通运输部节能减排示范项目得到推广应用，2012 年，货车通过河南省公共物流信息平台减少空驶里程 4 亿公里，节约燃油 1 亿升，约合 7.36 亿元，减排二氧化

① 宁波，刘强. 我省首条绿色循环低碳公路投入运行 [EB/OL]. [2014 - 04 - 04]. http：//roll. sohu. com/20140404/n397791541. shtml.

② 康继民，周爱娟，罗昕. 河南交通创新驱动低碳发展 [N]. 中国交通报，2013 - 03 - 20.

硫 324 吨、一氧化碳 2 700 吨、铅化物 156 吨。

第三，道路运输减排效果彰显。一是严格执行营运车辆燃料消耗量限值标准，结合区域内客运线路公司化改造，淘汰了老、破、旧和高耗能、高排放车辆 2 336 台；二是继续执行道路客运实载率低于 70% 的线路不投放新运力政策，优化运力组织，提高了客运实载率；三是积极推进新乡、济源等市城乡客运一体化建设，提高了城乡客运服务水平，进一步适应了城乡群众的出行需求；四是加快推进"中原绿色客运新干线"项目实施，2012 年完成约 6 500 辆长途营运客车的更新、改装，全省新增天然气客车 1 032 台，平均降低燃料成本 28%，促进了绿色交通发展；五是推进甩挂运输试点，全省入选交通运输部的甩挂运输试点企业达到 8 家，甩挂运输牵引车、挂车分别达到 172 辆和 299 辆，节能减排、降低运营成本效果明显。

第四，加强公路建养节能应用。在公路建设，特别是豫西山区高速公路的设计施工中突出绿色低碳理念，推广新材料、新产品、新能源等节能减排技术应用。在高速公路运营管理中大力推广 ETC 系统、LED 照明、太阳能、风能、光伏发电和中水利用等节能技术，有 34 个收费站、67 条收费车道设置了专门的 ETC 系统，服务区照明场所广泛安装了节能 LED 灯，111 对服务区引入了中水回用系统。在公路养护中积极采用旧砼路面碎石化和旧沥青路面再生利用技术，全省高速公路建养工程中旧路面回收率达 90% 以上，循环利用率达 70% 以上；国省干线公路旧路面回收率达 90% 以上，循环利用率达 60% 以上。

第五，科技支撑服务能力增强。组织开展了"废旧沥青混合料厂拌热再生利用研究"和"河南省交通运输节能减排对策研究"等重大节能减排领域科研项目的研究，制定了河南省《重点推进公路沥青旧料循环利用技术成果推广应用实施方案》，提出了到"十二五"末基本实现全省公路路面旧料"零废弃"的工作目标，在建设、养护、施工中实施了"沥青冷再生技术应用"和"基于 GIS 的高速公路智能管理系统"等科技示范工程和成果，取得了较好的经济和社会效益。

第六，提高全员参与节能意识。组织参与全国"车、船、路、港"低碳交通运输专项行动，参与企业达到 71 家。组织开展交通运输行业节能宣传月活动，宣传低碳交通运输发展先进经验。组织开展多期全省行业节能减排专项培训，提升了从业人员节能低碳发展理念和工作水平。逐步普及机动车绿色驾驶技术。公共机构节能取得新的成效。①

（三）云南省："七彩云南，绿色交通"

云南省地处祖国的西南边陲，北接西藏、四川，东连贵州、广西，西望缅甸，南邻老挝、越南。全省面积 39 万平方公里，全国排名第 8 名。2014 年常住人口 4 714 万人，全国排名第 12 名。2015 年 GDP 达到 13 717.88 亿元，人均 GDP 为 29 100.91 元，仅高于甘肃省，居全国倒数第 2 名。经过多年发展，云南省交通基础设施建设有了长足发展，但与此同时，资源消耗、能源消耗、温室气体排放、环境污染等问题也日益显现。近年来，云南省以绿色交通引领交通运输现代化发展，切实将节约能源资源的要求贯彻到交通运输"建、管、养、运"的全过程，"七彩云南，绿色交通"建设取得了显著成效。

第一，全国唯一同时有两条绿色公路试点的省份。云南省以"立足实际、突出特色、系统设计、科技支撑、经济可行"为基本原则，切实体现"不破坏就是最大的保护""路线与地形条件相互协调"和"节能、节地、节水、节材"的绿色公路建设理念，成功打造出思小、小磨两条安全、环保、舒适、和谐、经济的生态大通道、绿色大通道。特别是思小高速公路，为保护生态环境，引入了"宁桥勿填、宁隧勿挖"的理念，在全长 97.75 公里中有桥梁 352 座，隧道 30 座，桥隧总长占全线总长的 26.4%，其中的野象谷路段，桥隧里程占公路里程的 70% 以上，在世界公路建设史上已属少见。2009 年 3 月，思小高速公路以工程质量优、环保效果显著、公路文化景观突出、经济效益好的总体表现圆满竣工，工程总体得分为 96.14 分，成为全国高速公路建设总体评分最高的公路建设项目。②

2013 年，麻昭高速公路被交通运输部列入首批建设绿色循环低碳主题性项目，项目总节能目标为 13.69 万吨标准煤。该项目在规划设计、建设施工和运营阶段全过程、全方位地融入应用低碳技术，实施了隧道弃渣综合利用、施工区集中供电、LED 综合照明及智能控制技术、公路低碳运营指示系统、路域碳汇生态建设等 24 项绿色节能低碳、节能环保措施；采取低碳绿色施工，采用材料循环、原路面材料再生等技术，减少了固体废物处理对生态的影响；进行了生态恢复，减缓了建设造成的沿线土地资源减少的不良影响，打造了云南省首条绿色循环低碳高速公路。麻昭高速公路于 2015 年 12 月建成通车，预计

① 交通运输部. 绿色循环低碳交通运输发展年度报告 2013 [M]. 北京：人民交通出版社，2014：107－110.
② 刘功臣，赵芳敏. 低碳交通 [M]. 北京：中国环境出版社，2015：105－106.

通车后每年将节约 1.29 万吨标准煤。2015 年，香丽高速公路又被交通运输部列为绿色公路建设试点项目，该项目预计节能达到 14.47 万吨标准煤，替代燃油 10.64 万吨，减少二氧化碳排放 48.88 万吨。云南省也成为全国唯一同时有两条绿色公路试点的省份。①

第二，公路基础设施建设养护实现重大突破。到 2015 年底，云南省公路总里程达到 23.6 万公里，较 2010 年新增 2.6 万公里。一是骨架路网高速化。"七出省""五出境"通道建设稳步推进，全省高速公路通车里程达 4 005 公里，在建里程 1 853 公里；全省 13 个州市通高速公路，129 个县中有 72 个通高速公路。二是国省干线高等化。全省高等级公路（二级及以上公路）里程达 1.62 万公里，占总里程的 6.78%；129 个县中有 123 个通高等级公路。三是农村交通通畅化。新改建农村公路 9 万公里，农村公路总里程达 19.7 万公里；乡镇通畅率达 100%，建制村通畅率达 75%，实现县乡通油路、70% 建制村通硬化路；开通农村客运班线 4 292 条，乡镇通班车率 100%，行政村通班车率 85%。

第三，公路养护水平和服务能力大幅提升。一是公路养护水平明显提高。高速公路优良路率 92.1%，普通国道优良路率 75%，普通省道优良路率 70%，农村公路优良路率 49.2%。二是客货运输站场建设持续加强。州市政府所在地一级客运站覆盖率 87.5%，县市区政府所在地二级以上客运站覆盖率 82.9%，乡镇建成客运站比例达 77.8%。

第四，推广采用节能新技术。组织推广隧道半导体照明应用示范工程；采用新技术对沥青拌合楼燃烧装置进行改造，以天然气替代煤、柴油、重油等传统燃料，实现路面沥青拌合料生产工艺的低碳节能；应用沥青路面再生技术，实现旧路面材料的循环利用，全年沥青路面冷再生 123.02 万平方米，热再生 25.47 万吨，节约近 70% 沥青和砂石料；应用温拌沥青技术，降低沥青混合料拌合过程中的加热温度，达到进一步节能减排的效果。据悉，按年产量 5 万吨沥青拌合料计算，该项目每年可替代煤粉 644.5 吨以上，减少二氧化碳排放 1 190 吨，减少二氧化硫排放 15.5 吨，减少烟尘 9.7 吨。

第五，科技支撑"绿色交通"发展。组织开展了《绿色低碳公路评价指标体系与评价方法研究》《绿色客运货运站场评价指标体系研究》和《交通运

---

① 上官艳君. 云南成全国唯一同时有两条绿色公路试点省份［EB/OL］［2015–06–16］. http://www.km.gov.cn/xxgkml/zwdt/708581.shtml.

输行业统计监测及考核评价指标体系和管理统计信息平台》，研究实施了《沥青路面全寿命周期能耗评价技术合作研究》等项目，为全行业节能减排工作的有效推进提供了科技支撑。制定发布地方标准 31 个，其中《云南省公路工程定额编制规程》和《绿色公路评价标准》成为全国首创，填补了行业空白，为科学合理实施绿色公路提供技术支撑。①

第六，绿色交通建设初见成效。严格实行营运车辆燃料消耗量准入制度，不符合标准的车型不得投入营运；对于年平均实载率低于 70% 的县际以上客运班线，一律不得新增运力；对与现有班线重复里程在 70% 以上的二类以上客运班线，严格控制新增班线和运力；开展了甩挂运输试点工作，并积极推广清洁能源和新能源车辆；大力推进 ETC 联网工程，ETC 实现全国联网收费；推进云南省交通运输环境监测中心站的建立，启动全省交通运输环境监测网总体规划工作，发布《云南省绿色公路评价标准》（DB 53/T449 - 2013）；试点开展早期建设交通基础设施生态修复，实施国道 G245 澄江至江川线二级公路生态建设和修复试点工程；全面加强溢油应急能力建设，强化公路运营期噪声污染防治；推进节能减排示范项目和天然气车船试点工作，实施"车、船、路、港"千家企业低碳交通运输专项行动；推广筑路材料、水资源的循环利用，组织实施国道 G357 玉溪至江川高速公路玉江服务区清洁能源及水资源循环利用试点工程。

到 2015 年底，云南省清洁能源和新能源公交车比重达到 20%，普通国省干线公路大中修废旧沥青路面材料循环利用率达 60% 以上，累计进行隧道节能改造 129 座，新建高速公路隧道节能照明灯具使用率达 100%，建成 ETC 收费车道 220 余条，新建高速公路收费站 ETC 覆盖率达 100%，ETC 用户已超过 43 万。全省营运性公路载客、货汽车的汽、柴油综合燃料单耗每百吨公里降至 7.8 升，② 绿色交通发展初见成效，公路运输环境友好程度逐步改善。

总之，在国家有关部门和地方政府的组织下，在全社会的共同努力下，公路运输行业节能环保水平全面提升，运输装备清洁化进程明显加快，到 2015 年底，"十二五"规划中设定的公路运输能耗和碳排放强度降低目标顺利实现，营运车辆单位运输周转量二氧化碳排放量下降了 15.9%，绿色循环低碳

---

① 刘颖. 云南给力"绿色交通"[N]. 中国经济导报，2015 - 07 - 03（A4）.

② 云南省交通运输厅. 云南交通运输行业"十二五"规划总结 [EB/OL]. [2016 - 01 - 07]. http://www.moc.gov.cn/st2010/yunnan/yn_fazhangh/201601/t20160107_1973133.html.

发展已经成为全行业的共同目标和价值取向。[①]

第三节　中国低碳公路运输业发展存在的问题及其原因分析

中国低碳公路运输业近年来虽然发展迅速，成就显著，但由于起步较晚，环保理念正在逐步深入人心，再加上高碳能源应用广、节能减排基数高、经济转型压力大等原因，相对于发达国家来讲，目前还处于发展的初级阶段，整体发展水平较低，节能减排仍面临许多结构性、技术性、管理性的问题。

一、结构性问题及其成因

（一）基础设施方面

第一，公路总里程数偏少，路网结构有待改善。虽然我国公路总里程数逐年大幅增加，世界排名跃居第二位，仅次于美国，但相对于国土面积和人口数量来讲，公路里程数仍然偏少，特别是与发达国家相比，我国人均公路里程数更少。2013 年我国人均公路里程数约为 3.2 米/人，远低于美国的水平（20.5米/人），也低于德国的水平（7.9 米/人）。[②] 另一方面，公路的通达深度也不够，现有的公路网密度与发达国家相比还处于落后地位。2015 年我国公路密度虽已提高到 47.68 公里/百平方公里，但仍远低于日本（320.28 公里/百平方公里，2011 年）、英国（162.82 公里/百平方公里，2011 年）[③] 等发达国家的水平，公路运输的便利性和通达性有待提高。

第二，地区发展不平衡，东中西部差距较大。受自然条件、地理环境、历史基础、经济能力等因素影响，我国广大中西部地区公路基础条件相对较差，虽然国家加大了对中西部地区公路基础设施建设的投入力度，但由于基础条件薄弱、地质状况复杂、经济实力有限等原因，中西部地区公路运输发展与东部地区的差距仍在扩大。2014 年，全国公路密度为 46.5 公里/百平方公里，同比增加 1.12 公里/百平方公里，其中地处东部地区的江苏省公路密度达到

① 杨传堂. 践行绿色发展理念　建设美丽中国 [N]. 经济日报, 2016 – 06 – 16 (3).
② 齐晔, 张希良. 中国低碳发展报告（2015 – 2016） [M]. 北京：社会科学文献出版社, 2016：89.
③ 陈波. 基于四因素指数的区域公路网布局方法 [D]. 西安：长安大学, 2015：1.

146.94 公里/百平方公里，同比增加 1.33 公里/百平方公里①，福建省公路密度达到 81.6 公里/百平方公里，同比增加 1.33 公里/百平方公里②，均远高于全国平均水平；而地处西部地区的青海省公路密度仅为 10.08 公里/百平方公里，同比仅增加 0.36 公里/百平方公里③，远低于全国平均水平。2014 年，全国二级及以上公路里程占公路总里程的比重达到 12.2%，其中，东部地区二级及以上公路里程占公路总里程的比重达到 18.4%，中部地区为 11.3%，西部地区仅为 8.8%④。高等级公路所占比重偏低，公路等级结构不合理，将影响车辆运输效率，导致车辆行驶速度降低，油料等能源消耗增加。

第三，公路路面铺装率低，需要进行升级改造。到 2014 年底，我国公路总里程虽已达到 446.39 万公里，但公路总体路面铺装率仍然较低，有 30.2%的公路未铺装路面，有 10.8%的路面为简易铺装路面，而在发达国家，未铺装和简易铺装的公路占比合计一般在 25%以下。⑤在有铺装路面中，沥青混凝土路面仅有 73.10 万公里，占公路总里程的比重为 16.4%；水泥混凝土路面 190.52 万公里，占比为 42.7%，仍是我国公路路面的主要组成。而美国沥青混凝土路面达 330 万公里，占公路总里程的比重超过 50%，我国无论是路面铺装率还是沥青混凝土路面普及率均与发达国家存在较大差距。⑥相对于水泥混凝土、砂石等其他路面，沥青混凝土路面具有行车舒适性好、燃油消耗小、轮胎使用寿命长、施工维修方便等优势，因此，对未铺装和简易铺装的公路进行路面铺装、对水泥混凝土和砂石路面进行更新改造势在必行。

（二）运输装备方面

第一，运输装备结构不尽合理，需要调整运力结构。现阶段，低碳公路运输业发展面临的问题之一是大中型专业化的载货车辆偏少，专业化运输发展缓慢，运输效率有待提高。2014 年全国共有民用载货汽车 2 125.46 万辆，其中民用重型、中型、轻型、微型载货汽车分别为 533.67 万辆、188.09 万辆、1 385.77 万辆、17.93 万辆，所占比重分别为 25.1%、8.8%、65.2%、0.8%，见图 4.14。

---

① 江苏省统计年鉴 2013［G］、江苏省统计年鉴 2014［G］.
② 福建省统计年鉴 2013［G］、福建省统计年鉴 2014［G］.
③ 青海省统计年鉴 2013［G］、青海省统计年鉴 2014［G］.
④ 中国统计年鉴 2015［G］.
⑤⑥ 肖焕成. 我国公路路面铺装待升级　未来公路升级改造沥青需求量巨大［EB/OL］.［2015 - 09 - 28］. http://www.qianzhan.com/analyst/detail/220/150927 - d57d0337.html.

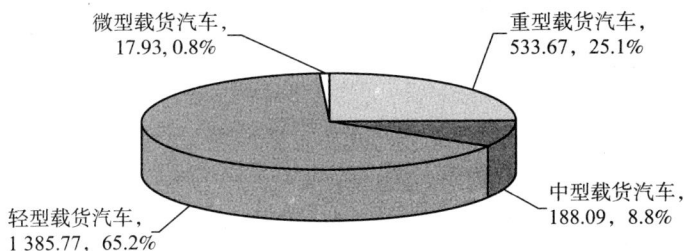

图 4.14 民用载货汽车分布情况（2014 年）

资料来源：《中国统计年鉴 2015》。

第二，新能源汽车市场份额较小，实现目标任务艰巨。虽然 2014 年以来我国新能源汽车产销量出现爆发式增长，发展势头十分抢眼，但由于市场形成较晚，初期发展缓慢，社会认同度低，导致新能源汽车所占的市场份额极为有限。即使是在新能源汽车销量最高的 2015 年，销量也仅占当年汽车总销量的1.35%。截至 2015 年底，全国汽车保有量为 1.72 亿辆，其中新能源汽车保有量仅有 58.32 万辆，市场份额仅为 0.3%。《节能与新能源汽车产业发展规划（2012~2020 年）》中提出，到 2020 年时新能源汽车产能要达到 200 万辆、累计产销量超过 500 万辆。未来的几年内，要实现这一目标，新能源汽车还有很长一段路要走。

（三）能源耗用方面

第一，公路运输能耗量偏大，能耗水平亟待降低。据统计，单位运输量下公路运输的能耗量是电动火车运输的 10 倍[1]。目前，我国载货汽车百吨公路油耗要比国外平均水平高出 30% 左右[2]。因此，控制并降低能耗水平对于公路运输的节能减排至关重要。

第二，公路运输碳排放较高，亟须发展清洁能源。现阶段，我国公路运输工具主要依赖成品油等一次能源，而这些一次能源在燃烧过程中会产生大量碳（氮）氧化物及有毒烟气。所以，加快发展清洁能源、可再生能源，逐步替代汽油等高碳能源，是构建低碳公路运输的应有之意。

---

[1] 李群. 促进我国公路运输低碳发展的财税政策研究 [D]. 南昌：江西财经大学，2014：16.
[2] 曾德丽. 道路交通运输结构性节能减排研究 [D]. 重庆：重庆交通大学，2012：3.

二、技术性问题及其成因

（一）运输装备方面

第一，技术难题未解决，安全性能受到质疑。在新能源汽车方面，相比传统燃油汽车，新能源汽车由于存在着高压漏电、电池燃烧、电磁干扰导致车辆自动刹车或熄火、车辆碰撞和机械故障引发电池爆炸等安全隐患[①]，使得其技术安全性能受到消费者的质疑，成为阻碍其推广的关键所在。同时，新能源汽车还面临电池续航里程短、电池能量密度低、电池的寿命短、充电时间长等使用上的不便，进一步增加了消费者的疑虑，担心续航里程问题，担心无处充电问题，这也是很多人不敢购买的主要原因。此外，由于技术水平有限，开发出来的车型偏少，可选择面太窄，价格偏高，也是消费者不愿购买的重要原因。

在天然气汽车方面，目前还存在气耗偏高、发动机电控管理系统的核心技术尚未掌握、核心部件需要进口等技术问题，技术水平还有待提升，对天然气汽车的进一步推广使用造成了不利影响。

第二，配套设施不完善，充电加气受困扰。在新能源汽车方面，相对于新能源汽车的飞速发展，充电站和电池交换站等基础配套设施建设明显滞后，难以满足新能源汽车发展的需求，成为制约其产业发展壮大的"瓶颈"。一方面，现有的充电桩规模不够，覆盖面不广，新能源汽车面临充电难问题。2014年我国新能源汽车保有量已接近9万辆，但建成的充电桩只有3万多个。另一方面，现有的充电桩又面临标准不统一问题，由于各地和生产企业的充电站、充电桩设备缺乏统一标准、各自为政，相互难以兼容，导致有的车可以在这个桩充电，但却不能在另一个桩充电，[②] 企业在研发、生产、营销等方面的混乱，也影响了新能源汽车的发展进程。

在天然气汽车方面，由于天然气汽车加气站工程复杂、建设期长、建设成本高、建设难度大、占地面积大、噪声污染大等原因，导致发展缓慢、供气能力不足，整体自动化、智能化管理水平还有待提高。

（二）公路施工方面

节能减排新材料应用推广有待加强。研究表明，温拌沥青混合料、煤矸石沥青混合材料、废旧轮胎橡胶沥青混合料、再生沥青混合料等新材料可有效降低能源消耗和碳排放。以温拌沥青混合料为例，当拌合温度降低30℃时，每

①② 王莹莹. 城市绿色交通发展对策研究〔D〕. 西安：长安大学，2015：28 - 29.

吨沥青混合材料可节省 2.4 公斤燃油，节能 30% 左右，并减少 30% 的二氧化碳排放量和 40% 的粉尘排放量[①]，节能减排效果明显。但是，在我国现有的公路沥青路面中，超过 95% 是采用热拌沥青混合材料，而每生产 1 吨沥青混合料，将消耗 7~8 公斤燃油，产生约 18 千克二氧化碳，再加上使用热拌沥青技术时产生的二氧化碳，公路运输领域碳排放量巨大[②]，急需努力推广节能减排的新材料、新工艺。

（三）信息化方面

行业信息化水平有待提高。目前，我国公路运输行业的科技创新能力相对偏弱，节能减排的技术服务体系不够健全完善，行业总体的信息化水平不高，ITS、ETC、GPS 等现代信息技术应用推广还需进一步加强，公众出行和货物交易信息服务能力还有待提升等。

三、管理性问题及其成因

（一）发展理念方面

第一，公路运输节能减排观念有待深化。中国是碳排放大国，2013 年碳排放量达到 100 亿吨，超过美国和欧盟的总和，占世界总排放量的近三成。同时，中国人均碳排放量也首次超过欧盟，达到 7.2 吨。[③] 这意味着中国肩负的减排任务十分沉重。从行业分布来看，公路运输是能源耗用和碳排放的 "大户"。目前，公路运输的碳排放问题虽然得到国家有关部门的关注，但在一些地方，公路运输节能减排的观念仍较为淡薄，针对公路运输二氧化碳等温室气体的排放问题尚未引起人们足够的重视。

第二，低碳公路发展理念尚未得到充分认同。中国是资源大国，更是人口大国，各种资源的总量虽然丰富，但人均占有量极为有限。以煤炭为例，我国煤炭储量居世界第一位，但人均储量不及世界人均储量的 40%。石油、天然气等能源也是如此。另一方面，资源的分布又极不平衡，再加上经济发展水平的地区差异，导致能源供需逆向分布矛盾突出，这也是交通运输能力紧张的影响因素之一。虽然人均资源占有量较低，但是我国对土地、石油等资源的节约和保护并未给予应有的重视，在公路运输业发展中，虽已开始考虑资源的高效

---

① 刘功臣，赵芳敏. 低碳交通 [M]. 北京：中国环境出版社，2015：89.
② 李群. 促进我国公路运输低碳发展的财税政策研究 [D]. 南昌：江西财经大学，2014：16.
③ 吴跃伟，谭万能，石毅. 中国 2013 年碳排放量全球第一，或促使能源结构加速调整 [EB/OL].
[2014-09-23]. http://www.thepaper.cn/newsDetail_forward_1268328。

利用问题，但仍过多强调了需求的舒适化、便捷化，[①] 公路运输的绿色低碳消费理念尚未得到全社会的充分认同。

第三，节约意识和环保意识仍需加强。由于在公路运输业发展中对环境保护的重视不够，在基础设施建设和公路运营过程中，给环境带来了许多负面影响。在基础设施建设方面，对经济因素给予了过多关注，忽视了环境因素和资源因素，资源节约和环境保护尚未成为全社会的共同行动。在公路运营方面，车辆尾气排放污染日趋严重，成为大气污染的主要来源之一；清洁能源汽车替换量有限，控制能源消耗依然任重而道远。

（二）政策法规方面

第一，法律法规体系不完善。相对于发达国家，我国公路运输业的相关法律法规体系一直处于层次低、不健全的状态。《中华人民共和国公路法》和很多标准规范仅仅适用于公路的基础设施，涉及公路运输业运营的法律法规非常有限。虽然《道路运输车辆燃料消耗量检测和监督管理办法》和《营运货车燃料消耗量限值及测量方法》等标准规范的陆续出台，使发展低碳公路运输业的规章制度体系不断完善，但节能减排法规制度与标准规范体系仍不够健全，交通运输管理部门对企业节能减排的约束力较弱，在行业管理上对节能减排工作缺乏相应的法规制度约束，在技术应用上缺乏相应的标准规范。

第二，低碳发展支持政策仍需进一步强化。国家虽已出台多项鼓励节约资源和保护环境的财税政策，但仍存在政策导向不够明确、激励措施不够有力等问题。从节能减排专项资金的引导与投入上看，与工业、建筑等其他行业相比，与交通运输行业自身发展需求相比，节能减排专项引导性资金投入仍然明显不足，对节能技术的研发和节能产品的推广支持有限，节能减排技术和节能产品的推广应用进展较慢。由于企业经营的目标是利润最大化，而节能环保设备和技术的初始投资较大，研发风险较高，所以企业往往不愿意或者无力自行投入资金采用这些技术。国家如果没有相应的激励和惩罚手段，将很难有效地推动公路运输业节能降耗、防污减排等工作的开展[②]。

（三）管理规划方面

第一，规划管理体系有待完善。我国公路运输业现有的管理体系不够科学、完善，对公路运输业的发展缺乏系统、全面的规划管理，部分地区公路运

---

① 李亚茹. 节约型公路交通建设评价体系研究 [D]. 武汉：武汉理工大学，2009：54.
② 李亚茹. 节约型公路交通建设评价体系研究 [D]. 武汉：武汉理工大学，2009：56.

输系统设计不科学，路网规划不合理，存在迂回运输现象①，既增加了燃油消耗，也增加了尾气排放量。在汽车保有量不断增加的形势下，清洁能源难以满足需要，严重影响了低碳公路运输的发展进程。

第二，长效管理机制尚未建立。我国公路运输业发展的监督检查、统计监测、计量、评估考核等保障体系建设需进一步完善，尤其是缺乏关于资源利用、环境保护的考核机制和监控体系，节能减排统计计量、检测监测与考核评价等基础性工作薄弱，统计监测数据的可靠性、及时性还需进一步提升②；公路运输信息化资源整合与综合应用有待进一步加强，绿色循环低碳科技创新能力有待进一步提高，科研成果的转化、先进技术与产品的推广应用仍需进一步加大工作力度等。

除此以外，公路运输过程中存在的安全隐患和交通事故等问题，也给低碳公路运输业的发展带来了消极影响。

分析中国低碳公路运输业的发展路径，可总结出几点经验：一是要科学制订发展规划，明确发展方向、发展目标和发展路径；二是要完善配套政策措施，出台资金引导和税收优惠等激励政策，发挥政策的杠杆作用，促进运输工具的更新换代和升级转型，严格准入和退出机制，强化营运管理；三是要保证建设资金投入，优化路网结构，改善路面状况，提升运输效率；四是要强化科技创新服务，研发推广新技术、新材料、新工艺，开发建设新系统，推进技术节能、管理节能；五是要强化宣传主题活动，提高全社会的节能环保意识，培养低碳出行的良好习惯，使低碳发展理念内化于心、外践于行，共同推进中国低碳公路运输业的发展进步。

参 考 文 献

［1］杜莉等．低碳经济时代的碳金融机制与制度研究［M］．北京：中国社会科学出版社，2014.

［2］胡继立，年志远等．道路运输业发展、贡献及政策研究［M］．北京：中国社会科学出版社，2015.

［3］交通运输部．全国公路水路运输量专项调查资料汇编［M］．北京：中国经济出版社，2010.

---

① 刘春志．低碳经济背景下公路运输发展趋势探讨［J］．中外企业家，2015（03）：29.
② 刘功臣，赵芳敏．低碳交通［M］．北京：中国环境出版社，2015：36.

［4］交通运输部．中国交通运输节能减排与低碳发展年度报告 2011 ［M］．北京：人民交通出版社，2012．

［5］交通运输部．绿色低碳交通运输发展年度报告 2012 ［M］．北京：人民交通出版社，2013．

［6］交通运输部．绿色循环低碳交通运输发展年度报告 2013 ［M］．北京：人民交通出版社，2014．

［7］交通运输部公路局，交通运输部路网监测与应急处置中心．2013 年度中国公路网运行蓝皮书 ［M］．北京：人民交通出版社，2014．

［8］交通运输部普法办公室．交通系统"五五"普法读本（公路与道路运输分册）［M］．北京：人民交通出版社，2008．

［9］刘功臣，赵芳敏．低碳交通 ［M］．北京：中国环境出版社，2015．

［10］齐晔，张希良．中国低碳发展报告（2015～2016）［M］．北京：社会科学文献出版社，2016．

［11］中国石油化工股份有限公司油品销售事业部，国务院发展研究中心资源与环境政策研究所．中国成品油市场需求预测研究 ［M］．北京：中国石化出版社，2014．

［12］蔡海韬．基于低碳环境下公路运输的现状及对策探讨 ［J］．东方企业文化，2015（03）．

［13］高菠阳，刘卫东．道路交通节能减排途径与潜力分析 ［J］．地理研究，2013（04）．

［14］分享经济发展报告课题组．中国分享经济发展报告：现状、问题与挑战、发展趋势 ［J］．电子政务，2016（04）．

［15］关巍．我国公路建设与发展的现状与措施分析 ［J］．科技资讯，2013（10）：162．

［16］郭杰，伊文婧．中国低碳交通发展的几点思考 ［J］．中国能源，2013（10）．

［17］国家信息中心课题组．分享经济：全球态势和中国概览——中国分享经济发展报告（2016）要点 ［J］．浙江经济，2016（06）．

［18］韩勇．如何应对低碳经济对交通运输业的影响 ［J］．现代商业，2010（02）．

［19］陈柳钦．新能源汽车产业发展的政策支持 ［J］．南通大学学报（社会科学版），2010（04）．

［20］李晔，包瑨，王显璞．低碳交通体系的内涵、构建战略及路径［J］．建设科技，2011（17）．

［21］刘鹏．低碳模式下的公路运输发展研究［J］．中国集体经济，2016（07）．

［22］刘传江．低碳经济发展的制约因素与中国低碳道路的选择［J］．吉林大学社会科学学报，2010（03）．

［23］刘春志．低碳经济背景下公路运输发展趋势探讨［J］．中外企业家，2015（3）．

［24］马世灵，吕天财，王冬冬．低碳理念下绿色公路建设探讨［J］．住宅与房地产，2016（06）．

［25］欧阳斌．低碳交通运输规划研究现状、问题及展望［J］．中国流通经济，2014（09）．

［26］石悦．低碳经济下的交通产业发展战略［J］．兰州交通大学学报，2010（05）．

［27］宿凤鸣．低碳交通的概念和实现途径［J］．综合运输，2010（05）．

［28］孙波，赵改．低碳经济下的公路交通现代化发展模式研究［J］．河南科技，2013（09）．

［29］汪玲．浅议交通建设环境保护法律体系建设［J］．中小企业管理与科技，2009（10）．

［30］吴勇．低碳排放背景下的交通运输方式优化研究［J］．内蒙古公路与运输，2016（02）．

［31］向爱兵．"十二五"我国发展低碳交通的基本途径［J］．综合运输，2010（12）．

［32］徐建闽．我国低碳交通分析及推进措施［J］．城市观察，2010（04）．

［33］姚佳岩．道路运输现状与发展趋势［J］．黑龙江交通科技，2007（01）．

［34］袁琼．低碳交通运输与经济可持续发展［J］．绿色科技，2012（03）．

［35］张雷．我国低碳交通的现状和对策分析［J］．节能技术，2013（01）．

［36］张陶新，周跃云，赵先超．中国城市低碳交通建设的现状与途径分析［J］．城市发展研究，2011（1）．

［37］郑在勇．低碳公路运输的实现途径［J］．大科技，2015（08）．

［38］周伟．低碳公路交通运输体系发展研究［J］．交通运输部管理干部

学院学报，2013（06）.

　　[39] 陈波. 基于四因素指数的区域公路网布局方法 [D]. 西安：长安大学，2015.

　　[40] 付振茹. "中央—地方" 政府交通运输节能减排行为的委托代理研究 [D]. 西安：长安大学，2015.

　　[41] 侯兆收. 低碳交通发展模式及对策研究 [D]. 长沙：长沙理工大学，2012.

　　[42] 李健. 低碳公路运输实现途径与碳排放交易机制研究 [D]. 西安：长安大学，2013.

　　[43] 李娜. 低碳经济背景下公路运输碳排放交易体系构建研究 [D]. 广州：广东工业大学，2012.

　　[44] 李群. 促进我国公路运输低碳发展的财税政策研究 [D]. 南昌：江西财经大学，2014.

　　[45] 李亚茹. 节约型公路交通建设评价体系研究 [D]. 武汉：武汉理工大学，2009.

　　[46] 李琳娜. 低碳交通运输政策节能效果评价实证研究 [D]. 西安：长安大学，2014.

　　[47] 梅柠. 基于 AHP 熵值法的低碳绿色公路运输发展研究 [D]. 大连：大连理工大学，2013.

　　[48] 任晓敏. 我国公路运输业低碳绿色发展研究 [D]. 大连：大连海事大学，2012.

　　[49] 孙晓飞. 改革开放以来中国公路运输政策演变研究（1979）[D]. 长沙：湖南师范大学，2011.

　　[50] 孙孝文. 和谐交通体系构建研究 [D]. 武汉：武汉理工大学，2007.

　　[51] 王莹莹. 城市绿色交通发展对策研究 [D]. 西安：长安大学，2015.

　　[52] 张波. 高速公路低碳交通运营管理评价研究 [D]. 西安：长安大学，2012.

　　[53] 张聪玲. 基于可持续发展的公路运输业管理研究 [D]. 西安：长安大学，2010.

　　[54] 曾德丽. 道路交通运输结构性节能减排研究 [D]. 重庆：重庆交通

大学，2012.

［55］古召．江苏加快推进苏南等地绿色循环低碳交通建设［EB/OL］.［2014－05－14］．http：//su. people. com. cn/n/2014/0514/c154792－21202169. html.

［56］国家发展和改革委员会．中国应对气候变化的政策与行动2013年度报告［EB/OL］.［2013/11/07］．http：//qhs. ndrc. gov. cn/zcfg/201311/t20131107_565920. html.

［57］国家发展和改革委员会．中国应对气候变化的政策与行动2015年度报告［EB/OL］.［2015/11/19］．http：//qhs. ndrc. gov. cn/gzdt/201511/t20151119_759078. html.

［58］何建中．深化试点示范推进节能减排　加快建设绿色循环低碳交通运输体系——在绿色循环低碳交通运输体系建设试点示范推进会上的讲话（2013年6月18日）.

［59］后志良，李宁．交通运输部发布《2015年交通运输行业公路水路环境保护评述》［EB/OL］.［2016－06－07］．http：//www. zgjtb. com/2016－06/06/content_85891. htm.

［60］康继民，周爱娟，罗昕．河南交通创新驱动低碳发展［N］．中国交通报，2013－03－20.

［61］刘颖．云南给力"绿色交通"［N］．中国经济导报，2015－07－03（A4）.

［62］刘布阳．绿色理念落地　履行"中国承诺"——"十二五"绿色交通发展综述［EB/OL］.［2015－12－23］．http：//www. moc. gov. cn/zhuzhan/jiaotongxinwen/xinwenredian/201512xinwen/201512/t20151223_1958328. html.

［63］上官艳君．云南成全国唯一同时有两条绿色公路试点省份［EB/OL］［2015－06－16］．http：//www. km. gov. cn/xxgkml/zwdt/708581. shtml.

［64］申孟宜．2010年交通运输业发展报告［G］//国家统计局．中国发展报告2011. 北京：中国统计出版社，2011：30－36.

［65］吴跃伟，谭万能，石毅．中国2013年碳排放量全球第一，或促使能源结构加速调整［EB/OL］.［2014－09－23］．http：//www. thepaper. cn/newsDetail_forward_1268328.

［66］杨传堂．践行绿色发展理念　建设美丽中国［N］．经济日报，2016－06－16（3）.

［67］云南省交通运输厅. 云南交通运输行业"十二五"规划总结［EB/OL］.［2016 - 01 - 07］. http：//www. moc. gov. cn/st2010/yunnan/yn_fazhangh/201601/t20160107_1973133. html.

［68］赵文君. 我国"十二五"发展甩挂运输节约物流成本近300 亿元［EB/OL］.［2015 - 12 - 28］. http：//www. gov. cn/xinwen/2015 - 12/28/content_5028507. htm.

第五章

国外低碳公路运输业发展及其启示

本章主要分析了美国、欧盟和日本等国家低碳公路运输业发展的实践，在此基础上，概括提出了对我国低碳公路运输业发展的启示。

第一节　国外低碳公路运输业发展

在人类社会逐步从原始的农业文明走向现代工业文明的进程中，在全球气候变暖、环境污染加重、能源消耗较大的背景下，以"低能耗、低污染"为主要特征的低碳经济，正逐步成为全球经济发展的热点和趋势。低碳交通作为低碳经济的一个重要组成部分，在通过对传统的交通运输行业以低碳发展为目标进行改造升级的同时，在交通运输工具的生产与制造中，也在竭力以提高燃油能效为宗旨而大力发展节能减排与新能源的动力系统。

交通运输所产生的碳排放量约占总碳排放量的四分之一，而公路运输又是交通运输中的碳排放增长最大的。美国、英国、法国、德国、日本等发达国家在低碳革命中，关注低碳公路运输的发展，不仅在战略规划安排中高度重视，而且在产业、能源、技术等方面也进行了重大调整和布局。

一、美国低碳公路运输业发展

据美国交通部2014年7月发布的数据，航空运输的客运水平是580 501人百万英里，铁路运输是6 804人百万英里，公路是4 273 876人百万英里。因此，公路运输是美国当前客运的主体。2011年，美国卡车货运量占美国交通货运量的 44.8%，铁路货运占 29.3%，道路货物运输占据整个货物运输的首位。[①] 由此可见，美国的公路运输是美国道路交通运输的主体和核心，对公路运输低碳化发展是降低交通运输碳排放的关键。

美国人口占全球人口的 3%~4%，二氧化碳的排放量却占全球排放总量的 25% 以上，为全球温室气体排放量最大的国家。美国在 1998 年签署了《京都议定书》后，布什政府又于 2001 年以"减少温室气体排放将会影响美国经济发展"和"发展中国家也应该承担减排和限排温室气体的义务"等为理由，宣布退出《京都议定书》。但是，美国对低碳公路运输的重视是由来已久的。

从 1943 年开始，美国洛杉矶市相继发生光化学烟雾事件，致使短时间之内，许多人出现眼睛痛、头痛、呼吸困难等症状，甚至几百名 65 岁以上的老人死亡。分析其原因，是洛杉矶的公路运输工具尾气排放和炼油厂以及供油站的燃气排放。洛杉矶市在 20 世纪 40 年代已拥有 250 万辆汽车，每天大约消耗 1 100 吨汽油，排出 1 000 多吨碳氢化合物、300 多吨氮氧化合物、700 多吨一氧化碳。这种现象引起了美国政府的高度重视，陆续采取了多种治理措施。

（一）制定低碳公路运输所需的基本法律

1959 年，组建机动车管理局，该管理局的一个很重要的职能就是监测汽车尾气排放。美国联邦政府以控制空气污染为核心，颁布了《空气污染控制法》（1955 年颁布，后几经修改完善）、《清洁空气法》（1963 年）、《空气质量控制法》（1967 年）、《清洁空气法》（1970 年）、《清洁空气法 1977 年修正案》以及《清洁空气法 1990 年修正案》等。监测法案经多次修正而逐步完善。这些法案所确立的原则目前依然是规范美国公路低碳运输的重要基本法案。

对移动空气污染物质排放源的管理，一直是美国清洁空气法规定的、处于首位的管理项目。该法将移动空气污染物质排放源分为三种：一是可供驾驶的交通工具，如汽车、卡车、公共汽车；二是飞行器；三是非用于交通而附有发动机的其他设备，如起重机和其他建设施工设备、拖拉机、除草机、电锯、可移动式马达发动机、摩托艇、轮船、铲车、机车运输设备等。美国联邦政府于 1965 年专门发布了《机动车空气污染管理法》。根据这部法律的规定，健康

① 胡继立，年志远. 道路运输业发展、贡献及政策研究［M］. 北京：中国社会科学出版社，2015：18－19.

部、教育部、福利部可以对新生产的汽车设置一定的标准，要求其充分考虑开发和使用最先进的技术，减轻对空气污染物质的排放。

《清洁空气法》为加强移动空气污染物质排放源的管理，采取了分类管理的办法，设置了轻型汽车管理项目、重型汽车管理项目和非陆上交通使用发动机管理项目。联邦环境保护总署立足于从源头上防止超标排放车辆的生产，制定了认证制度、检测制度、减排配件应用制度等多项制度，以保证各类管理项目的落实，从而较好地控制了移动空气污染物质的排放，也标志着对机动车辆尾气排放管理进入较高层次。[①] 为美国低碳公路运输的发展奠定了良好的基础。2015 年 9 月，发生在美国的著名大众排放门事件的法律依据即为此部《清洁空气法》。

（二）规划设计有利于低碳公路运输发展的智能交通系统

1992 年，美国运输部、联邦顾问委员会和美国智能协会联合制定了"智能运输系统（ITS）"发展战略计划。1995 年 3 月，美国运输部正式公布了国家智能运输系统发展规划。该规划包括 7 大基本系统和 29 个服务功能。7 个基本系统为出行和交通管理系统、出行需求管理系统、公共交通运营系统、商用车辆运营系统、电子收费系统、应急管理系统和先进的车辆控制和管理系统。该项目首先在洛杉矶实行，据统计，该项目可以平均减少 12% 的居民出行时间，32% 的交叉路口耽误和 30% 的不必要停车。在提高了公路运输效率的同时，也有效地减少了车辆尾气排放和环境污染。

智能交通系统在美国的应用范围已经达到 80% 以上，并且已经建立起了相对完善的车队管理、公交出行信息、电子收费和交通管理技术等若干个系统的技术规范。

（三）制定促进低碳公路运输工具生产的政策

第一，对生产公路运输工具的生产厂商燃油经济性超标准生产进行惩罚。1975 年，美国国会通过了《能源政策与节约法》，制定了机动车燃油公告及燃油节约法规"燃油经济性"标准，规定汽车生产厂所售汽车的平均燃油经济性必须达到国家标准。如果所售车辆没有达到标准，汽车生产商要交纳罚金。对于燃油经济性水平低于 22.5 英里/加仑（9.5 公里/升）的汽车，政府将对其生产厂家处以 10 000 美元/英里的罚金。[②] 此标准而后又在不断地

---

① 薛恩同. 美国的清洁空气法 [EB/OL].（2013 - 04 - 09）. http：//bjgy. chinacourt. org/article/detail/2013/04/id/939269. shtml（北京法院网）.

② 李琳娜. 低碳交通运输政策节能效果评价实证研究 [D]. 西安：长安大学，2014：14.

改变，2011 年 7 月，奥巴马政府宣布了企业燃油经济标准，要求各汽车制造商的燃效指标要制定新的标准：从 2016 年的 35.5mpg 开始，2017~2021 年为前期，每年增加 3.5%，2022~2025 年为后期，每年增加 5%。至 2025 年达到 54.5mpg。

第二，政府对公路运输工具使用与低碳能源有关的技术直接开发与间接支持。奥巴马政府在此方面是行动典范。奥巴马执政后，为能源部申请了 263 亿美元的财政预算，专门用于开发低排放的新一代可再生和替代能源。

2009 年，提出对清洁能源投资，颁布包括替代燃料、先进车辆技术等在内的支持条款，涉及税收优惠、联邦补助、贷款担保等支持。例如，以低息贷款方式设立一个 250 亿美元的基金，专门用于支持汽车生产厂商对节能和新能源汽车技术的研发与生产，试图实现每年汽车燃油经济性提高 1 倍的目标。

2010 年，奥巴马政府在其低碳技术创新预算方案中，对插电式混合动力车与电动汽车电池的研发、减轻汽车重量的研发等的支持预算额度合计达 7.7 亿美元。通过各种技术创新手段发展新能源汽车，以国家重点项目的形式推进高性能低成本的新一代电池项目，并促进各家汽车生产商积极进行技术创新，推动混合动力车、插电式混合动力汽车、电动力汽车的普及。奥巴马计划在十年内投资 1 500 亿美元开发使用清洁能源，主要用于增加基础研究和人才培养的投入，增加关键技术推广投入。[①]

（四）推出有利于低碳公路运输工具的消费政策

第一，为公民选择自行车作为出行工具提供基本便利和物质鼓励。美国参议院以法案的形式用税收优惠政策鼓励雇主为骑自行车上班的员工发放补贴。按照法案的建议，骑自行车上班的员工每月可以拿到 40~100 美元的交通补贴。部分城市开始逐步设立自行车停靠站，为骑自行车的公民提供存车、维修等相关服务，但是需要交纳一定的会费。积极推广"安全绿箱"计划，为骑自行车的公民提供相应的便利条件。2008 年，波特兰市实施了一个较为有代表性的"安全绿箱"计划：在 9 个主要的繁忙路口，用绿色油漆画出面积为 10 平方英尺左右的自行车专用停车位，这可以避免自行车右转时同机动车发生碰撞，有利于其安全行驶。

第二，推行了鼓励居民消费和政府购买混合动力车的优惠政策。在混合动力车推出之初，技术不够成熟，人们的接受度也不高，所以相比较而言，价格

---

① 耿枢馨. 发展中国低碳运输的政策支持研究 ［D］. 北京：中国铁道科学研究院，2011：54.

较高，消费者的认可度较低。1996 年 12 月，克林顿总统颁布法令，要求政府在采购公务用车时要重点考虑清洁动力汽车，并对清洁动力汽车在公务用车中所占的比例做了具体规定。消费者购买混合动力汽车，联邦税务局可以提供最高额度达 3 500 美元的税收优惠，州政府也会结合实际给予部分税费优惠和减免。购买混合动力车的用户甚至可以获得高速公路特权。例如，在加利福尼亚州，只要燃油经济性达到每加仑 45 英里的混合动力车就能使用 HOV 高载客率专用车道，HOV 车道是只允许 2 名乘客以上的车辆行驶的，但混合动力汽车在只有一名乘客时也可以使用该车道。混合动力车可以在洛杉矶市和帕洛阿图等地的停车场免费停放，在某些装有停车自动计费器的停车场，混合动力汽车的停车费拥有折扣或者全免。随着混合动力技术的不断进步，成本逐渐得到控制，政府对混合动力车的一些激励政策逐步缩小。美国联邦政府目前主要通过油耗划定清洁动力汽车的税费优惠标准。基本标准通过不同车重划定市区油耗值，然后再通过油耗改善幅度制定不同减免比例。例如车重 2 500 磅的汽车，标准油耗为 31.7mpg，如果油耗改善比例在 200% 以上、225% 以下，可获得 1 600 美元的减税额度。①

第三，激励消费者使用新能源汽车的优惠政策。2009 年，为了推广新能源汽车的使用率，美国国会参议院批准了旧车换现金法案，投资总额计划达 10 亿美元。按照该法案，消费者如果以每加仑里程 18 英里或以下的旧车换取每加仑里程至少 22 英里以上的新车，可获得 3 500 美元的补贴；若新车的每加仑里程较旧车高出 10 英里，则消费者可获得 4 500 美元的补贴。②

二、欧盟低碳公路运输业发展

欧洲一体化进程始于 20 世纪 50 年代，经过半个世纪的发展，一体化建设从小到大，逐步发展，取得了举世瞩目的成就。从 1952 年由法、德、意、荷、比、卢六国率先组成的欧洲煤钢共同体，到 1957 年的欧洲原子能和经济共同体；从 1967 年的欧洲共同体到 1993 年的欧洲联盟；从欧盟六次扩大到欧盟制宪，欧盟坚定不移地推进着一体化的进程。当时，欧盟拥有包括法国、德国、意大利、荷兰、比利时、卢森堡、丹麦、爱尔兰、英国、希腊、西班牙、葡萄牙、奥地利、芬兰、瑞典、波兰、捷克、匈牙利、斯洛伐克、斯洛文尼亚、塞

---

① 美国联邦政府及各州政府鼓励混合动力车政策 ［ZB/OL］. (2008 – 05 – 12)，新浪汽车，ht-tp：//auto. sina. com. cn/news/2008 – 05 – 12/1546374337. shtml.
② 李琳娜. 低碳交通运输政策节能效果评价实证研究 ［D］. 西安：长安大学，2014：16.

浦路斯、马耳他、拉脱维亚、立陶宛、爱沙尼亚、保加利亚、罗马尼亚、克罗地亚在内的 28 个成员，人口接近 5 亿，总面积超过 400 万平方公里。通过关税同盟、共同市场、经济同盟、货币同盟等的建立，一体化程度日益加深，逐步走向了完全的经济一体化，是目前世界上经济一体化程度最高的地区。

欧洲的一体化是完全意义的一体化，它的一体化进程是为了让整个欧洲用一个声音说话，提升欧洲整体竞争力及与外部势力相抗衡的能力，保持内部的和平，促进经济发展，成为一个强大的欧洲和世界经济的强大的一极。欧盟的区域发展政策正是为实现这一目标而服务的。欧盟在低碳经济、低碳公路运输业发展中也不例外地采取了一些共同的政策和主张。如果说欧盟是低碳经济的发祥地，那么它也是发展低碳公路交通的领军者。

（一）发展低碳公路运输的总体战略规划依托于环保与能源发展计划

多年来，欧盟及其各成员国发展低碳经济的步伐在世界范围内一直处于领先地位。对包括公路运输在内的交通运输的可持续发展，更是处于高度重视的范畴。针对欧盟范围内交通运输的可持续发展主要围绕两个议题展开：环境保护与节能减排。而这两个问题的实质即是发展低碳交通运输。

1992 年，欧盟在其发布的第五个环境行动计划中，首次将交通行业列为共同体优先采取可持续发展行动的领域之一，建议采取可持续的交通政策。同时，与该计划相呼应，欧盟委员会发布了"共同体有关可持续交通策略"的绿皮书。该绿皮书提出了保持可持续交通发展的主要措施。

2003 年，英国在《我们能源的未来：创建低碳经济》中，最早正式使用了低碳经济的概念后，欧盟逐步将低碳经济列入了欧盟未来发展战略规划。

2006 年，欧盟在其发布的《能源效率行动计划》中明确指出，2020 年要实现节约能源 20% 的计划，其中，在交通运输业要实现节能 26%，重点关注修改汽车排放标准、鼓励提高能源效率投资、推广节能出租车等层面。

2007 年，欧盟委员会提出欧盟一揽子能源计划：到 2020 年将温室气体排放量在 1990 年的基础上至少减少 20%，将可再生能源占总能源耗费的比例提高到 20%，将煤、石油、天然气等一次性能源消耗量减少 20%，将生物燃料在交通能源消耗中所占比例提高到 10%，2050 年将温室气体排放量在 1990 年的基础上减少 60%~80%。2007 年 11 月 22 日通过的欧盟能源技术战略计划鼓励推广包括风能、太阳能和生物能源技术在内的"低碳能源"技术，以促进欧盟未来能源可持续利用机制的建立和发展。

2008 年底，欧盟又通过了能源气候一揽子计划，包括欧盟排放交易体系修正案可再生能源指令、汽车二氧化碳排放法规和燃料质量指令等6项内容。欧盟于2011年发布的《面向2020年——新能源计划》中提出，要继续提高新能源投资，总数额将达到700亿欧元，并发布《2010~2020年欧盟交通政策白皮书》，提倡大力推广新能源汽车的使用，将未来欧盟的交通运输重点放在公共运输上，同时提出了2050年交通运输领域的温室气体排放要减少60%的目标。[1][2] 由于公路客运和货运占欧洲交通市场的份额最大，所以，以上述计划为根据，欧盟在促进低碳交通运输发展中针对低碳公路运输采取了系列规划措施。

欧盟成员国在其内部，也针对低碳交通或低碳公路运输采取了部分战略规划和主张。以世界上最早关注低碳交通发展的英国为例，其关于低碳公路的发展计划基本上是依托于环保与能源发展计划的。2007年5月，英国政府在其发布的《低碳运输创新战略》中最早提出低碳运输的概念。2009年，在其发布的"低碳交通：一个更加绿色的未来"战略计划中提出：2018~2022年要在交通领域减少8.5亿吨二氧化碳的目标，同时指出实现减排的途径主要有：在汽车、货车、公路运输、大客车、火车、航运和海运等多个方面支持使用新技术、新燃料能源；提供更多低碳出行选择；利用市场机制推动低碳交通的转型等。[3] 同年，英国为了推动低碳公路运输的发展，在《英国低碳转型计划》《英国可再生能源战略》《英国低碳工业战略》《低碳交通战略》等战略规划的指引下，专门组建了低排放汽车办公室，主要负责协调与加强低排放车辆的技术研发与新技术的识别与辨认。英国议会提供4亿英镑的财政专项支持，专门用于低碳排放汽车的发展。

（二）推出了有利于低碳公路运输发展的制度安排

《欧洲汽车废气排放标准》是欧盟低碳公路运输发展中最具有代表性的正规制度安排。欧盟为了限制汽车废气排放污染物对环境造成的危害，提出了汽车废气排放标准，该标准基本上对所有车辆排放的氮氧化物（NO_x）、碳氢化合物（HC）、一氧化碳（CO）和悬浮粒子（PM）以及烟雾情况都作了规定，见表5.1。车辆类型不同，汽车废气排放标准也不同，见表5.2、表5.3和表

① 李琳娜. 低碳交通运输政策节能效果评价实证研究［D］. 西安：长安大学，2014：18-19.
② 李珊珊. 发达国家发展低碳交通的政策法律措施及启示［J］. 山西财经大学学报，2012（04）：187.
③ 王伟，淇卢毅，加年丰，李理. 发达国家低碳交通政策的启示［J］. 广西质量监督导报，2014（07）：26.

5.4。逐步减少碳排放量是基本趋势。该标准具体实施时，与欧洲经济委员会的汽车废气排放法规和欧盟的汽车废气排放指令共同作用，加以实现。同时，欧盟督促各成员国对已经销售的不符合标准的汽车要及时进行节能减排改装，以税收形式惩罚尾气超标的汽车。此标准自 1992 年开始实施以来，大致是四年更新一次，1992 年实行欧Ⅰ标准、1996 年实行欧Ⅱ标准、2000 年实行欧Ⅲ标准、2005 年实行欧Ⅳ标准、2008 年实行欧Ⅴ标准、2013 年实行欧Ⅵ标准。与美国、日本等发达国家的汽车废气排放标准相比，该标准要求较宽泛，因而，大部分发展中国家愿意采用此标准。

表 5.1 　　　　　　　欧盟卡车和公共汽车废气排放标准　　　　单位：g/kWh

标准	实施时间	CO	HC	NO_X	PM	烟雾
欧Ⅰ	1992 年 小于 85kW	4.5	1.1	8.0	0.612	无标准
	1992 年 大于 85kW	4.5	1.1	8.0	0.36	无标准
欧Ⅱ	1996 年	4.0	1.1	7.0	0.25	无标准
	1998 年	4.0	1.1	7.0	0.15	无标准
欧Ⅲ	1999 年	1.0	0.25	2.0	0.02	0.15
	2000 年	2.1	0.66	5.0	0.2	0.8
欧Ⅳ	2005 年	1.5	0.46	3.5	0.02	0.5
欧Ⅴ	2008 年	1.5	0.46	2.0	0.02	0.5
欧Ⅵ	2013 年	1.5	0.13	0.5	0.01	

资料来源：搜狐汽车，http：//auto. sohu. com/20120413/n340464634. shtml.

表 5.2 　　　　　　　　　　欧盟轻型汽油车排放标准　　　　　单位：克/公里

标准	实施时间	CO	HC + NO_X	
欧Ⅰ	1992 年	2.72	0.97	
欧Ⅱ	1996 年	4.0	0.5	
欧Ⅲ	2000 年	2.3	HC	NO_X
			0.2	0.15
欧Ⅳ	2005 年	1.0	0.1	0.08

资料来源：冯明星. 欧Ⅰ、欧Ⅱ、欧Ⅲ、欧Ⅳ、欧Ⅴ到底怎么回事儿 [J]. 商业时代，2004 (7)：34.

表5.3　　　　　　　　　　　　欧盟轻型柴油车排放标准　　　　　　　　单位：克/公里

标准	实施时间	CO	HC + NO_X		PM
欧Ⅰ	1992 年/1995 年	3.16	1.13		0.18
欧Ⅱ	1996 年/1999 年	1.0	0.9		0.1
	1998 年	4.0	1.1	7.0	0.15
欧Ⅲ	2000 年/2005 年	0.64	HC	NO_X	0.05
			0.06	0.5	
欧Ⅳ	建议	0.5	0.05	0.25	0.025

资料来源：冯明星. 欧Ⅰ、欧Ⅱ、欧Ⅲ、欧Ⅳ、欧Ⅴ到底怎么回事儿 [J]. 商业时代，2004 (7)：34.

表5.4　　　　　　　　　　　　欧盟重型柴油车排放标准　　　　　　　　单位：g/kWh

标准	实施时间	CO	HC	NO_X	PM
欧Ⅰ	1992 年/1993 年	4.9	1.23	9.0	0.4
欧Ⅱ	1995 年/1996 年	4.0	1.1	7.0	0.15
欧Ⅲ	2000 年	2.1	0.66	5.0	0.1
欧Ⅳ	2005 年/2006 年	1.5	0.46	3.5	0.03
欧Ⅴ	2008 年/2009 年	1.5	0.46	1.0	0.002

资料来源：冯明星. 欧Ⅰ、欧Ⅱ、欧Ⅲ、欧Ⅳ、欧Ⅴ到底怎么回事儿 [J]. 商业时代，2004 (7)：34.

　　按照欧盟的规定，2012 年 12 月 31 日起，欧Ⅵ标准开始生效。新型卡车、巴士的氮氧化物以及烟尘排放都将大幅降低，具体指标表现为氮氧化物排放将降低 80%，颗粒物排放则降低 66%。关于汽车尾气排放标准的逐步完善，不仅对发展欧盟低碳公路运输起了重要作用，它所推行的全球统一的检测程序和标准，也有助于世界范围内低碳公路运输的发展。

　　英国对低碳交通的关注源自于 1952 年伦敦的连续大雾致使多人死亡事件。为了加强对环境污染的治理，英国政府于 1956 年、1968 年、1974 年以及 1981 年先后颁布了《清洁空气法案》《污染控制法案》《机动车燃料管理办法》等系列制度，以控制由于运输而给环境带来的损害。2003 年，伦敦市首次对在市中心 20 公里范围内行驶的车辆开征"交通拥堵费"，企图用市场化的方式限制车辆的出行。

　　法国真正意义上的发展低碳公路的思想始于 20 世纪 90 年代中期，以国家发布的《交通出行规划》为标志，着重强调发展慢行交通，运用构建绿色街区、骨干公交等手段推动低碳交通的发展。1996 年，法国颁布《大气保护与节能法》，出台了系列措施鼓励居民多模式出行，如将地铁、高铁和公交设成一票制，对特定群体实行公交补助，提供无人自行车租赁系统等，以期更好地发展低碳出行。

德国是欧盟成员国中经济实力较强的国家，在发展低碳公路运输中，也是制度设计较为完善的国家。20 世纪 70 年代后，政府相继颁布了《环境规划方案》和《德国基本法》，为德国发展低碳公路运输提供了最原始的基本法律保障。

2002 年，德国政府颁布《节省能源法案》，高度重视降低石化能源和处理废弃物，同时，建立了相应的配套法律法规。2004 年，德国政府颁布《国家可持续发展战略报告》，其中专门提出了"燃料战略——替代燃料和创新驱动方式"，宗旨是减少石化能源消耗，实现温室气体减排；同年，德国又通过了《可再生能源法》。

为鼓励私人投资新能源产业，德国给予可再生能源项目政府资金补贴，向规模大的可再生能源项目提供优惠贷款，甚至将贷款额的 30% 作为补贴支持。政府高度重视新能源汽车发展。让汽车减轻对石油的依赖不仅是德国政府的期盼，也是汽车制造商和民众的期盼。德国全力推动新能源汽车的发展，未来 5 ~ 7 年内，德国制造的柴油发动机可降低 30% 的油耗，汽油发动机可降低 25% 的油耗。

2009 年 8 月，德国政府颁布了"国家电动汽车发展计划"，提出至 2020 年要拥有 100 万辆电动汽车的发展目标，2012 ~ 2014 年间购买电动车的消费者可以获得政府提供的 3 000 ~ 5 000 欧元的补助。另外，德国政府规定，新车要标注能源效率信息，将二氧化碳排放量纳入标注内容。从 2005 年开始，在联邦高速公路上对 12 吨以上的卡车征收载重汽车费。[①]

（三）制定保证低碳公路运输工具研发与制造的生产政策

一方面，欧盟对生产低碳公路运输工具所需的技术研发等进行大力支持，成立专门的科研机构进行有关技术研究。英国在 1993 年成立了英国交通研究所，1996 年成为独立的非营利性机构。主要研究领域包括道路和车辆安全，运输基础设施，环境评估和交通管理的评估。对电动汽车充电设施、电动汽车安全标准和性能等的研究均在其研究的范畴。[②] 2007 年，欧盟提出，今后 7 年

---

① 张庆阳. 德国：低碳经济立法最全的国家 [J]. 环境教育，2015（03）：70 - 72.
② 朱伽琳. 低碳的使命 [J]. 中国公路，2011（02）：49.

欧盟能源领域的研究开发预算提高50%，从每年5.47亿欧元增加到8.86亿欧元。2011年，欧盟在《面向2020年新能源计划》中提出，要继续提高新能源投资，总数额将达到700亿欧元。[①]

另一方面，对生产厂商所生产的机动车辆的二氧化碳排放量逐步进行较为严格的限制。2009年，欧盟通过了《关于建立新乘用车排放绩效标准的法规》，其中指出，至2012年，在欧盟范围内65%的新注册车辆的二氧化碳排量应达到每公里不超过130克的标准；2013年，75%的新注册车辆要达标；2014年，80%新注册的车辆要达标；至2015年，所有新注册车辆都要达标。汽车生产商生产的汽车平均二氧化碳排放量如果超过了该法规规定的限值，则汽车生产厂商需为其超额排放缴纳罚金。[②] 2014年3月，在斯特拉斯堡召开的欧洲议会上，一项关于机动车尾气排放的改革法案以压倒性优势获得通过。即从2020年1月1日起，欧盟汽车的二氧化碳平均排放量限制为95克每公里，如果机动车生产厂家的二氧化碳排放量的平均值超过95克每公里这一标准，汽车制造厂家将会受到经济处罚。

如果制造商要继续销售大排量汽车，为了不超出95克每公里的平均值，必须生产并销售电动车或者污染较小的汽车。2021年1月1日起，制造商可将5%份额的自产污染最重车辆排除在平均值计算之外。2022年年末，厂商在计算二氧化碳排放量平均值时，可加倍计算排放量少于50克每公里的汽车数量。[③] 欧盟还先后与欧洲、日本、韩国等汽车工业制造商协会签订自愿性协定，承诺降低新制造的车辆二氧化碳的排放量。

（四）出台刺激低碳公路运输工具选择的消费政策

第一，购买节能汽车给予税费优惠。2002年，欧盟在其19个成员国开征机动车碳税，对购买电动汽车和包括插电式混合动力汽车、传统混合动力汽车在内的混合电动汽车，给予较大的税收优惠政策。各国标准有所不同。英国，柴油汽车要支付3%~35%的附加费，电动汽车免附加费，电动汽车和碳排放量在75克每公里的插电式混合动力汽车，可获得高达5 000英镑或者相当于其价款25%的补贴。电动汽车可免征年度流转税，公司购买的电动汽车在首次注册日起5年内，免征公务车辆使用税，小型电动运输车的收益所

---

①② 李健. 低碳公路运输实现途径与碳排放交易机制研究 [D]. 西安：长安大学，2013：70.

③ 欧盟将发布新规　限制汽车尾气排放 [ZB/OL]. (2014 – 03 – 04)，人民网，http：//auto. people. com. cn/n/2014/0304/c153909 – 24523689. html.

得免税 5 年。①

　　第二，出台限制小汽车使用的政策。德国汽车工业非常发达，但是居民出行汽车的选择比例不到 30%，这与其实行的限制小汽车使用的政策直接相关。这些政策主要包括："提高购车成本、提高燃油附加税以及提高牌照获得成本"等使用成本限制政策、"增加驾照获得难度、增加停车费用、倡导无车社区、居住区降低车速、增加驾驶难度"等增加使用难度政策、"降低平均油耗、降低小型车油耗以及征收高油耗车辆税"等节能降耗鼓励政策。②

　　第三，积极倡导居民步行或自行车出行。在欧盟的许多国家，虽然汽车工业非常发达，但是自行车的使用率还是较高的。在德国，自行车的使用率可以达 30% 以上。德国在主要的公交站点均设有自行车租赁站，重要的交通枢纽设有自行车停放区，政府专项拨款建设自行车专用车道，设立无车社区等为其居民自行车出行奠定了坚实的基础。另外，德国医疗保险公司已经连续多年与各地区联合举办夏季骑车上班有奖活动，时间一般从 6 月 1 日到 8 月 31 日。活动在各大报纸上进行宣传。奖品通常由各地区的赞助商提供，价值从 50 ~ 500 欧元不等，主要有自行车、旅行券、导航仪、自行车配件等。居民参加的非常活跃。

　　英国政府是倡导自行车出行的典范。最有代表性的行动是其推出的"骑行英格兰计划"，该计划分两批次进行。2005 ~ 2008 年主要选择了 6 个城镇作为骑行计划示范城镇。2008 ~ 2011 年间，又确定 18 个城镇，实施骑行计划。第一阶段的骑行计划主要是政府牵头在示范城镇主要围绕骑行培训、安全停车设施、自行车线路规划、标识改造、发放自行车地图等问题进行了专题培训。在第二阶段的骑行示范城镇项目中，已有多达 74 个地方政府提出申请。在伦敦，巴克莱银行赞助了该市的鼓励自行车计划，从伦敦市中心到郊外，划定了大量的巴克莱自行车通道，人们只交很少的会员费，就可以从遍布全市的存储站自助取出一辆巴克莱自行车，半小时之内免费使用。在伦敦，到处可见自行车专用车道。③

　　丹麦人口只有 500 万，但是自行车拥有量却达 400 多万辆。除了人们的环保意识较强外，丹麦对轿车生产征税高达 180%，环境保护费每辆车每年达 600 欧元，较高的机动车使用税费也是其自行车占有量较高的一个重要原因。

　　① 李健. 低碳公路运输实现途径与碳排放交易机制研究 [D]. 西安：长安大学，2013：70.
　　② 汪鸣泉. 德国城市低碳交通发展的经验与启示 [J]. 综合运输，2013 (02)：85.
　　③ 朱伽琳. 低碳的使命 [J]. 中国公路，2011 (02)：48.

（五）　对低碳公路基础设施建设进行初步尝试

公路基础设施建设领域的低碳理念，主要是指从公路的规划设计、施工建设到运营维护等都强调注重低碳材料、低碳方法、低碳工艺，实现公路基础设施建设的整个过程中二氧化碳排放明显减少。

在欧盟成员国，部分国家已经开始尝试在公路基础设施建设中考虑低碳。例如，在英国，道路的修建与维护主要由政府出资承担，为了更好地鼓励道路路面低碳技术的研发，政府专门设立了碳信托基金用于技术研发支持。剑桥市政委员会在道路修建中尝试着运用一种叫做"星路"的技术。该技术由益科铺路公司开发，主要是在道路修建好以后，把一种发光粒子铺在路面上，然后在上面喷一层保护膜以维持发光效果。发光粒子会把白天吸收的光亮在夜间释放出来。发光粒子可以选择不同的颜色，在黑暗中，可以打造出不同车道的效果，省去了需要为公路安装照明设备的问题。①

同时，搭建有利于新能源汽车运行的配套设施。为了更好地促进电动汽车的发展，2010 年，英国政府推出了"充电场所"计划，专项财政补贴 2 500 万英镑，支持了 500 个充电站的建设。在"绿色复苏"战略中，英国政府又投资 0.2 亿英镑，在全国建设了 50 个插电式充电系统。作为"插电区域"项目的配套设施，为了让电动汽车能更方便地在路边充电，英国政府又专项拨款 3 000 万英镑，在伦敦、米尔顿等地建设了上万个充电桩。②

（六）　努力搭建低碳型多式联运运输系统

低碳型多式联运是指由两种及以上的交通工具相互衔接、转运而共同完成的一个完整的运输过程，长距离运输主要是采用对环境污染较小的铁路和水运运输方式。多式联运运输系统包括公路、铁路、水路以及航空等多种交通运输方式的组合，其中公路运输对环境的污染是最大的。通常只有在将货物从发货地运送至最近的铁路或水运货站之前，以及当货物抵达距离收货地最近的铁路或水运货站之后，才采用公路运输方式。

德国政府为推进低碳型多式联运运输系统的发展做了积极的尝试。主要措施有：减免部分内河航运燃油税费，对公路运输的超长、超重货物进行严格控制，对铁路、内河运输、航运等联运的载重适度扩大范围，对多式联运的货车免收税费，可以在节假日运输，对通过高速公路运输的货车收取费用，

---

① 英国公司打造发光公路　节省能源又环保［ZB/OL］.（2013 - 10 - 23），中国低碳网，http：//www.ditan360.com/News/Info - 134890.html.

② 李群.促进我国公路运输低碳发展的财税政策研究［D］.南昌：江西财经大学，2014：37.

对大型货车夜间进城、大型货车在节假日运行和驾驶员的行车时间等严格要求，等等。[①]

三、日本低碳公路运输业发展

日本的领土由北海道、本州、四国、九州四大岛及周边7 200多个小岛构成，总面积约为37.8万平方公里，多山，山地面积约占总面积的70%，总人口约为1.26亿，是典型的人口密集型国家。日本自然资源较为贫乏，拥有煤炭、天然气、硫磺等矿产资源，国民经济发展所需的大部分原材料均需进口。

日本堪称"超级交通"大国。铁路运输、公路运输、水路运输、航空运输以及管道运输五大运输方式共同承载着日本交通运输业。日本交通运输业由日本国土交通省进行统一规划、管辖与协调。

在低碳交通发展中，日本在发展轨道交通等方面取得了较为丰厚的成果。在所有交通运输工具中，汽车的碳排放量占据了所有碳排放量的主体。多年来，日本交通运输业CO_2的排放量占日本CO_2总排放量的20%左右，其中，汽车的碳排放量占85%以上，铁路轨道交通的碳排放量仅占3%左右。作为《京都议定书》的发起国和倡导国，它在低碳交通运输发展中一直处于较为领先地位，在低碳公路运输方面，也采取了强有力的举措。

（一）对发展低碳与新能源汽车进行全面支持

第一，从国家战略角度高度重视低碳与新能源的开发与利用。日本是能源短缺大国，在世界范围内积极开发新能源，强调经济低碳发展的背景下，日本从国家战略高度重视低碳与新能源的发展，为大力发展新能源汽车提供有力保障。1974年、1978年、1989年，日本政府相继推出"新能源技术开发计划"、"节能技术开发计划"以及"环境保护技术开发计划"，较为领先地、有计划地开始对新能源技术的开发。

1980年，日本出台《替代石油能源法》，并成立"新能源综合开发机构"，较大范围地开始从核能、太阳能、水力、海洋热能、生物发电等方面对石油替代能源进行全面技术研发。1993年，日本政府在原有新能源开发计划的基础上重新制订了"新阳光计划"。采取政府、高校和企业联合的方式对新能源进行开发。同年，"世界能源网络"计划开始推行，主要针对氢能及其基础设施技术进行深入研究。

---

① 宛言. 德国低碳型多式联运模式对我国的启示 [J]. 宁波工程学院学报，2013（02）：24.

2006 年 6 月，日本政府出台第一部长期能源战略规划——《2030 年能源战略》，对日本涉及的所有能源领域进行了较为全面的规划，提出使日本成为世界最节能国家的战略构想，指出到 2030 年，对石油依赖度降低到 40%，核电比提高到 30% ~ 40%。2007 年，日本政府提出专项计划，在 5 年内投资 2 090 亿日元，主要用于开发以天然气为主要原料的液体合成燃料技术、车用电池以及氢燃料电池技术。[①] 2008 年 7 月，在全面描绘日本低碳化发展的美好构想的"福田蓝图"后，日本内阁会议正式通过了《实现低碳社会行动计划》，为低碳能源发展进行了正式规划。

第二，竭力促进低碳与新能源汽车的研发与生产。日本政府为了鼓励新能源汽车技术的自主研制与发展，分三个层面对相关技术进行支持：完全新技术的初始研发政府 100% 资金支持，进入标准化生产阶段的成熟技术推广 100% 资金支持，具有商业性技术的项目提供 1/2 ~ 2/3 的资金支持。

日本汽车在新能源技术应用方面主要集中于电动汽车、混合动力和燃料电池等几个方面。1965 年，日本在世界范围内，最早开始从国家层面促进电动汽车技术的研发，并于 1967 年组建了日本电动车协会。1971 年开始，政府陆续开始不断对燃料电池技术研发的投入，投入 200 多亿日元用于燃料电池技术的开发。2001 年，国土交通省、环境省和经济产业省等部门联合推出了"低公害开发普及行动计划"。该计划中所界定的低公害车主要由天然气汽车、混合动力汽车、电动汽车、甲醇燃料汽车和清洁汽油汽车构成，计划指出，到 2010 年全国实现拥有低公害汽车达 1 340 万辆。[②]

政府牵头，协调相关企业形成战略联盟进行技术协同攻关。为了攻克汽车蓄电池方面的关键技术，丰田、日产、三洋电机等企业与京都大学等高校及研究机构共 22 家单位联合组建了国内最大的新能源汽车产业联盟，进行合作研发，主要开发高性能电动汽车动力蓄电池，承担了 2009 年度"革新型蓄电池尖端科学基础研究专项"国家级研究项目。7 年内，政府计划投入 21 亿日元研发经费。

2010 年，日本政府发布了"新一代机动车战略 2010"国内机动车产业指导规划。该规划指出，到 2020 年，纯电动汽车和混合动力轿车在整体乘用车的销售比例中应占到 50%，新能源汽车要占所有销售新车的 50%；2030 年占

① 陈柳钦. 日本新能源汽车发展及其政策支持［J］. 汽车与配件，2011（03）：28.
② 张天舒. 日本新能源汽车发展及对我国的启示［J］. 可再生能源，2014（02）：248.

到 70%。① 在商用新能源技术的研发上，日本汽车制造企业比较热衷能较快获得市场收益的项目上，自行投入研发费用。新能源汽车主要集中关注混合动力车的研发技术。政府也通过政策投资银行、金融公库等途径，对汽车制造企业研发新技术给予低息贷款等相关优惠措施进行激励。

为了鼓励汽车生产企业引进新能源汽车生产技术，政府对汽车制造企业投资低碳生产设备给予现金补贴。预计到 2020 年，总投资额达到 25 000 亿日元。日本政府针对汽、柴油轻型客货车制定了相应的燃油经济性标准。这套标准按照汽车重量进行分类，每种重量汽车都要满足其对应的标准。在每个重量级中确定最优燃油经济性的汽车，并以其燃油经济性水平作为本重量级汽车的燃油经济性标准，同级新车均要求达到该标准。如果达不到标准，政府对其生产商进行相应的处罚。对汽车企业生产新能源汽车进行直接的生产补贴。三菱公司每生产一台 I - MiEV 电动汽车，就可以获得 100 万日元的生产补贴。

第三，通过激励与约束引导消费者使用低碳与新能源汽车。首先，对消费者购买低碳与新能源汽车进行税费支持。早在 20 世纪末期，日本政府就相继颁布了《电动汽车激励法》《清洁能源汽车引入法》等有关法律法规，对消费者若购置新能源汽车给予税收优惠，对购买电动汽车的给予差价补贴、低息贷款等优惠。

2009 年，日本政府启动了下一代汽车计划，规定消费者在购买符合低能耗、低排放等标准的环保型车辆时，可以享受减免购置税和重量税等政策。另外，如果新买的车辆排放量低于政府划定限值的，可以减少 3/4 的车辆吨位税或 1/2 的购置税。② 下一代汽车计划中，普锐斯混合动力车可以享受到的最高优惠为：免除新车 100% 的重量税和取得税；个别车辆还有 50% 自动车税的减免；2009 年 4 月 1 日起实施"绿色税制"，该税制尤其优惠新能源车辆，对电动汽车、清洁燃料使用汽车等完全免征汽车购置税与吨位税。③

日本政府还通过实施购买补贴与换购等方式激励消费者购买新能源汽车。消费者购买电动车，除了中央政府向消费者补助电动车与燃油车价格差额的一半外，地方政府也会考虑再给予追加补贴。消费者若更换使用了 13 年以上的旧车，同时购置一辆混合动力车，平均可获得约 25 万日元的补助。所有政府机关必须采购低公害车。地方团体或组织以及企业购置低公害车时，最高可以

① 陈柳钦. 日本新能源汽车发展及其政策支持 [J]. 汽车与配件，2011 (03)：28 - 29.
② 李群. 促进我国公路运输低碳发展的财税政策研究 [D]. 南昌：江西财经大学，2014：39.
③ 陈柳钦. 日本新能源汽车发展及其政策支持 [J]. 汽车与配件，2011 (03)：29.

获得同级别普通汽车价格差额 1/2 或者车辆价格 1/2 的现金补贴。[①]

　　日本政府对不符合排放要求的汽车用行政干预手段强制控制。2001 年，日本政府对《汽车法》进行了修订，其中加强了对汽车尾气的限制，给出了一定的排放标准，对于超过特定限制排放标准的柴油车，政府部门不予上牌、不发放车检证；对于不符合标准的车辆进行及时报废或改造成符合要求的车辆则给予减税的优惠。

　　日本政府出资宣传与推广新能源汽车的开发与使用。日本政府高度重视对新能源汽车的宣传与推广。以 2004 年为例，政府出资 1 513 亿日元专门用于补贴开展节能减排理念宣传活动的非营利组织，占全部用于推进节能减排政府出资总费用（3 324 亿日元）的 45%。

　　日本实行中央和地方双层激励与补贴制度。以丰田 Mirai FCV 车型为例，除了中央政府的各项优惠政策外，东京对其销售给予额外 100 万日元的补贴，而爱知县的地方政府对其补贴 75.7 万日元。

　　第四，鼓励与新能源汽车有关的基础设施配套建设。2013 财年，经济产业省支出 500 多亿日元，作为财政专项补贴在高速公路休息站、主要公路两旁的商业设施中设立电动汽车快速充电站。企业只要修建一座能在 30 分钟左右充电完毕的快速充电站，政府将视情况补贴一定额度的经费。2013 年，计划建设的 4 000 座充电站，已经完成。2020 年前，计划建设 5 000 座充电站。[②]

　　尽管在 20 世纪 70 年代日本就开始着手开发新能源汽车，但是，受新能源汽车生产技术、消费者的认可程度以及政府的支持程度等众多因素的影响，直至 20 世纪末，新能源汽车也没有明显的发展，市场占有率较低。世纪之交，在世界范围内，在努力推广低碳经济的背景下，日本加大了对新能源汽车的生产与消费的支持力度，在制度上起到了很好的导向与引领作用。至 2009 年，混合动力汽车技术基本成型，电动汽车与燃料电池汽车的生产技术也不断完善。

　　2011 年，混合动力汽车占日本国内汽车销售的 17.1%。2011 年全年，全球共销售混合动力汽车约 80 万辆，其中丰田和本田分别以 49 万辆与 14 万辆名列前 2 名；全球共销售电动汽车近 7 万辆，销售区域主要集中在美国、日本、欧盟和中国，日本的销量在 1.5 万辆左右，是全球第二电动汽车销售市

---

① 张天舒. 日本新能源汽车发展及对我国的启示 [J]. 可再生能源，2014（02）：248.
② 张天舒. 日本新能源汽车发展及对我国的启示 [J]. 可再生能源，2014（02）：249.

场。全球电动汽车销售中，雷诺—日产联盟销量在2.3万辆左右，高居榜首，三菱汽车位居其次。[①]

（二）推动有利于节能减排的综合运输体系的发展

在货运方面，日本政府联合水路、航空等运输系统，积极推动公路运输与其他低碳排放运输方式组成多式联运的综合运输体系。为了实现集约化运输，推出联合配送系统，对货物运输所需的托盘、集装箱等制定了规范标准，努力实现无缝衔接，有效地提高了物流配送效率，同时，也有利于实现绿色物流。

在客运方面，主要通过建设综合交通枢纽，构建智能交通体系，缩短换乘时间，鼓励多模式出行等，促进低碳公路客运的发展。

（三）多部门联合推广环保驾驶技能

2003年开始，日本的国土交通省、环境省、警察厅、经济产业省等多部门开始联合对环保驾驶技术进行普及推广。环保驾驶技术主要体现在以下几个方面：平稳起车，确保最初5秒时速为20km/h；保持充裕的车间距离，减少紧急加速、减速的发生；减速时快速地将脚离开离合器；合理使用空调；停止不必要的待车；避免拥堵，为了有充裕的时间提早出门；习惯性地检查轮胎空气压；卸下不必要的行李；杜绝妨碍其他行驶车辆的停车；适时管理自己车的燃费。[②]

第二节　国外低碳公路运输业发展的启示

2013年5月23日，中国交通运输部出台《发展绿色循环低碳交通运输指导意见》（以下简称《意见》），《意见》中明确指出，为贯彻落实党的十八大关于加强生态文明建设和"五位一体"总体布局的要求，以科学发展为主题、以转变发展方式为主线，大力推进低碳交通运输体系建设，努力建设资源节约型、环境友好型交通运输行业，促进交通运输绿色发展、循环发展、低碳发展。该《意见》的颁布，意味着我国政府已经正式将低碳交通运输纳入国家发展的战略部署与安排。低碳交通运输在美国、欧盟、日本等发达国家已经有了长足的发展，尽管各国所处的发展背景、发展的侧重点以及采取的方法等有

---

① 张天舒. 日本新能源汽车发展及对我国的启示［J］. 可再生能源，2014（02）：247.
② 刘欢，森川高行，李洁. 日本低碳交通发展策略简析［J］. 综合运输，2015（06）：59.

一定的差别，但是在推动低碳交通尤其是低碳公路运输发展方面的基本思路与做法是有许多共性的。"他山之石，可以攻玉"，借鉴美国、欧盟以及日本等国在低碳交通运输业发展中的做法和经验，运用于我国低碳公路运输业发展实践，可以对促进我国低碳公路运输业的发展起到事半功倍的效果。

一、构建"政府主导、企业参与、消费者接受"的发展模式

综观美国、欧盟以及日本等发达国家的低碳公路运输业发展实践，我们不难看出，它们基本上采取的是"政府主导、企业参与、消费者接受"的发展模式，如图5.1所示。

第一，政府主导。政府主导体现在两个方面：一是低碳公路运输业发展政府采取自上而下的方式，从战略规划、法律法规的制定、财税与金融支持方案的设计、组织各方协同发展等方面进行了主导性的战略部署与制度安排，并要求相关主体严格执行，如有违反，用相关的正规和非正规制度进行约束。二是政府在促进低碳公路运输业发展中，在促进低碳公路运输技术研发与调动汽车生产企业和消费者积极参与过程中，通过直接的财税支持以及间接的金融支持等市场化和非市场化手段，引领两个主体对低碳公路运输发展的支持。同时，中央政府也提倡各地方政府采取各种方法和手段，对所辖地区低碳公路运输业发展的支持，以期政策叠加效果得以体现。

第二，企业参与。企业参与主要体现在：一是企业在政府的各标准和规章制度的引领与约束下，积极按照有关的制度标准进行与低碳公路运输工具相关的技术研发与产品生产。二是企业在参与推动低碳公路运输业发展中，对技术创新起着重要的引领作用，在努力承担环境保护等社会责任的同时，坚持按照市场化原则运行。

一是技术引领。技术突破是低碳公路运输发展的核心。在低碳公路运输领域，基础设施与配套设施的改进、新能源技术的开发、综合与智能交通系统的设计、清洁型车辆及运输装备的研制等，是最核心的内容。发达国家的政府在低碳公路运输技术发展中发挥了主导的作用，但是，汽车生产企业仍是实际开发与应用的主体。一是通过与科研机构和高校合作共同参与技术的研发，并在实际生产中得以运用；二是通过对市场需求的真实了解，第一时间把技术与需求相结合，进行更新发展，引领技术前沿。

二是市场化运作。政府对低碳公路运输的主导与支持，主要是通过拨付财政专项资金和技术引进两个途径进行的，是政府行为。但是，企业生产低碳公

路运输工具的行为，则是通过市场化运作的方式进行的。主要是依据国家制定的排放标准与规范以及税费减免等，通过市场化方式间接引导企业积极参与到低碳公路运输工具的生产中去。

三是社会担当。企业在推动新能源汽车发展中，除了要引领市场的最新趋势之外，很重要的一个方面也是在承担着社会责任。节能减排是社会可持续发展的重要手段。发达国家都有较为详细和严格的与社会责任相关的条例和规范，从根本上引导企业承担更多的社会责任，有一定的担当。

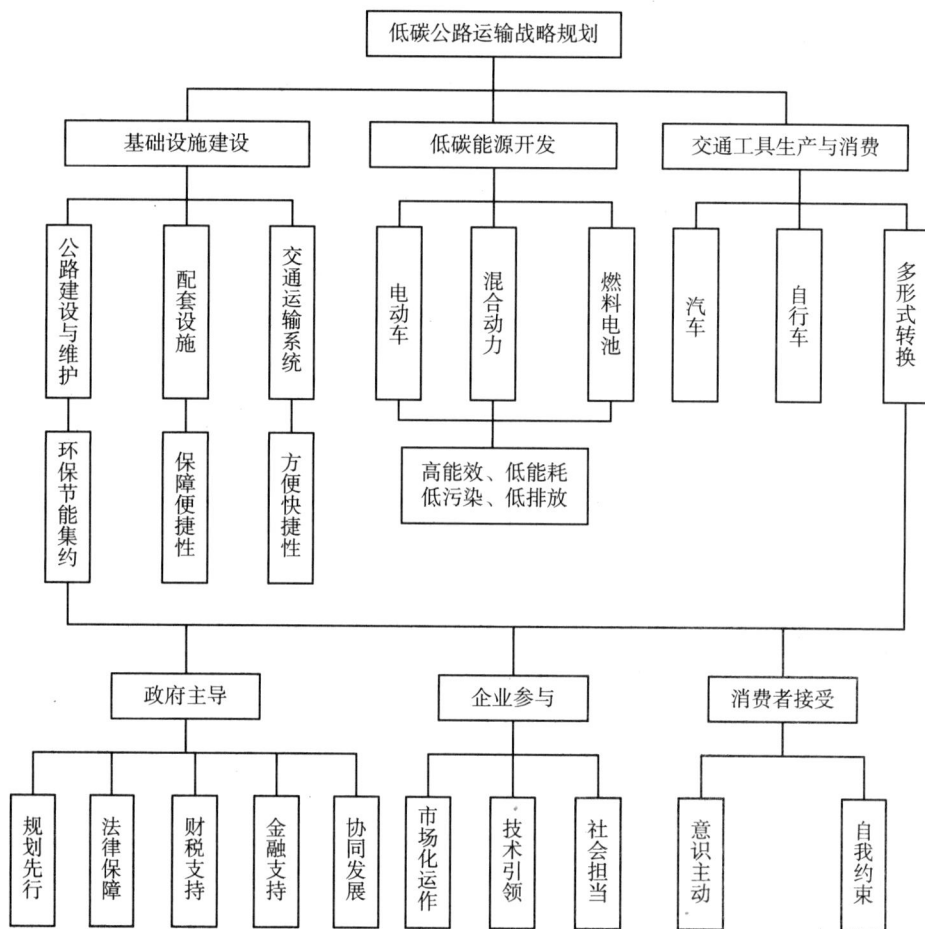

图5.1 国外低碳公路运输业发展的启示

第三，消费者接受。消费者是低碳公路运输的消费主体，他们在意识形态上对此问题接受程度如何，直接决定着低碳公路运输业发展的效果。发达国家在促进消费者接受此理念时，做了两项工作：一是通过加大对低碳经济的宣传力度，让消费者从思想上认识到发展低碳公路运输的必要性。二是通过多种途径让消费者在行动中能进行自我约束，积极配合低碳公路运输业的发展。

第四，促使消费者树立低碳公路运输业发展的理念。一方面，运用财政、税收以及金融等经济手段刺激消费者积极参与到低碳交通运输的发展中。美国、日本以及欧盟各国利用经济杠杆提高大排量私家车的使用成本，激励居民低碳出行。虽然方式与方法略有不同，但效果是显著的。另一方面，国家加大宣传力度，通过正规与非正规制度多方面引导消费者以身示范，积极投入到低碳出行的队伍中。比如，日本的国土交通省、环境省、警察厅、经济产业省等多部门联合对环保驾驶技术进行推广。2004 年，日本政府出资 1 513 亿日元专门支持用于补贴开展节能减排理念宣传活动的非营利组织。欧盟一些成员国也积极开展鼓励居民使用自行车出行等活动。图 5.1 为国外低碳公路运输业发展的启示。

二、重视基础设施建设、低碳能源开发和低碳交通工具的生产与使用

在美国、欧盟以及日本低碳公路运输业发展的过程中，我们可以看到，无论是政府的支持、企业的关注，还是消费者的参与，其主要的政策措施都是围绕"基础设施建设、低碳能源开发与低碳交通工具的生产与使用"这三个方面展开的，它们基本上涵盖了低碳公路运输发展的核心内容。我国政府也应对其进行借鉴，围绕这几个方面采取行之有效的措施发展低碳公路运输。

第一，基础设施建设。基础设施建设主要包括公路建设与维护、与低碳公路运输有关的配套设施建设以及综合智能交通系统的打造。公路建设与维护重点是其环保性、节约性与集约性的特征。与低碳公路运输有关的配套设施建设则主要重视保障性、便捷性和服务性的特征。综合智能交通系统则重视其服务的方便性和快捷性。

第二，低碳能源开发。低碳能源开发是低碳经济发展的核心，也是低碳公路运输发展的关键。低碳公路运输能源开发，发达国家主要围绕电动车、混合动力和燃料电池三个方面开发。这三个方面也是当前发达国家低碳公路运输能源技术主要发展方向。我们国家在关键技术没有突破的情况下，也应重点关注

这几个领域的低碳公路运输能源的开发。在低碳能源开发上，应坚持高能效、低能耗、低污染和低排放的原则。

第三，低碳交通工具的生产与使用。与低碳公路运输有直接关系的交通工具主要是汽车和自行车，这两种运输工具是公路上除了步行之外的交通工具。汽车主要关注的是新能源汽车的开发、生产与消费以及人们在驾驶汽车时如何操作能节能减排。鼓励更多居民出行时，选择没有污染的自行车。而飞机、轮船、火车等航空、水陆和铁路运输工具也与低碳公路运输有间接的关系。通过推行多式联运方式，尽可能减少公路运输的里程，通过多种交通工具的有效转换，促进低碳公路运输业的发展。

第四，重视公路基础设施建设与运营的低碳化。公路的建设与维护中应重视低碳理念，从公路的规划设计、施工建设到运营维护等均注重低碳材料、低碳方法、低碳工艺。此方面，可以借鉴英国的经验做法。政府设立专门鼓励低碳公路建设的信托基金，用于对相关技术研发支持。由中央政府或地方政府，或两者联合牵头组织实施具体的研发，实验与试制由实际的道路建设公司负责，进行技术开发。另外，也可以考虑从发达国家技术引进或技术合作。例如，与英国益科铺路公司合作，引入"星路"技术，并结合中国的路况与气候等实际因素将其中国化。

不同种类的新能源汽车需要不同的配套设施，电动车、混合动力和燃料电池的充电以及加能的设备不同，是因为不同种类的混合动力和燃料电池内部，所需的专业基础配套设施有很大的不同。政府既要考虑研究开发具有与各新能源汽车相配套的基础设施的技术，又应根据各新能源汽车的地区占有率和使用率通盘考虑，统筹规划其在公路上的配备数量，既要避免供给不足，又要杜绝过度浪费。

积极规划设计综合交通系统以及智能交通系统，是欧盟以及日本等发达国家普遍采取的做法。在客运方面，综合交通系统与智能交通系统的构建可以方便人们换乘路线以及中转各种交通工具，既能缩短人们的出行时间，方便出行，又能缓解交通拥堵，节省交通费用，同时又能有效地减轻污染排放，促进低碳交通运输业的发展。货运方面，可以借鉴日本的经验，让公路运输与水路、航空等运输系统有效联合，让公路运输与其他运输方式组成多式联运运输体系。政府牵头，组建联合配送系统，对运输货物的配件制定统一标准，推动绿色物流的快速发展。

三、确立"高能效、低能耗、低污染、低排放"发展目标

"高能效、低能耗、低污染、低排放"是低碳能源开发的目标，也是低碳公路运输发展的根本保障。所以，低碳公路运输所需能源的开发，即新能源的开发，主要应围绕此目标来进行。我国在《节能与新能源汽车产业发展规划（2012～2020年）》中，将新能源汽车界定为电动车、混合动力车和燃料电池。综观美国、欧盟以及日本低碳公路运输能源的开发，主要也为电动车、混合动力以及燃料电池。我国在新能源汽车的开发与利用中，应结合这三种新能源技术世界范围内发展的实际，有选择、有计划地进行。

第一，电动车。电动车是新能源汽车中开发较早的，但是至今仍未进入到大规模产业化阶段。具有"无污染、能源效率高、结构简单、电源使用成本高、续驶里程短"的特点。适用于短途车使用。纯电动汽车在我国还处于小规模销售阶段，电动汽车的生产技术尚处于不断研制和开发层面，世界范围也是如此。日本的各大汽车生产厂商也在着力研发电动汽车技术，该技术还有瓶颈尚需突破。我国政府以及汽车生产企业可以充分利用各种契机，把握此项技术的世界研究最新动态，借鉴其已有的研究成果。政府、高校以及汽车生产企业组成联盟攻克技术难关。

第二，混合动力。混合动力车的生产技术基本成型。在一些发达国家可以产业化生产，日本表现得尤为突出，其生产技术领先于美国和欧盟。丰田、本田、日产等厂商的混合动力汽车在国内外知名，并深受消费者青睐。丰田汽车中普锐斯是日本研发和生产的混合动力车的先驱和标志。我国在混合动力技术发展上，先期可以直接采取拿来主义的做法，通过技术引进、合资、合作生产等方式，直接或间接引进此项技术，进行产业化生产。既可以节省时间，又可以部分节约创新成本。

第三，燃料电池。燃料电池是这三种新能源技术中最不成熟的一个，却是最终和低碳环保的汽车，也非常适合长途公路运输的使用。目前此项技术的应用较为有限，还未能进入规模推广阶段。由于它具有较好的发展前景，日本政府较为关注，也对此项技术的研发提供了大量的财政补助。借鉴日本经验，我国政府可以在此项新能源技术开发中发挥导向与示范作用，积极投入研发所需的人力与财力，尽量为企业分担创新成本。

另外，引导和控制低碳公路运输工具生产与使用。对汽车生产与消费的有效引导和合理控制是低碳公路运输发展的最为核心的环节，也是各国低碳公路

运输发展中关注的焦点。美国、欧盟与日本等国家在低碳公路运输发展之初，均是从对汽车的排放量控制开始的，并且基本遵循"控制汽车的使用量—减少汽车的排放量—开发新能源汽车—鼓励使用新能源或小排量汽车"的进程来推进。各国都是由国家牵头开发新能源技术，用各种鼓励政策促进汽车生产厂商也积极参与到新能源与小排量汽车的研发生产中，同时，国家以正规制度的形式出台相关规范对有关汽车排放标准进行规范，如果不达标，则要进行相应的处罚，激励与约束相结合促进低碳汽车的生产。

积极引导消费者关注低排量汽车，用减少税费等方式鼓励其购买新能源汽车或更换（淘汰）高能耗、高污染的旧汽车；驾驶汽车时，养成良好习惯，以促进节能减排。比如，日本的国土交通省、环境省、警察厅、经济产业省等部门从 2003 年起，开始对环保驾驶技术进行普及推广的经验就非常值得我们借鉴。

自行车是完全无排放的交通工具，所以，应鼓励居民出行多选择自行车，绿色、环保又健康。比如，德国和丹麦等国家在此方面表现得尤为突出，我们可以多参考学习。德国政府在主要公交点均设立自行车租赁站、重要的交通枢纽设有自行车停放区、建设自行车专用车道、设立无车社区等；为推广自行车使用进行的基础设施建设，医疗保险公司牵头与各地区联合举办的夏季骑车上班有奖活动。丹麦对机动车使用征收高昂使用税费。再比如，美国参议院以法案的形式用税收优惠政策，鼓励雇主为骑自行车上班的员工发放补贴等方法都是较为切实可行的。

在各种运输方式中，公路运输是碳排放占比最大的。美国、欧盟和日本等国在低碳交通运输发展中，在货物运输方面，都非常重视多式联运，尽可能缩短公路运输的里程。在客运方面，主要是通过综合与智能运输系统的打造，为居民选择公共交通中转等出行提供便利条件，缩短出行时间。美国的智能交通系统主要由联邦政府、州政府和各级地方政府来承担资金供给，私营企业的投资仅为必要的补充。智能交通系统主要包括出行和交通管理系统、出行需求管理系统、公共交通运营系统、商用车辆运营系统、电子收费系统、应急管理系统、先进的车辆控制和管理系统等。智能交通系统在美国已经得到了广泛应用，其具体做法我们可以充分分享。

四、完善低碳公路运输业发展规划与政策

第一，战略规划设计。各国政府由上而下地对低碳公路运输发展的战略规划设计安排，是引领该国低碳公路运输发展的航标。无论是低碳公路运输发展的大方向，还是对企业和居民行为选择的影响都是根本性的。低碳公路运输战略规划设计起步早的国家，其发展的速度一般也比较快。美国和英国的低碳交通运输发展较为领先，一个很重要的原因是这两个国家在20世纪50年代，国家从战略层面就开始重视交通运输的低碳排放对社会发展的重要作用，并与时俱进地提出了相应的战略安排，分阶段、分层次地对低碳交通运输进行了部署，比如低碳能源发展计划与有利于节能运输的城市规划等的提出，就为低碳公路运输的进一步推进奠定了基础，起到了很好的引领作用。

第二，法律法规推出。直接的和间接的与低碳公路运输相关的法律法规的出台，是低碳公路运输良好发展的保障。美国、日本与欧盟国家在促进低碳公路运输发展时，都制定了相关的法律法规对交通工具的生产企业和消费者等进行约束和激励，如果未达到相关法律法规所设立的标准，或者是违反了规定，就要受到相应的处罚。在推动低碳公路运输发展中，实现了"有法可依、违法必究、执法必严"。

第三，财税支持。低碳公路运输具有较强的外部性。从成本分担的角度来看，政府通过财政与税收的途径给予其必要的支持也是一个必然的选择。美国、日本和欧盟各国无一例外地对低碳公路运输的发展给予了大力支持，尤其是在推动低碳公路运输技术发展方面，承担了主体责任。基本上从"基础设施建设—配套设施供给—低碳技术研发—汽车厂商生产鼓励—消费者购买激励"等层面构建了较为完整的对低碳公路运输支持的财税体系。

第四，金融支持。金融支持作为财税支持的必要补充，也会促进生产者和消费者在促进低碳公路运输发展中发挥重要的作用。在美国，奥巴马执政后，提出对清洁能源投资的支持计划，其中就涉及了贷款担保以及低息贷款等金融支持的方式。比如，以低息贷款方式设立一个250亿美元的基金，专门用于支持汽车生产厂商对节能和新能源汽车技术的研发与生产。日本政府也通过政策投资银行、金融公库等途径，对汽车生产企业研发新能源技术给予低息贷款等相关金融支持。

第五，协同发展。低碳公路运输的发展不是独立的，需要多方面的协同配合。低碳公路运输的发展需要与低碳能源、城市规划、交通布局、基础设施建设、产业调整等多个方面协调配合、共同发展。美国、欧盟以及日本等国在低碳公路发展的时候，基本上都是与其他相关的发展规划配合协同的。这些做法值得我国借鉴。

参 考 文 献

[1] 胡继立，年志远. 道路运输业发展、贡献及政策研究 [M]. 北京：中国社会科学出版社，2015.

[2] 薛恩同. 美国的清洁空气法 [EB/OL]. (2013 - 04 - 09). http：//bj-gy. chinacourt. org/article/detail/2013/04/id/939269. shtml.

[3] 蜗牛. 美国智能交通发展历程及应用现状 [ZB/OL]. (2015 - 07 - 14)，国脉智慧城市网，http：//www. besticity. com/news/top/4233. html.

[4] 李琳娜. 低碳交通运输政策节能效果评价实证研究 [D]. 西安：长安大学，2014.

[5] 耿枢馨. 发展中国低碳运输的政策支持研究 [D]. 北京：中国铁道科学研究院，2011.

[6] 美国联邦政府及各州政府鼓励混合动力车政策 [ZB/OL]. (2008 - 05 - 12)，新浪汽车，http：//auto. sina. com. cn/news/2008 - 05 - 12/1546374337. shtml.

[7] 王伟，淇卢毅，加年丰，李理. 发达国家低碳交通政策的启示 [J]. 广西质量监督导报，2014 (07).

[8] 冯明星. 欧 I、欧 II、欧 III、欧 IV、欧 V 到底怎么回事儿 [J]. 商业时代，2004 (07).

[9] 张庆阳. 德国：低碳经济立法最全的国家 [J]. 环境教育，2015 (3).

[10] 朱伽琳. 低碳的使命 [J]. 中国公路，2011 (02).

[11] 李健. 低碳公路运输实现途径与碳排放交易机制研究 [D]. 西安：长安大学，2013.

[12] 欧盟将发布新规 限制汽车尾气排放 [ZB/OL]. (2014 - 03 - 04)，人民网，http：//auto. people. com. cn/n/2014/0304/c153909 - 24523689. html.

[13] 汪鸣泉. 德国城市低碳交通发展的经验与启示 [J]. 综合运输，2013 (2).

[14] 英国公司打造发光公路 节省能源又环保 [ZB/OL]. (2013 - 10 - 23)，中国低碳网，http：//www. ditan360. com/News/Info - 134890. html.

[15] 李群. 促进我国公路运输低碳发展的财税政策研究 [D]. 南昌：江西财经大学，2014.

[16] 宛言. 德国低碳型多式联运模式对我国的启示 [J]. 宁波工程学院

学报，2013（02）.

　　［17］陈柳钦．日本新能源汽车发展及其政策支持［J］．汽车与配件，2011（03）.

　　［18］张天舒．日本新能源汽车发展及对我国的启示［J］．可再生能源，2014（02）.

　　［19］刘欢，森川高行，李洁．日本低碳交通发展策略简析［J］．综合运输，2015（06）.

第六章

中国低碳公路运输业发展实证分析

本章采用多种定量分析方法，对中国各地区低碳公路运输业发展综合评价与比较、对中国各地区低碳公路运输业协调发展状况分析和对中国各地区低碳公路运输业发展影响因素分析。

第一节　中国各地区低碳公路运输业发展综合评价与比较

中国各地区低碳公路运输业存在着地方特点，不同地区的发展优势不同。本部分通过多指标、多层次定量比较不同地区低碳公路运输业的发展差异，这有助于我们找到各地区低碳公路运输业情况的数量规律，为各地区低碳公路运输业发展提供有针对性的发展意见。

一、选择研究方法

本研究希望尽可能地减少主观人为因素的影响，以保证研究结果尽可能客观，因而采用客观赋权的方法进行研究。客观赋权的方法主要有因子分析方法、主成分分析方法、熵权法、多目标规划方法等，本节定量研究采用因子分析方法。因子分析是指研究从变量群中提取共性因子的统计技术，最早由英国心理学家 C. E. 斯皮尔曼提出。因子分析可在许多变量中找出隐藏的具有代表性的因子，将相同本质的变量归入一个因子，可减少变量的数目，还可检验变量间关系的假设。为了确定因子的实际内容，还须进一步旋转因子，使每一个变量尽量只负荷于一个因子之上。本部分我们主要通过因子分析，实现各地区低碳公路运输业在各方面综合发展情况客观评价与比较。

二、构建综合评价指标体系

任何一项综合评价均要建立科学有效的评价指标体系，因此综合评价中国各地区低碳运输业发展情况，也必然要建立一套可行的评价指标体系，在综合研究吸收国内外的相关研究成果的同时，必须考虑到我国国情的实际情况，选取的评价指标应能够充分地说明各系统的建设能力和发展水平，并能够保证分析结果具有实际参考价值。

（一）指标体系构建的原则

为了更好地衡量中国低碳公路运输业发展能力，指标选取非常重要，因此对于指标体系构建及指标选取应该遵循一定原则。

1. 科学性原则

评价指标体系的建立需要遵循科学性原则，指标的概念、内涵表述必须清晰准确，符合客观事实，符合低碳公路运输系统的发展规律。一方面指标不宜过多或过细，以免出现计算烦琐、信息重叠；另一方面也不宜过少过简，以免造成信息漏损，结果不真实。以科学的态度选取指标，有利于相对准确地做出评价。

2. 动态性原则

中国低碳运输业发展能力是不断发展变化的，评价时要综合考虑其动态和静态两种情况。因此指标的选取必须收集多个年份的数据，把握其演变情况，便于对其发展变化过程进行总结归纳。

3. 系统性原则

系统性原则要求，各指标之间应该具有一定的逻辑关系，构成一个系统，如在对低碳公路运输基础设施建设、运输效率、运输压力三个子系统综合评价时，选取的各项指标要真实客观地反映每个系统自身的发展情况以及三个子系统之间的相互关系。

4. 可操作性原则

指标体系的构建要充分考虑到现实情况，不能过于理论化或理想化，避免找不到相应数据和资料，使得研究无法继续。要结合实用及可操作性的原则，尽量寻找一些代表性强的可量化、易获取并且来自权威机构颁布的统计数据。

5. 一致性原则

一致性也称为相合性，是样本容量非常大时估计量的性质，我们希望当样本容量增加时，估计量的估计值会接近于真值。

6. 可比性原则

可比性原则要求是指统计核算统一方式，统计指标口径范围一致，以提供相互可比的统计数据信息，保证来自不同对象的同一指标数据可比。

（二）指标体系的建立

在坚持基本原则的前提下，结合中国低碳运输业发展的实际情况，考虑到低碳公路运输业的发展涉及多个方面，在对低碳公路运输业发展涉及各方面文献进行分析的基础上，本书将低碳公路运输业发展分成三个方面。第一，低碳公路基础设施情况，主要包括公路里程、公路密度、公路的负荷等方面；第二，低碳公路运输效率情况，主要包括公路运输业单位运输设备运输情况，行业投资占比、公路运输业务量占比、产生经济总量占比等；第三，低碳公路运输压力情况，主要考虑公路运输业发展对环境产生的压力与对公路基础设施产生的压力。

根据以上分析，考虑总量与结构产生的不同影响，本书研究确定的低碳公路发展评价指标体系由低碳公路基础设施指标体系、低碳公路运输效率指标体系、低碳公路运输压力指标体系三个子体系构成，具体指标体系设计如下。

1. 低碳公路基础设施指标体系

低碳公路基础设施指标系包括公路基础设施和低碳公路基础设施两类指标体系。公路基础设施主要包括公路里程、公路密度、公路技术改造等方面。低碳公路基础设施主要考虑相对低碳公路基础设施情况，主要应包括公路里程中耐用公路所占的比重，耐用公路密度，还要考虑到公路的使用情况。

本部分用公路里程、高速公路里程、等级公路里程三个统计指标综合反映公路基础设施情况。公路里程是指报告期末公路的实际长度。统计范围包括城间、城乡间、乡（村）间能行驶汽车的公共道路，公路通过城镇街道的里程，公路桥梁长度、隧道长度、渡口宽度。不包括城市街道里程、断头路里程、农（林）业生产用道路里程、工（矿）企业等内部道路里程。统计原则为按已竣工验收或交付使用的实际里程计算，两条或多条公路共同经由同一路段的重复里程，只计算一次。[①] 高速公路指能适应年平均昼夜小客车交通量为 25 000 辆以上、专供汽车分道高速行驶、并全部控制出入的公路。高速公路的建设采用更先进的技术，改善了我国公路的承载能力，在一定程度上减少了单位工作量的碳排放，体现了低碳公路运输业发展的基础能力。

---

① 中华人民共和国国家统计局. 中国第三产业统计年鉴［M］. 北京：中国统计出版社，2015.

本部分用高速公路里程占公路里程比重、一级公路里程占公路里程比重两个指标反映耐用公路所占的比重。由于耐用道路本身没有明确的规定，无确切统计指标数据，考虑到高速公路、一级公路修建投入成本远高于其他公路，其修建质量要求也远高于其他公路，因此本书将高速公路、一级公路看作耐用道路，采用高速公路和一级公路所占比重来反映耐用道路占比情况。

本部分用一级公路密度和高速公路密度两个指标反映各地区耐用道路公路网建设基础条件，体现了低碳公路运输网络基础能力。一级公路密度和高速公路密度分别用高速公路里程和一级公路里程与地区土地调查面积相比求得。

2. 低碳公路运输效率指标体系

低碳公路运输业的发展需要提高效率，这既包括公路运输业对地方经济发展的贡献，也体现单位成本的降低，从而保证单位碳排放量的发展贡献提高和单位碳排放量的降低。

公路运输业碳排放源主要是各种运输车辆设备，因此本部分选用公路车均旅客周转量、公路车均货物周转量来反映单位公路设备低碳运营效率。两项指标分别计算公路旅客周转量与公路营运客运车数量之比、公路货物周转量与公路营运载货车数量（包括普通载货与专用载货）之比获得。公路旅客周转量是指在一定时期内公路上运送旅客数量与平均运距的乘积，计量单位是"亿人公里"。公路货物周转量是指公路上各种运输工具在报告期内实际运送的每批货物重量分别乘以其运送距离的累计数，计量单位为"亿吨公里"。

本部分用公路旅客周转量占社会旅客周转量比重、公路货物周转量占社会货物周转量比重两个指标反映公路运输在整个交通运输系统中的贡献程度，在一定程度上反映低碳发展的可实施空间。社会客运周转量是指在一定时期内全社会运送旅客数量与平均运距的乘积，计量单位是"亿人公里"。公路客运周转量占社会客运周转量比重为两者之比。社会货物周转量是指全社会各种运输工具在报告期内实际运送的每批货物重量分别乘以其运送距离的累计数，计量单位为"亿吨公里"。

本部分用交通运输业增加值占地区生产总值比重、交通运输业固定资产投资占社会总投资比重两个指标反映交通运输业在地方经济总体发展中的作用，间接反映公路运输业对地方经济总体发展的贡献，同时也能对低碳公路运输业的结构调整有益。本部分指标体系的设计原本要直接考虑公路运输业对地方经济发展的直接贡献，但考虑指标数据的可得性，由于缺少公路运输业投资数据支持，所以用整个交通业固定资产投资占社会总投资比重来间接反映投资结构。交通业固定资产投资是建造和购置交通业固定资产的经济活动，即交通业固定资产再生产活动。交通业固定资产再生产过程包括交通业固定资产更新、改建、扩建、新建等活动。它是反映交通业固定资产投资规模、速度、比例关系和使用方向的综合性指标。社会总投资，指为产生社会和财务回报而提供并使用资本的行为，社会投资者以不同的方式来衡量投资产生的预期社会和财务回报。交通业固定资产投资占社会总投资比重即为两者之比。

3. 低碳公路运输压力指标体系

中国低碳公路运输业的发展能力不仅与经济实力相关，还与低碳公路运输业的发展对环境产生的压力有关，因为环境未来的承载力是有限的，必须在环境条件的约束下发展低碳公路运输业，同时还要考虑已经建立的公路基础设施的承压力。通过对环境压力与设施承压分析，本部分认为可比较的相关技术主要指标包括公路运输碳排放量、公路营运载客汽车客位、能源消费量、单位公路里程公路营运载客汽车客位、单位公路里程公路营运普通载货汽车吨位等，可根据这些指标，在一定程度上比较各地区环境与设施压力。因为压力在一定程度上制约发展，所以本部分所有指标在数据分析之前全部采用取倒数方式进行逆向处理。

公路运输碳排放量是指在公路运输过程中产生的二氧化碳排放量，此项指标直接对环境造成压力。公路运输碳排放量利用各地区能源消费平衡表（实物量）数据进行测算，采用各类能源消费量与排放因子相乘并求和的公式来测算。由于各地区能源消费平衡表中仅有交通运输仓储邮政业整体能源消费数据，没有细分到公路运输业能源消费量数据，并考虑公路运输设备主要消费的燃料为汽油、柴油、天然气，因此以交通运输仓储邮政业三类能源消费量数据作为公路运输碳排放量的计算基数，对公路运输碳排放量进行估算。估算过程中遵循可比性原则，即使估算会有偏差，也不影响地区间比较。

本部分用公路营运载客汽车客位、单位公路里程公路营运载客汽车客位、单位公路里程公路营运普通载货汽车吨位三个指标分别从总量和强度上反映公路客货运输对其基础设施产生的压力。

综上所述，低碳公路运输业发展评价综合指标体系由 3 个一级指标和 18 个二级指标构成，具体计量单位及符号表示如表 6.1 所示：

表 6.1 低碳公路运输业发展综合评价指标体系

一级指标	二级指标	变量名
低碳公路基础设施建设情况	公路里程（公里）	X_{11}
	高速公路里程（公里）	X_{12}
	等级公路里程（公里）	X_{13}
	高速公路所占比重（%）	X_{14}
	一级公路比重（%）	X_{15}
	一级公路密度（公里/万公顷）	X_{16}
	高速公路密度（公里/万公顷）	X_{17}
低碳公路运输效率情况	公路车均旅客周转量（万人公里/辆）	X_{21}
	公路车均货物周转量（万吨公里/辆）	X_{22}
	公路旅客周转量占社会旅客周转量比重（%）	X_{23}
	公路货物周转量占社会货物周转量比重（%）	X_{24}
	交通运输业增加值占地区生产总值比重（%）	X_{25}
	交通运输业固定资产投资占社会总投资比重（%）	X_{26}
低碳公路运输压力情况	公路运输碳排放量（万吨）	X_{31}
	公路营运载客汽车客位（客位）	X_{32}
	能源消费量（万吨标准煤）	X_{33}
	单位公路里程公路营运载客汽车客位（客位/公里）	X_{34}
	单位公路里程公路营运普通载货汽车吨位（吨/公里）	X_{35}

三、收集样本数据

本部分采用的资料来源于《中国统计年鉴》、Wind 数据库和国家统计局网站，共收集、整理和计算了 2013 年 27 个省、4 个直辖市的低碳公路运输业发展数据，具体样本数据如表 6.2、表 6.3、表 6.4 所示：

表 6.2 2013 年各地区低碳公路基础设施建设情况

地区	X_{11}	X_{12}	X_{13}	X_{14}	X_{15}	X_{16}	X_{17}
北京	21 673	923	21 485	4.26	5.36	7.08	5.62
天津	15 718	1 103	15 718	7.02	8.28	10.93	9.26
河北	174 492	5 619	167 711	3.22	2.76	2.56	2.98
山西	139 434	5 011	136 039	3.59	1.60	1.42	3.20
内蒙古	167 515	4 080	155 030	2.44	3.33	0.49	0.36

续表

地区	X_{11}	X_{12}	X_{13}	X_{14}	X_{15}	X_{16}	X_{17}
辽宁	110 973	4 023	95 982	3.63	3.05	2.29	2.72
吉林	94 191	2 299	86 632	2.44	2.06	1.01	1.20
黑龙江	160 206	4 084	131 776	2.55	0.99	0.35	0.90
上海	12 633	815	12 633	6.45	3.33	5.11	9.89
江苏	156 094	4 443	148 263	2.85	7.23	10.57	4.16
浙江	115 426	3 787	111 997	3.28	4.60	5.04	3.59
安徽	173 763	3 521	168 084	2.03	1.31	1.63	2.51
福建	99 535	3 935	80 909	3.95	0.69	0.55	3.17
江西	152 067	4 303	122 675	2.83	1.08	0.98	2.58
山东	252 786	4 994	251 425	1.98	3.75	6.04	3.18
河南	249 831	5 859	196 790	2.35	0.64	0.97	3.54
湖北	226 912	4 333	212 893	1.91	1.23	1.50	2.33
湖南	235 392	5 080	206 622	2.16	0.46	0.51	2.40
广东	202 915	5 703	186 357	2.81	5.23	5.91	3.17
广西	111 384	3 305	96 343	2.97	0.90	0.42	1.39
海南	24 852	757	24 154	3.05	1.15	0.81	2.14
重庆	122 846	2 312	90 358	1.88	0.50	0.75	2.81
四川	301 816	5 046	246 571	1.67	1.01	0.63	1.04
贵州	172 564	3 284	95 419	1.90	0.15	0.15	1.86
云南	222 940	3 200	178 371	1.44	0.45	0.26	0.84
西藏	70 591	0	48 678	0.00	0.00	0.00	0.00
陕西	165 249	4 363	148 991	2.64	0.61	0.49	2.12
甘肃	133 597	2 953	106 812	2.21	0.15	0.05	0.73
青海	70 117	1 228	57 069	1.75	0.53	0.05	0.17
宁夏	28 554	1 344	28 338	4.71	3.45	1.90	2.59
新疆	170 155	2 728	125 442	1.60	0.86	0.09	0.16

表6.3 2013年各地区低碳公路运输效率情况

地区	X_{21}	X_{22}	X_{23}	X_{24}	X_{25}	X_{26}
北京	24.83	8.39	0.54	0.15	4.47	0.10
天津	95.22	19.63	0.33	0.10	4.70	0.07
河北	99.73	50.03	0.25	0.56	8.29	0.09

续表

地区	X_{21}	X_{22}	X_{23}	X_{24}	X_{25}	X_{26}
山西	140.14	26.15	0.51	0.36	6.18	0.09
内蒙古	134.63	46.85	0.48	0.42	7.74	0.09
辽宁	143.70	36.34	0.38	0.23	5.16	0.06
吉林	118.28	34.91	0.41	0.65	3.84	0.06
黑龙江	119.64	21.25	0.46	0.50	4.18	0.05
上海	55.88	16.12	0.61	0.02	4.33	0.09
江苏	192.55	24.60	0.62	0.18	4.10	0.05
浙江	184.00	27.40	0.57	0.15	3.80	0.07
安徽	213.31	98.97	0.57	0.53	3.84	0.04
福建	176.18	32.07	0.61	0.21	5.41	0.10
江西	171.17	73.32	0.33	0.78	4.73	0.04
山东	161.55	49.71	0.48	0.67	3.78	0.06
河南	142.39	40.93	0.45	0.62	4.58	0.05
湖北	98.28	47.84	0.39	0.43	4.37	0.08
湖南	149.57	55.78	0.46	0.61	4.78	0.07
广东	279.05	31.89	0.68	0.33	3.94	0.11
广西	122.69	44.34	0.68	0.48	4.71	0.09
海南	144.02	13.99	0.76	0.12	4.71	0.10
重庆	173.47	27.16	0.72	0.30	5.21	0.10
四川	112.34	22.96	0.66	0.57	2.86	0.10
贵州	126.93	26.81	0.64	0.47	9.65	0.14
云南	66.15	16.72	0.75	0.68	2.33	0.11
西藏	60.28	22.94	0.73	0.79	3.62	0.19
陕西	121.44	47.71	0.43	0.53	3.81	0.06
甘肃	103.44	30.91	0.36	0.34	4.26	0.07
青海	108.01	24.23	0.42	0.45	3.53	0.12
宁夏	97.75	37.53	0.57	0.58	7.73	0.06
新疆	85.50	20.67	0.59	0.52	4.63	0.07

表 6.4 2013 年各地区低碳公路运输压力情况

地区	X_{31}	X_{32}	X_{33}	X_{34}	X_{35}
北京	521.79	691 431	7 178	31.90	25.77
天津	424.31	358 961	8 208	22.84	17.30
河北	1 562.41	728 492	30 250	4.17	21.29
山西	1 489.00	396 213	19 336	2.84	13.15
内蒙古	1 282.11	430 358	19 786	2.57	9.49
辽宁	2 515.88	785 641	23 526	7.08	23.75
吉林	729.94	429 982	9 443	4.57	14.03
黑龙江	1 202.13	515 445	12 758	3.22	13.97
上海	945.47	527 994	11 362	41.79	53.40
江苏	2 900.72	1 622 180	28 850	10.39	17.82
浙江	2 100.08	1 026 270	18 076	8.89	11.20
安徽	1 647.34	897 033	11 358	5.16	14.37
福建	1 222.96	517 454	11 185	5.20	7.24
江西	1 223.87	483 950	7 233	3.18	10.68
山东	2 811.98	1 002 914	38 899	3.97	14.69
河南	2 146.63	1 445 624	23 647	5.79	14.93
湖北	2 051.10	918 292	17 675	4.05	6.19
湖南	1 643.33	1 114 378	16 744	4.73	6.71
广东	4 007.65	1 627 457	29 144	8.02	13.11
广西	1 267.05	891 982	9 155	8.01	14.91
海南	211.76	163 685	1 688	6.59	6.99
重庆	1 209.89	502 486	9 278	4.09	9.39
四川	870.82	1 179 974	20 575	3.91	7.18
贵州	1 030.83	617 790	9 878	3.58	5.01
云南	1 659.09	781 600	10 434	3.51	8.76
西藏	0.00	105 163	0	1.49	3.06
陕西	1 222.99	597 100	10 626	3.61	8.68
甘肃	908.02	449 952	7 007	3.37	7.42
青海	215.30	80 168	3 524	1.14	4.62
宁夏	279.52	164 732	4 562	5.77	23.97
新疆	1 201.48	647 887	11 831	3.81	9.54

四、测算与分析

根据前面的理论分析与指标体系设计，分别对各地区低碳公路基础设施建设情况、低碳公路基础设施建设情况、低碳公路运输压力情况三个子系统发展情况进行综合评价，最后根据三个子系统统计分析结果，对各地区低碳公路运输业发展进行综合评价，本部分采用因子分析方法。

（一）各地区低碳公路基础设施建设情况综合评价与比较

根据低碳公路基础设施建设情况指标体系，选取我国各地区 2013 年低碳公路基础设施建设情况样本数据，运用 SPSS 统计软件对所选用指标数据进行公因子分析，通过确定主因子、主因子载荷、各地区主因子得分及各地区低碳公路基础设施建设情况综合得分等几个步骤完成基础定量分析，然后根据定量分析结果进行综合分析。

1. 主因子确定与分析

利用 2013 年各地区低碳公路基础设施建设观测数据，采用主成分方法提取因子，得到的主要分析结果如表 6.5、表 6.6、表 6.7 所示：

表 6.5　　　　　　　　　低碳公路基础设施建设情况公因子方差

原指标	初始信息	提取信息
公路里程	1.00	0.96
高速公路里程	1.00	0.86
等级公路里程	1.00	0.97
高速公路所占比重	1.00	0.78
一级公路比重	1.00	0.85
一级公路密度	1.00	0.88
高速公路密度	1.00	0.81

从表 6.5 可以看出，公因子方差均较大，本次因子分析中从原始变量中提取的信息足够多，各项指标的信息提取量均较大，尤其是公路里程、等级公路里程、高速公路里程等原指标信息的提取上达到了 85% 以上，因子分析整体效果较好。

从表 6.6 可以看出，提取两个主因子后，总体方差解释的累计贡献率达到 87.32%，具有较好的解释力，因此根据因子确定的原则，选取前两个主因子来综合反映原始的 7 个指标的大部分信息。这两个主因子可以比较全面地反映我国各地区低碳公路基础设施建设综合发展水平。

表6.6 　　　　　　　　低碳公路基础设施建设情况评价的总方差

成分	初始特征值			旋转后提取平方和		
	合计	方差的百分比（%）	累积百分比（%）	合计	方差的百分比（%）	累积百分比（%）
1	3.98	56.79	56.79	3.22	45.99	45.99
2	2.14	30.53	87.32	2.89	41.33	87.32
3	0.54	7.73	95.06			
4	0.23	3.35	98.41			
5	0.08	1.07	99.48			
6	0.02	0.29	99.77			
7	0.02	0.23	100.00			

从表6.7可以看出，各地区低碳公路基础设施建设评价旋转后因子载荷矩阵公因子载荷高。第一因子 F1 在一级公路比重、一级公路密度、高速公路密度载荷均在 80% 以上，能够较全面地反映低碳公路建设结构与网络情况。第二因子 F2 在公路里程、高速公路里程、等级公路里程载荷均在 85% 以上，可以在很大程度上代替原有指标反映公路基础设施建设总量情况。

表6.7 　　　　　　低碳公路基础设施建设情况评价因子载荷矩阵

原指标	旋转前		旋转后	
	F1	F2	F1	F2
公路里程	−0.81	0.55	−0.27	0.94
高速公路里程	−0.58	0.72	0.02	0.93
等级公路里程	−0.75	0.64	−0.16	0.97
高速公路所占比重	0.86	0.21	0.79	−0.39
一级公路比重	0.72	0.57	0.92	−0.02
一级公路密度	0.71	0.61	0.94	0.01
高速公路密度	0.81	0.39	0.87	−0.22

2. 各地区低碳公路基础设施建设情况综合评价结果与分析

根据标准化的原始数据，分别计算主因子得分（F1 和 F2），并确定各地区低碳公路基础设施建设情况综合得分（F），相关得分结果如表6.8所示，根据得分结果，评价与比较结果如表6.8所示。

（1）从低碳公路基础设施建设综合得分看。

表6.8　　　　　　　　**2013年各地区公路基本情况评价综合得分**

地区	F1		F2		F	
	得分	排名	得分	排名	得分	排名
江苏	1.90	2	0.95	7	1.45	1
山东	0.77	7	1.76	1	1.24	2
广东	1.10	5	1.37	3	1.23	3
天津	3.06	1	-1.19	25	1.05	4
河北	0.40	8	0.89	8	0.63	5
河南	-0.10	12	1.32	4	0.57	6
四川	-0.51	21	1.66	2	0.51	7
浙江	0.85	6	0.11	16	0.50	8
湖北	-0.27	15	1.04	6	0.35	9
湖南	-0.39	18	1.12	5	0.32	10
山西	0.13	11	0.34	13	0.23	11
上海	1.69	3	-1.66	30	0.10	12
辽宁	0.29	9	-0.12	18	0.10	13
北京	1.33	4	-1.31	27	0.08	14
内蒙古	-0.29	16	0.44	10	0.06	15
安徽	-0.29	17	0.40	11	0.04	16
江西	-0.24	14	0.17	15	-0.05	17
陕西	-0.42	19	0.35	12	-0.06	18
云南	-0.87	27	0.53	9	-0.21	19
黑龙江	-0.58	23	0.18	14	-0.22	20
福建	-0.15	13	-0.44	22	-0.29	21
广西	-0.54	22	-0.40	21	-0.47	22
贵州	-0.79	26	-0.13	19	-0.48	23
新疆	-0.96	29	-0.07	17	-0.54	24
宁夏	0.24	10	-1.45	28	-0.56	25
吉林	-0.49	20	-0.65	24	-0.56	26
重庆	-0.63	25	-0.54	23	-0.59	27

续表

地区	F1		F2		F	
	得分	排名	得分	排名	得分	排名
甘肃	−0.90	28	−0.34	20	−0.63	28
海南	−0.58	24	−1.67	31	−1.10	29
青海	−1.14	30	−1.21	26	−1.17	30
西藏	−1.62	31	−1.46	29	−1.54	31

第一，江苏、山东、广东、天津、河北、河南、四川、浙江、湖北、湖南、山西、上海、辽宁、北京、内蒙古、安徽等16个地区综合得分达到相对平均线以上。

第二，江苏、山东、广东排在前三名，3个地区无论是从低碳公路基础设施建设总量，还是公路基础结构与公路网建设上均具有相对领先优势。

第三，江西、陕西、云南、黑龙江、福建、广西、贵州、新疆、宁夏、吉林、重庆、甘肃、海南、青海、西藏等16个地区综合得分未达到相对平均线。

第四，西藏、青海、海南3个地区得分相对过低，主要原因在于低碳公路基础设施建设总量与公路基础结构和公路网建设得分都相对较低。

第五，分区域看，东北三省除辽宁超过全国平均水平外，吉黑两省在两方面均有较大差距；东部地区山东、江苏、广东、天津、河北、浙江、上海、北京8个地区综合得分超过平均水平，但8个地区的发展情况并不相似；中部地区河南、湖北、湖南、山西、安徽五省综合得分超过平均水平，五省之间差距不小；西部地区只有四川、内蒙古两个地区综合得分超过平均水平。

（2）从低碳公路基础设施建设结构与网络密度分项得分看。

第一，天津、江苏、上海、北京、广东、浙江、山东、河北、辽宁、宁夏、山西等11个地区该项得分达到相对平均线以上。

第二，天津、江苏、上海排在前三名，但各自发展情况不同。天津在高速公路所占比重、一级公路比重、一级公路密度、高速公路密度四项指标均具有明显优势。江苏在一级公路比重、一级公路密度两项指标上有优势。上海在高速公路所占比重、高速公路密度两项指标上有优势。

第三，河南、福建、江西、湖北、内蒙古、安徽、湖南、陕西、吉林、四川、广西、黑龙江、海南、重庆、贵州、云南、甘肃、新疆、青海、西藏等20个地区该项得分未达到相对平均线。

第四，西藏、青海、新疆三个地区该项得分相对过低，主要原因在于高速公路所占比重、一级公路比重、一级公路密度、高速公路密度四项指标均较低。西藏在四个指标上均无统计数字，青海、新疆两个地区的一级公路密度、高速公路密度均过低。

第五，分区域看，东北三省除辽宁超过全国平均水平外，吉黑两省均与全国平均水平有较大差距；东部地区天津、江苏、上海、北京、广东、浙江、山东、河北8个地区综合得分超过平均水平，但8个地区的发展结构差距较大；中部地区只有山西省该项得分超过平均水平；西部地区只有宁夏地区该项得分超过平均水平。

（3）从低碳公路基础设施建设总量得分看。

第一，山东、四川、广东、河南、湖南、湖北、江苏、河北、云南、内蒙古、安徽、陕西、山西、黑龙江、江西、浙江等16个地区得分达到相对平均线以上。

第二，山东、四川、广东排在前三名，山东省在公路里程、等级公路里程上建设总量高，在高速公路里程建设数量上也较高，四川省公路里程建设总量上最高，广东省在高速公路里程建设总量上最高。

第三，新疆、辽宁、贵州、甘肃、广西、福建、重庆、吉林、天津、青海、北京、宁夏、西藏、上海、海南等15个地区该项得分未达到相对平均线。

第四，海南、上海、西藏三个地区得分较低，海南省公路里程、高速公路里程、等级公路里程数量均较少，特别是高速公路里程数量较低；上海市主要是公路里程总量低，但其建设结构与建设密度上明显占优；西藏高速公路里程数量无统计数字，公路里程和等级公路里程数量也较少。

第五，分区域看，东北三省只有黑龙江达到全国平均水平，其公路里程、高速公路里程、等级公路里程数量均处于平均水平，辽宁省由于受公路里程、等级公路里程数量相对较少影响，未达到全国平均水平，吉林省三项指标数据均与全国平均水平有较大差距；东部地区山东、广东、江苏、河北、浙江5省该项得分超过平均水平，5省存在较大差距；中部地区河南、湖南、湖北、安徽、山西、江西6个省该项得分均超过平均水平，但6省特点不一；西部地区只有四川、云南、内蒙古、陕西4个地区该项得分超过平均水平。

用2013年度各地区公路基本情况综合得分数据绘制折线图，具体情况见图6.1，通过图6.1可以看出：

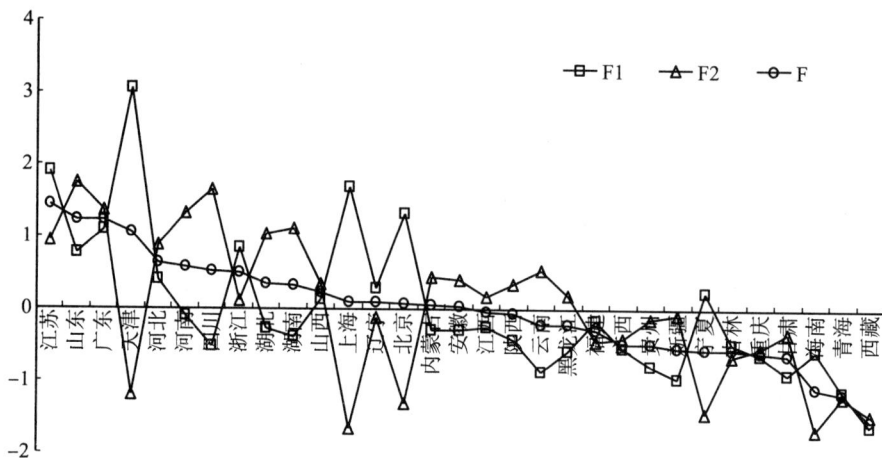

图6.1 2013 年各地区公路基本情况评价综合得分

江苏省综合得分最高，但是其两因子得分均不是最高，其综合得分最高主要是因为其低碳公路基础设施建设结构与网络密度分项得分起了较大作用，同时低碳公路基础设施建设总量得分也较靠前。

天津、上海和北京明显两因子得分差距非常大，均表现为低碳公路基础设施建设结构与网络密度高、低碳公路基础设施建设总量低的明显特征。

（二）各地区低碳公路运输效率综合评价与比较

根据由公路车均旅客周转量、公路车均货物周转量、公路旅客周转量占社会旅客周转量比重、公路货物周转量占社会货物周转量比重、交通运输业增加值占地区生产总值比重、交通运输业固定资产投资占社会总投资比重 6 个指标构成的低碳公路运输效率指标体系，选取我国各地区 2013 年低碳公路运行效率指标体系样本数据，借助 SPSS 统计软件对各地区的低碳公路运行效率指标数据进行因子分析。定量分析从因子确定开始，计算因子得分及综合得分，并对因子分析结果进行深入分析。

1. 因子确定及分析

通过 SPSS 软件可以得到公因子方差、累计方差贡献率和旋转后因子载荷系数矩阵。利用 2013 年各省市相关样本数据进行因子分析，结果见表 6.9、表 6.10 和表 6.11。

表 6.9　　　　　低碳公路运行效率综合评价的公因子方差

原指标	初始信息	提取信息
公路车均旅客周转量	1	0.93
公路车均货物周转量	1	0.87
公路旅客周转量占社会旅客周转量比重	1	0.87
公路货物周转量占社会货物周转量比重	1	0.94
交通运输业增加值占地区生产总值比重	1	0.98
交通运输业固定资产投资占社会总投资比重	1	0.85

从表 6.9 可以看出，公因子方差贡献均较大，本次因子分析中从原始变量中提取的信息足够多，各项指标的信息提取量均较大，尤其是公路车均旅客周转量、公路货物周转量占社会货物周转量比重、交通运输业增加值占地区生产总值比重原指标信息提取均超过了 90%，其他所有原指标信息提取均达到 85%，根据因子分析提取的信息情况，我们认为采用因子分析能够较好地综合反映原指标基本信息情况。

从表 6.10 可以看出，提取四个主因子后，总体方差解释的累计贡献率达到 90.71%，具有较强的解释能力，因此根据因子确定的原则，选取前四个主因子来综合反映原始的 7 个指标的大部分信息。这四个主因子可以比较全面地反映我国各地区低碳公路运输效率综合发展情况。

表 6.10　　　　　低碳公路运行效率综合评价的解释总方差

成分	初始特征值			旋转后提取平方和		
	合计	方差的百分比（%）	累积百分比（%）	合计	方差的百分比（%）	累积百分比（%）
1	2.10	35.04	35.04	1.67	27.79	27.79
2	1.20	19.97	55.00	1.38	22.97	50.76
3	1.14	19.05	74.05	1.33	22.23	72.99
4	1.00	16.67	90.71	1.06	17.73	90.71
5	0.32	5.29	96.01			
6	0.24	3.99	100.00			

表 6.11　　　　　　低碳公路运行效率综合评价的旋转后因子载荷矩阵ª

原指标	成分			
	1	2	3	4
公路车均旅客周转量	0.00	0.96	-0.03	-0.01
公路车均货物周转量	-0.44	0.55	0.60	0.12
公路旅客周转量占社会旅客周转量比重	0.88	0.18	-0.13	-0.21
公路货物周转量占社会货物周转量比重	0.01	-0.07	0.97	-0.05
交通运输业增加值占地区生产总值比重	-0.03	0.01	-0.02	0.99
交通运输业固定资产投资占社会总投资比重	0.83	-0.35	0.05	0.19

从表 6.11 可以看出，各地区低碳公路运行效率评价指标旋转后因子载荷矩阵公因子载荷较高。第一因子 F1 在公路旅客周转量占社会旅客周转量比重和交通运输业固定资产投资占社会总投资比重上载荷超过 80%，可以反映各地区公路旅客运输贡献和交通运输相对投入，从而在一定程度上反映各地区公路旅客运输效率和交通运输业投入相对份额；第二因子 F2 在公路车均旅客周转量、公路车均货物周转量上载荷较高，能够较全面表明各地区车均运输效率情况，从而在一定程度上反映出资源的节约情况和低碳公路交通运输效率的地区差别；第三因子 F3 在公路货物周转量占社会货物周转量比重、公路车均货物周转量上载荷较高，主要反映了各地区公路货物运输贡献，从而在一定程度上反映各地区公路货物运输效率；第四因子 F4 在交通运输业增加值占地区生产总值比重上载荷达到 99%，另外在交通运输业固定资产投资占社会总投资比重上载荷为 19%，可以反映各地区公路交通运输业在地区经济发展中的作用，从而间接反映低碳公路交通运输业的地方经济发展中的作用。

2. 各地区低碳公路运行效率综合评价结果与分析

对原始数据进行标准化处理，计算四个主因子得分，并以四个因子贡献率为权重，求得我国各地区的低碳公路运行效率指标综合得分及排名，相关得分及排名结果见表 6.12，根据综合得分结果进行对比分析。

（1）从低碳公路运行效率综合得分看。

第一，贵州、广东、西藏、安徽、重庆、内蒙古、广西、福建、宁夏、湖南、江西、河北、海南、山东、山西、四川、云南等 17 个地区综合得分达到相对平均线以上。

表6.12　　　　　　　2013年各地区低碳公路运输效率因子得分及综合得分

地区	F1		F2		F3		F4		F	
	得分	排名	得分	排名	得分	排名	得分	排名	得分	排名
贵州	1.58	2	-0.06	16	0.18	15	3.06	1	1.11	1
广东	1.41	4	2.39	2	-0.56	22	-0.38	20	0.83	2
西藏	2.64	1	-1.49	30	1.85	1	-0.41	21	0.81	3
安徽	-0.56	21	2.49	1	1.34	3	-0.51	23	0.69	4
重庆	1.13	6	0.94	5	-0.67	23	0.19	8	0.45	5
内蒙古	-0.08	16	0.24	12	0.17	16	1.88	3	0.45	6
广西	0.77	8	0.29	11	0.46	13	-0.09	13	0.40	7
福建	0.69	9	0.88	6	-0.87	25	0.49	6	0.31	8
宁夏	-0.17	17	-0.26	18	0.46	12	1.47	4	0.28	9
湖南	-0.46	19	0.45	9	1.00	5	0.02	9	0.22	10
江西	-1.48	31	0.83	7	1.77	2	-0.06	11	0.18	11
河北	-1.02	27	-0.77	24	0.83	7	2.37	2	0.16	12
海南	1.26	5	0.43	10	-1.50	29	-0.13	14	0.10	13
山东	-0.54	20	0.56	8	1.01	4	-0.73	29	0.08	14
山西	0.05	13	0.03	15	-0.47	21	0.83	5	0.07	15
四川	0.95	7	-0.42	19	0.48	11	-1.24	30	0.06	16
云南	1.44	3	-1.14	29	0.91	6	-1.67	31	0.05	17
河南	-0.84	25	0.15	13	0.61	9	-0.33	18	-0.14	18
浙江	-0.06	14	0.95	4	-1.35	27	-0.63	25	-0.23	19
新疆	0.06	11	-0.79	25	0.06	18	-0.36	19	-0.24	20
江苏	-0.17	18	1.21	3	-1.46	28	-0.68	27	-0.24	21
青海	0.17	10	-0.93	27	0.17	17	-0.47	22	-0.24	22
陕西	-0.86	26	-0.10	17	0.56	10	-0.62	24	-0.27	23
湖北	-0.74	22	-0.54	22	0.36	14	-0.08	12	-0.29	24
吉林	-0.84	24	-0.48	21	0.73	8	-0.71	28	-0.34	25
辽宁	-1.05	28	0.14	14	-0.85	24	0.29	7	-0.44	26
黑龙江	-0.81	23	-0.45	20	-0.18	19	-0.64	26	-0.53	27
甘肃	-1.11	29	-0.70	23	-0.44	20	-0.29	16	-0.68	28
上海	0.06	12	-1.03	28	-1.73	31	-0.32	17	-0.73	29
北京	-0.07	15	-1.87	31	-1.30	26	-0.23	15	-0.86	30
天津	-1.34	30	-0.92	26	-1.56	30	0.01	10	-1.02	31

第二，贵州、广东、西藏排在前三名，3 个地区均在公路旅客运输贡献和交通运输相对投入上得分较高，其他三个因子得分上 3 个地区差别较大，贵州在公路交通运输业在地区经济发展中的作用上得分高，广东在车均运行效率上得分较高，西藏在货物运输贡献上得分较高。

第三，河南、浙江、新疆、江苏、青海、陕西、湖北、吉林、辽宁、黑龙江、甘肃、上海、北京、天津等 15 个地区综合得分未达到相对平均线。

第四，天津、北京、上海 3 个地区得分相对过低，主要原因在于车均运行效率与公路货物运输贡献相对较低，天津还表现为公路旅客运输贡献不高和交通运输相对投入不足，上海还表现为低碳公路交通运输业在地区经济发展中的作用不够显著。

第五，分区域看，东北三省此项综合得分均未达到全国平均水平。吉黑两省情况较为相似；东部地区广东、福建、河北、山东、海南 5 个地区综合得分超过平均水平，但 5 个地区的此项综合得分情况存在很大差别，发展情况并不一致；中部地区安徽、湖南、江西、山西 4 省综合得分超过平均水平，安徽、湖南、江西发展有较高相似度，山西公路交通运输业在地区经济发展中的作用发挥较好；西部地区贵州、内蒙古、宁夏 3 个地区达到全国平均水平，主要是公路交通运输业在地区经济发展中的作用得到相对较好发挥，西藏、四川、云南、广西 3 个地区主要是公路旅客运输贡献和交通运输相对投入较高，重庆主要表现为车均运输效率较高。

（2）从低碳公路旅客运输贡献和交通运输相对投入分项得分看。

第一，西藏、贵州、云南、广东、海南、重庆、四川、广西、福建、青海、新疆、上海、山西等 13 个地区该项得分达到相对平均线以上。

第二，西藏、贵州、云南排在前三名，但各自发展情况不同。西藏在交通运输业固定资产投资占社会总投资比重指标上具有明显优势，此项比重不仅体现了地方重视交通运输业发展，更体现了国家对西藏地区经济发展的支持。贵州除在交通运输业固定资产投资占社会总投资比重指标上有优势外，公路旅客周转量占社会旅客周转量比重指标也具有优势，相对来讲贵州公路运输业承担了重要的旅客运输职能，这主要也源于贵州的地理状况，有着地区环境的特殊性。云南在公路旅客周转量占社会旅客周转量比重指标上具有明显优势。从 3 个地区此项得分排在前三来分析，3 个地区均得到了中央财政的大力支持。

第三，浙江、北京、内蒙古、宁夏、江苏、湖南、山东、安徽、湖北、黑龙江、吉林、河南、陕西、河北、辽宁、甘肃、天津、江西等 18 个地区该项得分未达到相对平均线。

第四，江西、天津、甘肃三个地区该项得分相对过低，主要原因在于三个地区交通运输业固定资产投资占社会总投资比重均较低，特别是江西该指标数值最低。天津、甘肃公路旅客周转量占社会旅客周转量比重也较低，说明两个地区公路旅客运输贡献较低。

第五，分区域看，东北三省均未达到全国平均水平，东北老工业基地振兴发展过程中，低碳公路交通运输业的发展需要得到关注；东部地区广东、海南、福建、上海4个地区综合得分超过平均水平，但各地区情况差距较大，海南和广东主要是公路旅客周转量占社会旅客周转量比重较高；中部地区只有山西省该项得分超过平均水平；西部地区西藏、贵州、云南、重庆、四川、广西、青海、新疆8个地区该项得分超过平均水平，既有国家支持，也有地区政策和地区环境特殊性影响。

（3）从低碳公路车均运输效率分项得分看。

第一，安徽、广东、江苏、浙江、重庆、福建、江西、山东、湖南、海南、广西、内蒙古、河南、辽宁、山西等15个地区得分达到相对平均线以上。

第二，安徽、广东、江苏排在前三名，安徽省公路车均货物周转量明显高于其他地区，公路车均旅客周转量也比较高；广东省公路车均旅客周转量明显高于其他地区；江苏省高速公路车均旅客周转量较高。

第三，贵州、陕西、宁夏、四川、黑龙江、吉林、湖北、甘肃、河北、新疆、天津、青海、上海、云南、西藏、北京等16个地区该项得分未达到相对平均线。

第四，北京、西藏、云南3个地区得分较低，北京市公路车均货物周转量、公路车均旅客周转量两项指标数据均明显低于其他地区；西藏地区公路车均旅客周转量相对较低；云南省公路车均货物周转量相对较低。

第五，分区域看，东北三省只有辽宁省达到全国平均水平，其车均旅客周转量相对较高，黑龙江省公路车均货物周转量相对较低，吉林省车均旅客周转量相对较低；东部地区广东、江苏、浙江、福建、山东、海南6省该项得分超过平均水平，但6个地区有较大差距，各有特点；中部地区安徽、江西、湖南、河南、山西5个省该项得分超过平均水平，但5省情况不一，安徽省与湖南省有一定相似性；西部地区只有重庆、广西、内蒙古3个地区该项得分超过平均水平。

（4）从低碳公路货物运输贡献分项得分看。

第一，西藏、江西、安徽、山东、湖南、云南、河北、吉林、河南、陕西、四川、宁夏、广西、湖北、贵州、内蒙古、青海、新疆等18个地区得分达到相对平均线以上。

第二，西藏、江西、安徽排在前三名，西藏地区公路货物周转量占社会货物周转量比重明显高于其他地区，说明地区公路交通货物运输贡献相对较大；江西省公路货物周转量占社会货物周转量比重较高，公路车均货物周转量也较高；安徽省公路车均货物周转量明显高于其他地区。

第三，黑龙江、甘肃、山西、广东、重庆、辽宁、福建、北京、浙江、江苏、海南、天津、上海等13个地区该项得分未达到相对平均线。

第四，上海、天津、海南3个地区得分较低，上海市公路货物周转量占社会货物周转量比重明显低于其他地区，说明公路运输业在该地区相对贡献较低；天津市和海南省公路货物周转量占社会货物周转量比重、公路车均货物周转量均相对较低。

第五，分区域看，东北三省只有吉林省达到全国平均水平，其公路货物周转量占社会货物周转量比重相对较高，黑龙江省公路车均货物周转量相对较低，辽宁省公路货物周转量占社会货物周转量比重相对较低；东部地区只有山东、河北两省该项得分超过平均水平，山东省公路货物周转量占社会货物周转量比重相对较高，河北省公路车均货物周转量和公路货物周转量占社会货物周转量比重均处于平均水平以上；中部地区江西、安徽、湖南、河南、湖北5个省该项得分超过平均水平，5个地区中有4个地区公路货物周转量占社会货物周转量比重相对较高；西部地区西藏、云南、陕西、四川、宁夏、广西、贵州、内蒙古、青海、新疆10个地区该项得分均超过平均水平，其中5个地区公路货物周转量占社会货物周转量的比重超过50%。

（5）从低碳公路交通运输业在地区经济发展中的作用分项得分看。

第一，贵州、河北、内蒙古、宁夏、山西、福建、辽宁、重庆、湖南、天津等10个地区该项得分达到相对平均线以上。

第二，贵州、河北、内蒙古排在前三名，但各自发展情况不同。贵州省在交通运输业增加值占地区生产总值比重明显高于其他地区，这与地区自然环境有着密切关系。河北省交通运输业增加值占地区生产总值比重较高，具有相对优势。内蒙古此比重也超过7%。

第三，江西、湖北、广西、海南、北京、甘肃、上海、河南、新疆、广东、西藏、青海、安徽、陕西、浙江、黑龙江、江苏、吉林、山东、四川、云南等 21 个地区该项得分未达到相对平均线。

第四，云南、四川、山东 3 个地区该项得分相对过低，云南、四川交通运输业增加值占地区生产总值比重未达到 3%，山东交通运输业增加值占地区生产总值比重未达到 4%。

第五，分区域看，东北三省除辽宁省外，吉黑两省均未达到全国平均水平，低碳公路交通运输业在地区经济发展中的作用发挥不明显；东部地区河北、福建、天津 3 个地区综合得分超过平均水平，但各地区该比重差距较大；中部地区山西、湖南该项得分超过平均水平；西部地区贵州、内蒙古、宁夏、重庆 4 个地区该项得分超过平均水平，其低碳公路交通运输业在地区经济发展中的作用发挥较好。

（三）各地区低碳公路运输压力综合评价与比较

根据由公路运输碳排放量、公路营运载客汽车客位、能源消费量、单位公路里程公路营运载客汽车客位、单位公路里程公路营运普通载货汽车吨位 5 个指标构成的低碳公路运输压力综合指标体系，选取我国各地区 2013 年样本数据，对各地区低碳公路压力进行综合分析。

1. 因子确定及分析

考虑压力大对本地区低碳公路运输业发展有反向作用，本部分将所有压力指标数据取倒数处理，使得最终压力最大的地区排在最后，运用 SPSS 软件测算分析，得到公因子方差、方差分解表和因子载荷矩阵，主要过程见表 6.13、表 6.14 和表 6.15。最后求得我国各地区的低碳公路压力综合得分，并对综合得分进行对比分析。

表 6.13　　　　　　　2013 年各地区低碳公路压力综合评价的公因子方差

原指标	初始信息	提取信息
公路运输碳排放量	1	0.96
公路营运载客汽车客位	1	0.90
能源消费量	1	0.90
单位公路里程公路营运载客汽车客位	1	0.89
单位公路里程公路营运普通载货汽车吨位	1	0.90

从表 6.13 可以看出，公因子方差贡献均较大，本次因子分析中从原始变量中提取的信息足够多，各项指标的信息提取量均较大，尤其是公路运输碳排

放量、公路营运载客汽车客位、能源消费量、单位公路里程公路营运普通载货汽车吨位原指标信息提取均达到或超过了90%，其他所有原指标信息提取也超过85%，根据因子分析提取的信息情况，我们认为因子分析能够较好地综合反映原指标基本情况。

表6.14 2013年各地区低碳公路压力综合评价的解释的总方差

成分	初始特征值			提取平方和载入		
	合计	方差的百分比（%）	累积百分比（%）	合计	方差的百分比（%）	累积百分比（%）
1	2.87	57.34	57.34	2.27	45.46	45.46
2	1.59	31.83	89.17	2.19	43.71	89.17
3	0.35	7.08	96.25			
4	0.13	2.53	98.78			
5	0.06	1.22	100.00			

表6.15 2013年各地区低碳公路压力综合评价因子载荷矩阵

原指标	旋转前		旋转后	
	F1	F2	F1	F2
公路运输碳排放量	0.754	0.625	0.125	0.971
公路营运载客汽车客位	0.942	-0.088	0.749	0.579
能源消费量	0.666	0.678	0.024	0.951
单位公路里程公路营运载客汽车客位	0.733	-0.596	0.943	0.065
单位公路里程公路营运普通载货汽车吨位	0.655	-0.615	0.899	-0.003

从表6.14可以看出，提取两个主因子后，总体方差解释的累计贡献率达到89.17%，因此根据因子确定的原则，选取前两个主因子来综合反映原始的5个指标的大部分信息。这两个主因子可以综合反映我国各地区低碳公路压力情况。

从表6.15可以看出，各地区低碳公路压力指标旋转后因子载荷矩阵公因子载荷较高。第一因子F1在单位公路里程公路营运载客汽车客位、单位公路里程公路营运普通载货汽车吨位载荷超过85%，在公路营运载客汽车客位载荷超过75%，可以反映各地区公路运输基础设施与设备压力；第二因子F2在公路运输碳排放量、能源消费量上载荷超过95%，能够反映各地区环境承压情况。

2. 各地区低碳公路运输压力综合评价结果与分析

根据标准化的原始数据，分别计算主因子得分（F1 和 F2），并确定各地区低碳公路压力综合得分（F），相关得分结果如表 6.16 所示，根据得分结果，评价与比较结果如下。

表 6.16   **2013 年各地区低碳公路压力综合得分**

地区	F1		F2		F	
	得分	排名	得分	排名	得分	排名
青海	3.04	2	2.30	2	2.72	1
海南	-0.37	19	3.81	1	1.76	2
西藏	3.58	1	-1.12	31	1.26	3
宁夏	-0.51	24	1.90	3	0.71	4
甘肃	0.29	6	0.05	8	0.17	5
贵州	0.68	3	-0.35	17	0.17	6
江西	0.06	13	-0.02	9	0.02	7
内蒙古	0.46	4	-0.47	23	0.00	8
天津	-0.90	29	0.80	4	-0.05	9
吉林	-0.31	18	0.17	6	-0.07	10
陕西	0.12	10	-0.27	14	-0.08	11
重庆	-0.01	15	-0.14	11	-0.08	12
福建	0.09	12	-0.27	13	-0.09	13
山西	0.19	7	-0.42	19	-0.11	14
四川	0.17	8	-0.43	20	-0.13	15
云南	0.10	11	-0.37	18	-0.14	16
新疆	0.01	14	-0.28	16	-0.14	17
黑龙江	-0.05	16	-0.24	12	-0.15	18
湖北	0.36	5	-0.68	29	-0.16	19
湖南	0.15	9	-0.58	27	-0.22	20
北京	-1.19	31	0.65	5	-0.27	21
安徽	-0.45	21	-0.28	15	-0.37	22
广西	-0.68	26	-0.06	10	-0.38	23
河北	-0.40	20	-0.47	22	-0.44	24
山东	-0.23	17	-0.69	30	-0.47	25

续表

地区	F1		F2		F	
	得分	排名	得分	排名	得分	排名
浙江	−0.50	22	−0.47	24	−0.49	26
上海	−1.19	30	0.16	7	−0.52	27
河南	−0.51	23	−0.54	25	−0.54	28
辽宁	−0.69	27	−0.46	21	−0.59	29
广东	−0.55	25	−0.66	28	−0.62	30
江苏	−0.77	28	−0.57	26	−0.68	31

（1）从低碳公路运输压力综合得分看。

第一，青海、海南、西藏、宁夏、甘肃、贵州、江西、内蒙古等8个地区综合得分达到相对平均线以上，此8个地区低碳公路运输综合压力小。

第二，青海、海南、西藏排在前三名，青海公路运输基础设施与设备压力和各地区环境承压均较低。海南环境承压均最低，公路运输基础设施与设备压力居中。西藏公路运输基础设施与设备压力最低，环境承压数据未统计，所以忽略此项结果。

第三，天津、吉林、陕西、重庆、福建、山西、四川、云南、新疆、黑龙江、湖北、湖南、北京、安徽、广西、河北、山东、浙江、上海、河南、辽宁、广东、江苏等23个地区低碳公路运行综合压力高于平均水平。

第四，江苏、广东、辽宁3个地区得分相对综合压力过高，主要原因在于3个地区的公路运输基础设施与设备压力和各地区环境承压均较高。

第五，分区域看，东北三省低碳公路运输综合压力均大于全国平均水平。吉林省公路运输基础设施与设备压力较高，环境承压较低，黑龙江省运输基础设施与设备压力和环境承压均在中等水平；东部地区只有海南省低碳公路运输综合压力小于全国平均水平，各地区情况不一；中部地区也只有江西省低碳公路运输综合压力小于全国平均水平；西部地区青海、西藏、宁夏、甘肃、贵州、内蒙古6个地区低碳公路运输综合压力小于全国平均水平，但各地区发展情况有很大差异。

（2）从低碳公路运输基础设施与设备压力分项得分看。

第一，西藏、青海、贵州、内蒙古、湖北、甘肃、山西、四川、湖南、陕西、云南、福建、江西、新疆等14个地区低碳公路运输基础设施与设备压力相对较低。

第二，西藏、青海、贵州排在前三名，西藏自治区单位公路里程公路营运普通载货汽车吨位最低，青海省公路营运载客汽车客位、单位公路里程公路营运载客汽车客位均最低，贵州省三项指标值均处于相对较低水平。

第三，重庆、黑龙江、山东、吉林、海南、河北、安徽、浙江、河南、宁夏、广东、广西、辽宁、江苏、天津、上海、北京等17个地区低碳公路运输基础设施与设备压力相对较高。

第四，北京、上海、天津3个地区低碳公路运输基础设施与设备压力相对最高，北京市公路营运载客汽车客位、单位公路里程公路营运载客汽车客位、单公路里程公路营运普通载货汽车吨位指标值均相对较高，上海市单位公路里程公路营运载客汽车客位最高，天津市单位公路里程公路营运载客汽车客位、单位公路里程公路营运普通载货汽车吨位指标值均最高，第三项指标值也相对较高。

第五，分区域看，东北三省低碳公路运输基础设施与设备压力均较高，与经济发展水平呈现出一定关联性；东部地区只有福建省低碳公路运输基础设施与设备压力相对较低；中部地区湖北、山西、湖南、江西4个省低碳公路运输基础设施与设备压力相对较低，但四省各有特点；西部地区西藏、青海、贵州、内蒙古、甘肃、四川、陕西、云南、新疆9个地区低碳公路运输基础设施与设备压力相对较低，总体建设潜力较大。

（3）从低碳公路运输环境承压分项得分看。

第一，海南、青海、宁夏、天津、北京、吉林、上海、甘肃等8个地区低碳公路运输环境承压相对较低。

第二，海南、青海、宁夏相对低碳公路运输环境承压最低。海南省公路运输碳排放量、能源消费量均最低。青海省和宁夏回族自治区公路运输碳排放量较低，能源消费量也处于较低水平。

第三，江西、广西、重庆、黑龙江、福建、陕西、安徽、新疆、贵州、云南、山西、四川、辽宁、河北、内蒙古、浙江、河南、江苏、湖南、广东、湖北、山东等12个地区低碳公路运输环境承压相对高于平均水平。

第四，山东、湖北、广东3个地区低碳公路运输环境承压相对最高。3个地区相对环境承压值非常接近，山东省能源消费量最高，湖北省公路运输碳排放量和能源消费量较高，广东省公路运输碳排放量最高。

第五，分区域看，东北三省只有吉林省低碳公路运输环境承压较低；东部地区海南、天津、北京、上海 4 个地区环境承压较低，但天津、北京、上海受周边地区环境承压的影响；各地区情况差距较大，海南和广东主要是公路旅客周转量占社会旅客周转量比重较高；中部地区 6 省环境承压均超过平均水平；西部地区有青海、宁夏、甘肃 3 个地区环境承压相对较低。

（四）各地区低碳公路运输业综合发展水平评价

根据各地区低碳公路基础设施建设、低碳公路运输效率方面和低碳公路运输压力三个方面综合得分，对低碳公路运输业综合发展情况进行综合分析。

1. 因子确定及分析

根据数据结果，确定三个公因子方差、方差分解表和因子载荷矩阵，主要过程见表 6.17、表 6.18 和表 6.19。求得各地区低碳公路运输业发展综合得分，并对结果进行对比分析。

表 6.17　　　　　2013 年各地区低碳公路运输业综合发展评价公因子方差

原指标	初始信息	提取信息
低碳公路基础设施建设方面	1	1.00
低碳公路运输效率方面	1	1.00
低碳公路运输压力方面	1	1.00

表 6.18　　　　　2013 年各地区低碳公路运输业综合发展评价解释总方差

成分	初始特征值			提取平方和载入		
	合计	方差的百分比（％）	累积百分比（％）	合计	方差的百分比（％）	累积百分比（％）
1	2.06	68.58	68.58	1.99	66.41	66.41
2	0.94	31.42	100.00	1.01	33.59	100.00
3	0.00	0.00	100.00			

表 6.19　　　　　2013 年各地区低碳公路运输业综合发展评价因子载荷矩阵

原指标	旋转前		旋转后	
	F1	F2	F1	F2
低碳公路基础设施建设方面	−0.33	0.95	−0.09	1.00
低碳公路运输效率方面	0.99	0.16	1.00	−0.09
低碳公路运输压力方面	0.99	0.16	1.00	−0.09

从表 6.17 可以看出，由于抽取了全部公因子，所以所有公因子提取了原始指标的全部信息，因子分析可以全面反映情况。

从表 6.18 可以看出，提取两个主因子后，总体方差解释的累计贡献率达到 100%，反映了原指标全部信息，因此根据因子确定的原则，选取前两个主因子来综合反映原始的 3 个指标的信息。这两个主因子可以综合反映我国各地区低碳公路运输业发展整体情况。

从表 6.19 可以看出，各地区低碳公路压力指标旋转后因子载荷矩阵公因子载荷较高。第一因子 F1 在低碳公路基础设施建设方面载荷为 100%，反映低碳公路运输基础设施状况；第二因子 F2 在低碳公路运输效率方面、低碳公路运输压力方面上载荷均为 100%，反映低碳公路运输效果。

2. 各地区低碳公路运输发展综合评价结果与分析

根据标准化的原始数据，分别计算主因子得分（低碳公路运输基础设施状况得分 F1 和低碳公路运输效果得分 F2），并确定各地区低碳公路运输发展综合得分（F），相关得分结果如表 6.20 所示，根据得分结果，评价与比较结果如下。

表 6.20　　　　2013 年各地区低碳公路运输业综合发展评价综合得分

地区	F1		F2		F	
	得分	排名	得分	排名	得分	排名
广东	1.75	2	1.92	2	1.81	1
贵州	2.09	1	−0.51	22	1.21	2
安徽	1.32	4	0.17	12	0.94	3
山东	0.27	13	1.81	3	0.79	4
内蒙古	0.85	5	0.16	13	0.62	5
河北	0.35	11	0.94	5	0.55	6
江苏	−0.33	19	2.06	1	0.47	7
湖南	0.43	10	0.50	9	0.45	8
四川	0.14	14	0.75	7	0.34	9
广西	0.69	7	−0.62	23	0.25	10
重庆	0.77	6	−0.78	25	0.25	11
福建	0.53	8	−0.37	20	0.23	12
山西	0.12	15	0.34	11	0.20	13
西藏	1.36	3	−2.10	31	0.20	14

续表

地区	F1		F2		F	
	得分	排名	得分	排名	得分	排名
江西	0.31	12	−0.05	17	0.19	15
河南	−0.25	18	0.80	6	0.10	16
宁夏	0.44	9	−0.77	24	0.03	17
浙江	−0.43	20	0.68	8	−0.06	18
云南	0.03	16	−0.30	19	−0.08	19
湖北	−0.57	21	0.45	10	−0.23	20
陕西	−0.58	22	−0.14	18	−0.43	21
海南	0.01	17	−1.59	29	−0.52	22
辽宁	−0.90	26	0.06	14	−0.57	23
新疆	−0.58	23	−0.83	26	−0.67	24
吉林	−0.78	25	−0.88	27	−0.82	25
天津	−1.92	31	1.34	4	−0.82	26
黑龙江	−1.12	27	−0.42	21	−0.88	27
上海	−1.47	29	0.01	15	−0.97	28
青海	−0.67	24	−1.75	30	−1.03	29
北京	−1.73	30	−0.04	16	−1.16	30
甘肃	−1.46	28	−1.04	28	−1.32	31

第一，广东、贵州、安徽、山东、内蒙古、河北、江苏、湖南、四川、广西、重庆、福建、山西、西藏、江西、河南、宁夏等17个地区综合得分达到相对平均线以上，低碳公路运输发展较好。

第二，广东、贵州、安徽排在前三名，广东省低碳公路运输基础设施状况和低碳公路运输效果均较好，贵州省主要靠低碳公路运输基础设施得分，安徽省则在两个方面发展相对比较均衡。

第三，浙江、云南、湖北、陕西、海南、辽宁、新疆、吉林、天津、黑龙江、上海、青海、北京、甘肃等14个地区综合得分未达到相对平均线。

第四，甘肃、北京、青海3个地区综合得分相对过低，甘肃省在低碳公路运输基础设施状况和低碳公路运输效果均得分较低，北京市主要是受地域影响，基础设施总量不足，青海省主要是低碳公路运输效果不好，低碳公路运输基础设施状况也不是很好。

第五，分区域看，东北三省综合得分均未均超过平均水平，三省在低碳公路运输基础设施状况和低碳公路运输效果两方面均不理想，但各有特点；东部地区广东、山东、河北、江苏、福建5省综合得分超过平均水平，但差距也很明显；中部地区安徽、湖南、山西、江西、河南5省综合得分超过平均水平，地区环境相似度比较高，但发展存在差距；西部地区贵州、内蒙古、四川、广西、重庆、西藏、宁夏7个地区综合得分超过平均水平，主要低碳公路运输基础设施建设得分，还需要更多地注重效率提高。

第二节　中国各地区低碳公路运输业协调发展状况分析

事物内部各系统发展和谐一致、配合得当会促进整体的发展，在上一节我们从三个低碳公路运输子系统发展比较分析了各地区低碳公路运输综合发展情况，但从分析结果中，我们发现存在着三个子系统发展不一致的情况，即不能达到和谐一致、配合得当状态，因此我们想要通过分析测度各地区低碳公路基础设施建设子系统、低碳公路运输效率子系统和低碳公路运输压力子系统三者的协调程度及协调发展关系，从而掌握各地区低碳公路运输业协调发展所处的阶段，为各地区未来侧重发展方向的决策提供依据。

一、两个子系统协调程度分析

（一）协调程度分析指标选择与测算公式

本书采用协调度指标来度量协调程度，协调度是度量系统或系统内部要素之间在发展过程中彼此和谐一致的程度，体现了系统由无序走向有序的趋势，是协调状况好坏程度的定量指标。[①] 本书用 C 表示协调度，则 x 与 y 的协调度可采用如下计算公式：

$$C = \left(\frac{2xy}{x+y} \right)^{\frac{1}{2}}$$

（二）测算结果与分析

我们采用上一节中低碳公路基础设施建设子系统、低碳公路运输效率子系

---

① 协调度［EB/OL］. http：//baike. baidu. com/link？url = h6fuoQmooUGZ9qJ5SRYp_sqm0UU5AZ HLTzbxyMZK_jf8yHon1CrPORnq7Y82UWaBHgTruqcezZNCzLoArbahTa.

统和低碳公路运输压力子系统的三个因子分析综合得分作为指标样本值，并根据数据要求对原指标数值做正向化处理，正向化处理后指标分别用变量名 F_{11}、F_{22} 和 F_{33} 表示，则 F_{11}、F_{22} 和 F_{33} 两两协调度测算结果分别表示为 C_{12}、C_{23}、C_{13}，具体结果见表 6.21。

由表 6.21 中 C_{12}、C_{23}、C_{13} 数值可以看出：大多数协调度数值比较高，说明协调关系较好。

表 6.21　　　　　　　　　　　两子系统协调度测算结果

地区	C_{12}	C_{23}	C_{13}	地区	C_{12}	C_{23}	C_{13}
广东	0.9995	0.2794	0.2709	湖北	0.9549	0.9238	0.7921
青海	0.8690	0.8859	0.6261	河南	0.9652	0.5742	0.4565
山东	0.9583	0.6178	0.4834	福建	0.9802	0.8251	0.9106
海南	0.8267	0.9880	0.7516	浙江	0.9553	0.6747	0.5291
江苏	0.8859	0.0000	0.0000	重庆	0.9292	0.8054	0.9583
贵州	0.8792	0.8000	0.9849	云南	0.9982	0.8544	0.8806
四川	0.9887	0.8564	0.7860	陕西	0.9857	0.9432	0.8803
内蒙古	0.9920	0.8331	0.8886	广西	0.9535	0.6426	0.7967
河北	0.9910	0.6332	0.5685	黑龙江	0.9491	0.9814	0.8783
宁夏	0.9536	0.9803	0.9939	辽宁	0.9417	0.5683	0.4191
西藏	0.0000	0.9794	0.0000	新疆	0.9990	0.9187	0.9345
湖南	0.9995	0.7823	0.7661	北京	0.6540	0.9726	0.7718
安徽	0.9785	0.6053	0.7085	吉林	0.9999	0.9599	0.9563
山西	0.9974	0.8623	0.8294	上海	0.7983	0.8738	0.5395
天津	0.0000	0.0000	0.7620	甘肃	0.9501	0.9754	0.9952
江西	0.9981	0.8855	0.9097				

低碳公路基础设施建设方面与低碳公路运输效率方面存在较强协调关系的地区如广东、内蒙古、河北、湖南、山西、江西、云南、吉林、新疆，其协调度达到 99%；

低碳公路运输效率方面和低碳公路运输压力方面存在较强协调关系的地区如甘肃、宁夏、贵州、重庆、江西、吉林，其协调度达到 95%；

低碳公路基础设施建设方面与低碳公路运输压力方面存在较强协调关系的地区如宁夏、贵州、黑龙江，其协调度达到 98%。

二、两个子系统协调发展情况分析

（一）协调发展情况分析指标选择与测算公式

现在我们把"协调"作为发展的核心，协调既是发展的手段，又是发展的目标，还是评价发展的标准和尺度，协调和发展是合一的。[①] 虽然协调度指标数值高能够表明二者存在较强协调性关系，但不能体现出二者的发展，也就是说协调度高并不能说明发展的好坏，所以我们不仅希望协调度高，还需要在协调度高的情况下能有所发展，本部分采用协调发展度来综合反映协调关系与发展阶段，本书用 D 表示协调发展度，比如要确定 x 与 y 的协调发展度可采用如下公式计算：

$$D = （CT）^{\frac{1}{2}}$$

其中：$T = \beta_1 x + \beta_2 y$，

β 为权重，本部分采用相同比例权重。协调发展度具体等级的确定可参照表 6.22 比较判断。

表 6.22 协调发展等级

协调发展度 D	协调等级	协调发展度 D	协调等级
0.00 ~ 0.09	极度失调	0.50 ~ 0.59	勉强协调
0.10 ~ 0.19	严重失调	0.60 ~ 0.69	初级协调
0.20 ~ 0.29	中度失调	0.70 ~ 0.79	中级协调
0.30 ~ 0.39	轻度失调	0.80 ~ 0.89	良好协调
0.40 ~ 0.49	濒临失调	0.90 ~ 1.00	优质协调

（二）测算结果与分析

根据协调度数据计算协调发展度，分别表示为 D_{12}、D_{23}、D_{13}，具体计算结果如表 6.23、表 6.24、表 6.25 所示。

---

① 协调发展 ［EB/OL］. http：//baike. so. com/doc/1122282 – 1187342. html.

表 6.23 各地区 F_{11} 与 F_{22} 协调发展度计算结果

地区	C_{12}	D_{12}	地区	C_{12}	D_{12}
广东	0.999	0.947	重庆	0.929	0.684
山东	0.958	0.832	湖北	0.955	0.682
安徽	0.979	0.807	宁夏	0.954	0.669
河北	0.991	0.796	陕西	0.986	0.646
内蒙古	0.992	0.780	辽宁	0.942	0.622
江苏	0.886	0.778	新疆	0.999	0.592
湖南	0.999	0.776	吉林	1.000	0.569
贵州	0.879	0.772	黑龙江	0.949	0.565
四川	0.989	0.768	海南	0.827	0.527
山西	0.997	0.742	上海	0.798	0.523
河南	0.965	0.735	甘肃	0.950	0.469
江西	0.998	0.728	青海	0.869	0.461
福建	0.980	0.715	北京	0.654	0.449
浙江	0.955	0.709	西藏	0.000	0.000
广西	0.953	0.699	天津	0.000	0.000
云南	0.998	0.688			

由表 6.23 测算结果可以看出,虽然各地区低碳公路基础设施建设方面与低碳公路运输效率方面普遍存在较强协调关系,但达到优质协调的地区只有广东省,达到良好协调的地区只有山东省和安徽省,达到中级协调的地区有河北、内蒙古、江苏、湖南、贵州、四川、山西、河南、江西、福建、浙江,达到初级协调的地区有广西、云南、重庆、湖北、宁夏、陕西、辽宁,其他地区处于不同程度的勉强协调、濒临失调等不协调状态。

表 6.24 各地区 F_{11} 与 F_{33} 协调发展度计算结果

地区	C_{13}	D_{13}	地区	C_{13}	D_{13}
天津	0.762	0.633	北京	0.772	0.506
宁夏	0.994	0.605	吉林	0.956	0.492
青海	0.626	0.593	山东	0.483	0.490
四川	0.786	0.577	重庆	0.958	0.487
内蒙古	0.889	0.571	新疆	0.934	0.480

地区	C_{13}	D_{13}	地区	C_{13}	D_{13}
海南	0.752	0.570	河北	0.568	0.476
江西	0.910	0.566	安徽	0.709	0.469
山西	0.829	0.561	浙江	0.529	0.442
湖北	0.792	0.558	广西	0.797	0.422
贵州	0.985	0.546	河南	0.456	0.413
陕西	0.880	0.544	上海	0.540	0.401
湖南	0.766	0.539	广东	0.271	0.358
甘肃	0.995	0.525	辽宁	0.419	0.347
福建	0.911	0.519	江苏	0.000	0.000
云南	0.881	0.516	西藏	0.000	0.000
黑龙江	0.878	0.512			

表 6.25 　　　　　　　　　各地区 F_{22} 与 F_{33} 协调发展度计算结果

地区	C_{23}	D_{23}	地区	C_{23}	D_{23}
西藏	0.979	0.837	新疆	0.919	0.491
海南	0.988	0.784	吉林	0.960	0.489
青海	0.886	0.778	湖北	0.924	0.478
贵州	0.800	0.707	甘肃	0.975	0.447
宁夏	0.980	0.707	河北	0.633	0.445
内蒙古	0.833	0.608	黑龙江	0.981	0.435
重庆	0.805	0.591	山东	0.618	0.423
江西	0.885	0.584	浙江	0.675	0.379
福建	0.825	0.574	河南	0.574	0.361
山西	0.862	0.541	广东	0.279	0.352
四川	0.856	0.535	北京	0.973	0.309
云南	0.854	0.531	辽宁	0.568	0.291
湖南	0.782	0.530	上海	0.874	0.283
安徽	0.605	0.520	江苏	0.000	0.000
陕西	0.943	0.499	天津	0.000	0.000
广西	0.643	0.492			

由表 6.24 测算结果可以看出，虽然有 1/3 以上的地区低碳公路基础设施建设方面与低碳公路运输压力方面存在较强协调关系，但没有达到优质协调的地区，也没有达到良好协调和中级协调的地区，只有天津、宁夏达到初级协调，有近半数处于勉强协调状态，有 10 个地区处于濒临失调状态，其他地区处于极度失调状态。

由表 6.25 测算结果可以看出，虽然有 1/3 以上的地区低碳公路运输效率方面和低碳公路运输压力方面存在较强协调关系，但没有达到优质协调的地区，只有西藏自治区达到良好协调状态，海南、青海、贵州、宁夏四个地区达到中级协调状态，只有内蒙古自治区达到初级协调状态，超过半数地区处于勉强协调濒临失调、濒临失调到极度失调状态。

三、三个子系统协调度与协调发展度分析

（一）协调度与协调发展度的测算公式

多个子系统协调度与协调发展度的测算原理与二个子系统协调度与协调发展度测算原理一致，协调度仍用 C 表示，协调发展度仍用 D 表示，如 x、y 与 z 的协调度和 x、y 与 z 的协调发展度的具体公式分别为：

协调度　　$C = \left(\dfrac{3xyz}{x+y+z} \right)^{\frac{1}{2}}$

协调发展度　　$D = (CT)^{\frac{1}{2}}$，

其中：$T = \beta_1 x + \beta_2 y + \beta_3 z$，$\beta$ 为权重，本部分采用上一节因子分析确定的权重。协调发展度确定的等级仍参照表 6.21 判断。

（二）测算结果与分析

首先计算协调度 C_{123}，然后根据协调度数据计算协调发展度，用 D_{123} 表示，具体计算结果如表 6.26 所示。

从表 6.26 可以看出绝大多数三者协调关系良好以上，但从协调发展度看三者质协调状态不存在，只有广东省和山东省为良好协调状态，江苏、河北、四川、湖南、河南、山西、内蒙古等 7 个地区为中级协调，其他地区均处于初级协调及初级协调以下。

表 6.26　　　　各地区 F_{11}、F_{22} 与 F_{33} 协调度与协调发展度计算结果

地区	C_{123}	D_{123}	地区	C_{123}	D_{123}
广东	0.914	0.841	福建	0.964	0.633
山东	0.909	0.809	云南	0.972	0.630
江苏	0.838	0.782	宁夏	0.988	0.618
河北	0.932	0.743	辽宁	0.894	0.611
四川	0.960	0.740	黑龙江	0.967	0.587
湖南	0.958	0.717	广西	0.927	0.586
河南	0.910	0.707	重庆	0.947	0.584
山西	0.968	0.702	北京	0.859	0.579
内蒙古	0.968	0.701	上海	0.843	0.577
浙江	0.913	0.694	新疆	0.983	0.553
湖北	0.952	0.692	吉林	0.990	0.546
安徽	0.932	0.688	海南	0.954	0.531
天津	0.758	0.675	甘肃	0.989	0.517
江西	0.977	0.672	青海	0.898	0.512
贵州	0.931	0.648	西藏	0.896	0.461
陕西	0.975	0.638			

第三节　中国各地区低碳公路运输业发展影响因素分析

通过本章前面分析，我们发现各地区低碳公路运输业发展存在着较多差异，本部分采用回归分析方法定量研究低碳公路运输业发展的影响因素。低碳公路运输业发展仍然主要从基础设施建设、运输效率和运输压力三个方面研究，分别分析基础设施建设的影响因素、运输效率的影响因素和运输压力的影响因素。

一、低碳公路运输业基础设施建设影响因素分析

（一）指标的选择与变量定义

1. 低碳公路运输业基础设施建设代表性指标的选取

在前面的低碳公路运输业基础设施建设指标体系中选取一个相关并具有代表性的指标，通过前面的分析与实际数据的考查，我们认为一级以上公路里程

（含高速公路里程与一级公路里程）是一个较全面反映地区低碳公路运输业基础设施建设情况，所以选取此指标为低碳公路运输业基础设施建设代表性指标，记为 Y_1。

2. 低碳公路运输业基础设施建设影响因素指标的确定

本书认为低碳公路运输业基础设施建设受到经济、社会、环境等条件制约，考虑数据的可得性与一致性，初步确定 8 个影响指标，即年末常住人口、公路旅客周转量、公路货运周转量、地区生产总值、公路营运汽车拥有量、汽车工业固定资产投资完成额、土地调查面积、交通运输业固定资产投资。

3. 变量说明

低碳公路运输业基础设施建设代表性指标与影响因素指标的变量名及变量说明如表 6.27 所示。

表 6.27 低碳公路运输业基础设施建设指标及其影响指标

指标名称	计量单位	变量名	变量说明
一级以上公路里程	公里	Y_1	基础设施建设代表性指标
年末常住人口	万人	X_{11}	社会影响因素
公路旅客周转量	亿人公里	X_{12}	需求影响因素
公路货运周转量	亿吨公里	X_{13}	需求影响因素
地区生产总值	亿元	X_{14}	经济影响因素
公路营运汽车拥有量	万辆	X_{15}	投入影响因素
汽车工业固定资产投资完成额	亿元	X_{16}	投入影响因素
土地调查面积	万公顷	X_{17}	环境影响因素
交通运输业固定资产投资	亿元	X_{18}	投入影响因素

4. 多元线性回归模型建立

根据各个 X 变量与 Y 变量的各个散点图分析，确定初始回归模型为线性回归模型，其形式如下：

$$Y_1 = \beta_0 + \beta_1 X_{11} + \cdots + \beta_8 X_{18} + \mu$$

（二）样本数据收集

通过中国统计年鉴、国家统计局网站、Wind 数据库、交通统计年鉴、第三产业年鉴收集 2013 年度 9 个指标数据，具体见表 6.28。

表 6.28　　2013 年各地区低碳公路运输业基础设施建设指标及其影响指标数据

地区	Y_1	X_{11}	X_{12}	X_{13}	X_{14}	X_{15}	X_{16}	X_{17}	X_{18}
北京	2 085	2 114.8	136.1	156.2	19 500.56	24.11	27.45	164.11	656.84
天津	2 405	1 472.21	88.6	313.7	14 370.16	16.91	75.33	119.17	603.15
河北	10 435	7 332.61	296.5	6 577.9	28 301.41	134.45	21.08	1 884.34	2 123.59
山西	7 243	3 629.8	196.6	1 278.6	12 665.25	50.29	7.25	1 567.11	956.27
内蒙古	9 658	2 497.61	173.4	1 872.7	16 832.38	41.26	10.28	11 451.21	1 272.29
辽宁	7 411	4 390.00	362.4	2 792.0	27 077.65	79.35	50.55	1 480.64	1 582.39
吉林	4 237	2 751.28	168.7	1 100.0	12 981.46	32.94	115.91	1 911.24	586.66
黑龙江	5 677	3 835.02	216.1	972.9	14 382.93	47.59	14.38	4 526.45	544.79
上海	1 236	2 415.15	119.1	352.4	21 602.12	23.99	130.36	82.39	499.01
江苏	15 726	7 939.49	847.3	1 790.4	59 161.75	77.18	75.92	1 067.42	1 685.87
浙江	9 097	5 498.00	583.0	1 322.1	37 568.49	51.42	81.80	1 053.97	1 454.7
安徽	5 801	6 029.8	734.0	6 544.0	19 038.87	69.56	118.31	1 401.26	830.2
福建	4 622	3 774.00	330.6	821.4	21 759.64	27.49	15.85	1 240.16	1 572.63
江西	5 946	4 522.15	307.7	2 829.0	14 338.50	40.38	19.12	1 668.94	488.87
山东	14 481	9 733.39	520.3	5 494.8	54 684.33	113.76	109.57	1 571.26	2 055.85
河南	7 462	9 413.35	712.4	4 488.0	32 155.86	114.66	43.51	1 655.36	1 201.46
湖北	7 122	5 799.00	415.1	2 046.3	24 668.49	47.00	87.20	1 858.88	1 634.91
湖南	6 153	6 690.60	721.9	2 329.5	24 501.67	46.59	107.76	2 118.55	1 251.2
广东	16 324	10 644.00	1 202.5	3 003.4	62 163.97	98.50	112.74	1 798.13	2 444.35
广西	4 313	4 719.00	415.7	1 857.2	14 378.00	45.27	47.00	2 375.58	1 121.22
海南	1 044	895.28	85.0	75.4	3 146.46	5.98	3.44	353.54	278.68
重庆	2 930	2 970.00	333.3	695.9	12 656.69	27.54	67.67	822.69	1 012.65
四川	8 091	8 107.00	599.2	1 273.1	26 260.77	60.79	43.73	4 840.56	2 131.66
贵州	3 540	3 502.22	377.9	610.6	8 006.79	25.76	0.99	1 761.52	1 019.99
云南	4 203	4 686.60	323.1	922	11 720.91	60.03	19.38	3 831.94	1 135.22
西藏	38	312.04	31.0	81.5	807.67	4.07	0.00	12 020.72	164.98
陕西	5 374	3 764.00	323.1	1 685	16 045.21	37.98	48.99	2 057.95	900.77
甘肃	3 159	2 582.18	212.0	811.2	6 268.01	28.30	0.19	4 040.91	434.16
青海	1 599	577.79	40.3	202.8	2 101.05	8.74	0.46	7 174.81	290.40
宁夏	2 329	654.19	58.3	509.4	2 565.06	14.17	0.03	519.54	154.18
新疆	4 185	2 264.30	319.6	928.5	8 360.24	48.67	0.18	16 648.97	551.60

（三）回归模型进一步确定及其参数估计

由于各个 X_{1j} 变量之间可能存在较强共线性，所以直接采用逐步回归分析方法进行变量筛选，最终确定保留在模型中的变量有 X_{13}、X_{14}、X_{17}、X_{18}，考虑采用的数据类型为截面数据，所以对确定的四元回归模型采用加权最小二乘估计，计算主要结果见表6.29。

表6.29　　　　　　　一级以上公路里程影响因素参数估计与检验

Variable	Coefficient	Std. Error	t – Statistic	Prob.
C	– 285. 3319	296. 9776	– 0. 960786	0. 3455
X_{13}	0. 389322	0. 036056	10. 79783	0. 0000
X_{14}	0. 182005	0. 005682	32. 03445	0. 0000
X_{17}	0. 145520	0. 036164	4. 023845	0. 0004
X_{18}	1. 284795	0. 219221	5. 860726	0. 0000

Weighted Statistics			
R – squared	0. 999726	Mean dependent var	6 994. 847
Adjusted R – squared	0. 999684	S. D. dependent var	16 752. 23
S. E. of regression	297. 8764	Akaike info criterion	14. 37792
Sum squared resid	2 306 989	Schwarz criterion	14. 60921
Log likelihood	– 217. 8578	F – statistic	23 714. 58
Durbin – Watson stat	2. 211488	Prob （F – statistic）	0. 000000

（四）回归结果分析

根据表6.29结果，确定样本回归方程为：

$$\hat{Y}_1 = -285.33 + 0.39X_{13} + 0.18X_{14} + 0.15X_{17} + 1.28X_{18}$$

结果表明方程通过拟合优度检验、参数显著性检验、方程总体显著性检验，方程总体效果较好；方程参数估计结果表明一级以上公路里程数受到公路货运周转量、地区生产总值、土地调查面积、交通业固定资产投资四个因素的影响，影响关系为正向影响，如公路货运周转量每增加1亿吨公里，则带来一级以上公路里程数平均增加0.39公里，国内生产总值每增加1亿元，则会拉动一级以上公路里程数平均增加0.18公里。

二、低碳公路运输业运输效率影响因素分析

（一）指标的选择与变量定义

1. 低碳公路运输业运输效率代表性指标的选取

在前面选取的低碳公路运输业运输效率指标体系中选取一个相关并具有代表性的指标，通过前面的分析与实际数据的考查，我们认为公路车均货物周转量是一个反映地区低碳公路运输业运输效率的重要指标，所以选取此指标为代表性指标，记为 Y_2。

2. 低碳公路运输业运输效率影响因素指标的确定

本书认为低碳公路运输业运输效率受到经济、社会、环境等条件制约，考虑数据的可得性与可比性，初步确定八个影响指标，即公路旅客周转量、公路货运周转量、地区生产总值、公路营运汽车拥有量、汽车工业固定资产投资完成额、土地调查面积、交通业固定资产投资、汽车驾驶员数。

3. 变量说明

低碳公路运输业运输效率代表性指标与影响因素指标的变量名及变量说明如表 6.30 所示。

表 6.30　　　　　　低碳公路运输业运输效率指标及其影响指标

指标名称	计量单位	变量名	变量说明
公路车均货物周转量	万吨	Y_2	运输效率代表性指标
公路旅客周转量	亿人公里	X_{21}	需求影响因素
公路货运周转量	亿吨公里	X_{22}	需求影响因素
地区生产总值	亿元	X_{23}	经济影响因素
公路营运汽车拥有量	万辆	X_{24}	投入影响因素
汽车工业固定资产投资完成额	亿元	X_{25}	投入影响因素
土地调查面积	万公顷	X_{26}	环境影响因素
交通运输业固定资产投资	亿元	X_{27}	投入影响因素
汽车驾驶员数	万人	X_{28}	投入影响因素

4. 多元线性回归模型建立

根据各个 X 变量与 Y 变量的各个散点图分析，确定初始回归模型为线性回归模型，其形式如下：

$$Y_{21} = \gamma_0 + \gamma_1 X_{21} + \cdots + \gamma_8 X_{28} + \varepsilon$$

（二）样本数据收集

通过中国统计年鉴、国家统计局网站、Wind 数据库、交通统计年鉴、第三产业年鉴收集了九个指标 2013 年度数据，具体见表 6.31。

表 6.31　　　2013 年各地区低碳公路运输业运输效率指标及其影响指标数据

地区	Y_2	X_{21}	X_{22}	X_{23}	X_{24}	X_{25}	X_{26}	X_{27}	X_{28}
北京	8.39	136.1	156.2	19 501	24.11	27.45	164.11	656.84	805.70
天津	19.63	88.6	313.7	14 370	16.91	75.33	119.17	603.15	335.01
河北	50.03	296.5	6 577.9	28 301	134.45	21.08	1 884.34	2 123.59	1 344.02
山西	26.15	196.6	1 278.6	12 665	50.29	7.25	1 567.11	956.27	593.07
内蒙古	46.85	173.4	1 872.7	16 832	41.26	10.28	11 451.21	1 272.29	465.64
辽宁	36.34	362.4	2 792.0	27 078	79.35	50.55	1 480.64	1 582.39	783.63
吉林	34.91	168.7	1 100.0	12 981	32.94	115.91	1 911.24	586.66	447.88
黑龙江	21.25	216.1	972.9	14 383	47.59	14.38	4 526.45	544.79	546.09
上海	16.12	119.1	352.4	21 602	23.99	130.36	82.39	499.01	531.41
江苏	24.60	847.3	1 790.4	59 162	77.18	75.92	1 067.42	1 685.87	1 636.33
浙江	27.40	583.0	1 322.1	37 568	51.42	81.80	1 053.97	1 454.70	1 242.44
安徽	98.97	734.0	6 544.0	19 039	69.56	118.31	1 401.26	830.20	731.02
福建	32.07	330.6	821.4	21 760	27.49	15.85	1 240.16	1 572.63	586.15
江西	73.32	307.7	2 829.0	14 339	40.38	19.12	1 668.94	488.87	590.77
山东	49.71	520.3	5 494.8	54 684	113.76	109.57	1 571.26	2 055.85	1 845.19
河南	40.93	712.4	4 488.0	32 156	114.66	43.51	1 655.36	1 201.46	1 357.16
湖北	47.84	415.1	2 046.3	24 668	47.00	87.20	1 858.88	1 634.91	753.41
湖南	55.78	721.9	2 329.5	24 502	46.59	107.76	2 118.55	1 251.20	700.84
广东	31.89	1 202.5	3 003.4	62 164	98.50	112.74	1 798.13	2 444.35	1 917.08
广西	44.34	415.7	1 857.2	14 378	45.27	47.00	2 375.58	1 121.22	609.92
海南	13.99	85.0	75.4	3 146	5.98	3.44	353.54	278.68	116.48
重庆	27.16	333.3	695.9	12 657	27.54	67.67	822.69	1 012.65	338.58
四川	22.96	599.2	1 273.1	26 261	60.79	43.73	4 840.56	2 131.66	1 051.61
贵州	26.81	377.9	610.6	8 007	25.76	0.99	1 761.52	1 019.99	347.40
云南	16.72	323.1	922.0	11 721	60.03	19.38	3 831.94	1 135.22	568.87
西藏	22.94	31.0	81.5	808	4.07	0.00	12 020.72	164.98	20.46
陕西	47.71	323.1	1 685.0	16 045	37.98	48.99	2 057.95	900.77	647.57

续表

地区	Y_2	X_{21}	X_{22}	X_{23}	X_{24}	X_{25}	X_{26}	X_{27}	X_{28}
甘肃	30.91	212.0	811.2	6 268	28.30	0.19	4 040.91	434.16	279.15
青海	24.23	40.3	202.8	2 101	8.74	0.46	7 174.81	290.40	88.27
宁夏	37.53	58.3	509.4	2 565	14.17	0.03	519.54	154.18	114.72
新疆	20.67	319.6	928.5	8 360	48.67	0.18	16 648.97	551.60	346.84

（三）回归模型进一步确定及其参数估计

由于各个 X_{2j} 变量之间可能存在较强共线性，所以首先采用逐步回归分析方法完成变量筛选，筛选后保留在模型中的变量有 X_{21}、X_{22}、X_{24}、X_{28}，由于采用的数据类型为截面数据，所以存在异方差的可能性比较大，为避免异方差的影响，对确定的四元回归模型采用加权最小二乘估计，计算主要结果见表6.32。

表6.32　公路车均货物周转量影响因素参数估计与检验

Variable	Coefficient	Std. Error	t – Statistic	Prob.
C	31.01029	0.937718	33.06994	0.0000
X_{21}	0.024531	0.003544	6.922042	0.0000
X_{22}	0.015266	0.000615	24.80780	0.0000
X_{24}	– 0.541803	0.039564	– 13.69439	0.0000
X_{28}	– 0.008637	0.002211	– 3.906008	0.0006
Weighted Statistics				
R – squared	0.994584	Mean dependent var		30.12010
Adjusted R – squared	0.993751	S. D. dependent var		30.79384
S. E. of regression	2.434245	Akaike info criterion		4.763840
Sum squared resid	154.0642	Schwarz criterion		4.995128
Log likelihood	– 68.83952	F – statistic		1 193.719
Durbin – Watson stat	2.029414	Prob（F – statistic）		0.000000

（四）回归结果分析

根据表6.32结果，确定样本回归方程为：

$$\hat{Y}_2 = 31.01 + 0.02X_{21} + 0.02X_{22} - 0.54X_{24} - 0.01X_{28}$$

结果表明方程通过拟合优度检验、参数显著性检验、方程总体显著性检验，方程总体效果较好；方程参数估计结果表明公路车均货物周转量受到公路旅客周转量、公路货运周转量、公路营运汽车拥有量、汽车驾驶员数 4 个因素的影响，公路旅客周转量、公路货运周转量对公路车均货物周转量有正向影响，公路营运汽车拥有量、汽车驾驶员数对公路车均货物周转量有反向影响。如公路旅客周转量每增加 1 亿人公里，则公路车均货物周转量平均增加 0.02 万吨，公路货运周转量每增加 1 亿吨公里，则公路车均货物周转量平均增加 0.02 万吨，公路营运汽车拥有量每增加 1 万辆，则公路车均货物周转量平均减少 0.54 万吨，汽车驾驶员数每增加 1 万人，则公路车均货物周转量平均减少 0.008 万吨。

三、低碳公路运输业运输压力影响因素分析

（一）指标的选择与变量定义

1. 低碳公路运输业运输压力代表性指标的选取

在前面的低碳公路运输业运输压力指标体系中选取一个相关并具有代表性的指标，通过前面的分析与实际数据的考查，我们认为公路运输碳排放量较好地反映了公路运输存在的环境压力，所以选取此指标为代表性指标，记为 Y_3。

2. 低碳公路运输业运输压力影响因素指标的确定

本书认为低碳公路运输业运输压力受到经济、社会、环境等条件制约，考虑数据的可得性与可比性，初步确定 7 个影响指标，即年末常住人口、公路旅客周转量、公路货运周转量、地区生产总值、公路营运汽车拥有量、人均地区生产总值、汽车工业固定资产投资完成额。

3. 变量说明

低碳公路运输业运输压力代表性指标与影响因素指标的变量名及变量说明如表 6.33 所示。

表 6.33 低碳公路运输业运输压力指标及其影响指标

指标名称	计量单位	变量名	变量说明
公路运输碳排放量	万吨	Y_3	运输压力代表性指标
年末常住人口	万人	X_{31}	社会影响因素
公路旅客周转量	亿人公里	X_{32}	需求影响因素
公路货运周转量	亿吨公里	X_{33}	需求影响因素

续表

指标名称	计量单位	变量名	变量说明
地区生产总值	亿元	X_{34}	经济影响因素
公路营运汽车拥有量	万辆	X_{35}	投入影响因素
人均地区生产总值	万元/人	X_{36}	经济影响因素
汽车工业固定资产投资完成额	亿元	X_{37}	投入影响因素

4. 多元线性回归模型建立

根据各个 X 变量与 Y 变量的各个散点图分析，确定初始回归模型为线性回归模型，其形式如下：

$$Y_3 = \lambda_0 + \lambda_1 X_{31} + \cdots + \lambda_7 X_{37} + v$$

（二）样本数据收集

通过中国统计年鉴、国家统计局网站、Wind 数据库、交通统计年鉴、第三产业年鉴收集了 8 个指标的 2013 年度数据，具体见表 6.34。

表 6.34　　2013 年各地区低碳公路运输业运输压力指标及其影响指标数据

地区	Y_3	X_{31}	X_{32}	X_{33}	X_{34}	X_{35}	X_{36}	X_{37}
北京	521.79	2 114.80	136.1	156.2	19 500.56	24.11	9.22	27.45
天津	424.31	1 472.21	88.6	313.7	14 370.16	16.91	9.76	75.33
河北	1 562.41	7 332.61	296.5	6 577.9	28 301.41	134.45	3.86	21.08
山西	1 489.00	3 629.80	196.6	1 278.6	12 665.25	50.29	3.49	7.25
内蒙古	1 282.11	2 497.61	173.4	1 872.7	16 832.38	41.26	6.74	10.28
辽宁	2 515.88	4 390.00	362.4	2 792.0	27 077.65	79.35	6.17	50.55
吉林	729.94	2 751.28	168.7	1 100.0	12 981.46	32.94	4.72	115.91
黑龙江	1 202.13	3 835.02	216.1	972.9	14 382.93	47.59	3.75	14.38
上海	945.47	2 415.15	119.1	352.4	21 602.12	23.99	8.94	130.36
江苏	2 900.72	7 939.49	847.3	1 790.4	59 161.75	77.18	7.45	75.92
浙江	2 100.08	5 498.00	583.0	1 322.1	37 568.49	51.42	6.83	81.80
安徽	1 647.34	6 029.80	734.0	6 544.0	19 038.87	69.56	3.16	118.31
福建	1 222.96	3 774.00	330.6	821.4	21 759.64	27.49	5.77	15.85
江西	1 223.87	4 522.15	307.7	2 829.0	14 338.50	40.38	3.17	19.12
山东	2 811.98	9 733.39	520.3	5 494.8	54 684.33	113.76	5.62	109.57
河南	2 146.63	9 413.35	712.4	4 488.0	32 155.86	114.66	3.42	43.51

续表

地区	Y_3	X_{31}	X_{32}	X_{33}	X_{34}	X_{35}	X_{36}	X_{37}
湖北	2 051.10	5 799.00	415.1	2 046.3	24 668.49	47.00	4.25	87.20
湖南	1 643.33	6 690.60	721.9	2 329.5	24 501.67	46.59	3.66	107.76
广东	4 007.65	10 644.00	1 202.5	3 003.4	62 163.97	98.50	5.84	112.74
广西	1 267.05	4 719.00	415.7	1 857.2	14 378.00	45.27	3.05	47.00
海南	211.76	895.28	85.0	75.4	3 146.46	5.98	3.51	3.44
重庆	1 209.89	2 970.00	333.3	695.9	12 656.69	27.54	4.26	67.67
四川	870.82	8 107.00	599.2	1 273.1	26 260.77	60.79	3.24	43.73
贵州	1 030.83	3 502.22	377.9	610.6	8 006.79	25.76	2.29	0.99
云南	1 659.09	4 686.60	323.1	922.0	11 720.91	60.03	2.50	19.38
西藏	0.00	312.04	31.0	81.5	807.67	4.07	2.59	0.00
陕西	1 222.99	3 764.00	323.1	1 685.0	16 045.21	37.98	4.26	48.99
甘肃	908.02	2 582.18	212.0	811.2	6 268.01	28.30	2.43	0.19
青海	215.30	577.79	40.3	202.8	2 101.05	8.74	3.64	0.46
宁夏	279.52	654.19	58.3	509.4	2 565.06	14.17	3.92	0.03
新疆	1 201.48	2 264.30	319.6	928.5	8 360.24	48.67	3.69	0.18

（三）回归模型进一步确定及其参数估计

为了减少各个 X_{3j} 变量之间可能存在较强共线性带来的不良影响，所以直接采用逐步回归分析方法进行变量筛选，筛选后保留在模型中的变量有 X_{32}、X_{35}、X_{36}。同时考虑采用的数据类型为截面数据，为避免异方差的不良影响，所以对确定的四元回归模型采用加权最小二乘估计，计算主要结果见表6.35。

表 6.35　　　　　公路运输碳排放量影响因素参数估计与检验

Variable	Coefficient	Std. Error	t – Statistic	Prob.
C	– 247.4444	44.31881	– 5.583281	0.0000
X_{32}	2.182085	0.143112	15.24745	0.0000
X_{35}	9.585726	1.246692	7.688928	0.0000
X_{36}	78.64291	3.808406	20.64982	0.0000
Weighted Statistics				
R – squared	0.999988	Mean dependent var		969.8451
Adjusted R – squared	0.999987	S. D. dependent var		4 492.657

Weighted Statistics			
S. E. of regression	16. 41218	Akaike info criterion	8. 553839
Sum squared resid	7 272. 713	Schwarz criterion	8. 738870
Log likelihood	− 128. 5845	F − statistic	749 322. 3
Durbin − Watson stat	2. 187767	Prob（F − statistic）	0. 000000

（四）回归结果分析

根据表 6.35 结果，确定样本回归方程为：

$$\hat{Y}_3 = -247.44 + 2.18X_{32} + 9.58X_{35} + 78.64X_{36}$$

结果表明方程通过拟合优度检验、参数显著性检验、方程总体显著性检验，方程总体效果较好；方程参数估计结果表明公路运输碳排放量受到公路旅客周转量、公路营运汽车拥有量、人均地区生产总值 3 个因素的正向影响，如公路旅客周转量每增加 1 亿人公里，则公路运输碳排放量平均增加 2.18 万吨，公路营运汽车拥有量每增加 1 万辆，则公路运输碳排放量平均增加 9.59 万吨，人均地区生产总值每增加 1 万元，则带来公路运输碳排放量平均增加 78.64 万吨。

第四节　中国低碳公路运输业发展趋势分析

一、低碳公路运输业基础设施建设发展趋势分析

（一）指标的选择与模型建立

1. 代表性指标的选取

根据对低碳公路运输业基础设施建设指标体系分析，选取一个相关并具有代表性的指标，此处我们选择高速等级公路里程反映国家低碳公路运输业基础设施建设情况，记为 Y_1。

2. 模型建立

根据各个 Y_1 变量自身发展时序图（见图 6.2）及与其滞后一期变量 $Y_1(-1)$ 散点图分析（见图 6.3），确定初始模型形式如下：

$$Y_{1t} = \beta_1 Y_{1t-1} + \beta_2 Y_{1t-2} + \cdots + \mu_t$$

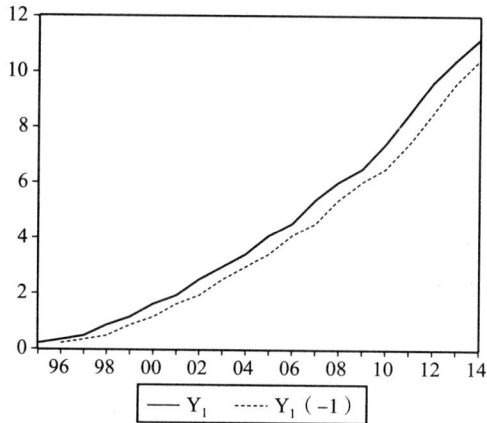

图 6.2　Y_1 与其滞后变量 $Y_1(-1)$ 时序图

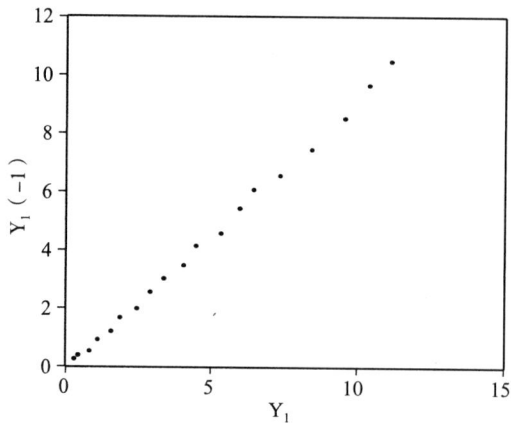

图 6.3　Y_1 与其滞后变量 $Y_1(-1)$ 散点图

3. 样本数据收集

通过国家统计局网站、交通统计年鉴收集 1995~2014 年样本数据，具体见表 6.36。

（二）模型进一步确定及其参数估计

根据对 Y_{1t} 变量自相关图分析（见图 6.4），偏自相关函数一阶截尾，自相关函数拖尾，因此选用一阶自回归模型，其模型参数估计结果见表 6.37。

表6.36　　　　　　　　**1995～2014年高速等级公路里程指标数据**　　　　单位：万公里

年份	Y_1	年份	Y_1	年份	Y_1	年份	Y_1
1995	0.21	2000	1.63	2005	4.10	2010	7.41
1996	0.34	2001	1.94	2006	4.53	2011	8.49
1997	0.48	2002	2.51	2007	5.39	2012	9.62
1998	0.87	2003	2.97	2008	6.03	2013	10.44
1999	1.16	2004	3.43	2009	6.51	2014	11.19

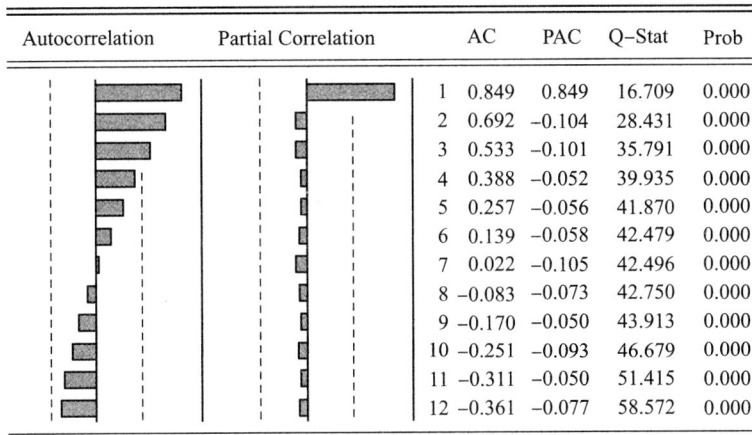

Autocorrelation	Partial Correlation		AC	PAC	Q–Stat	Prob
		1	0.849	0.849	16.709	0.000
		2	0.692	−0.104	28.431	0.000
		3	0.533	−0.101	35.791	0.000
		4	0.388	−0.052	39.935	0.000
		5	0.257	−0.056	41.870	0.000
		6	0.139	−0.058	42.479	0.000
		7	0.022	−0.105	42.496	0.000
		8	−0.083	−0.073	42.750	0.000
		9	−0.170	−0.050	43.913	0.000
		10	−0.251	−0.093	46.679	0.000
		11	−0.311	−0.050	51.415	0.000
		12	−0.361	−0.077	58.572	0.000

图6.4　Y_1与其滞后变量$Y_1(-1)$相关系数与偏相关系数图

表6.37　　　　　　　**高速等级公路里程自回归参数估计与检验**

Variable	Coefficient	Std. Error	t – Statistic	Prob.
$Y_1(-1)$	1.115156	0.010870	102.5858	0.0000
R – squared	0.995015	Mean dependent var		4.686316
Adjusted R – squared	0.995015	S. D. dependent var		3.474923
S. E. of regression	0.245357	Akaike info criterion		0.078994
Sum squared resid	1.083604	Schwarz criterion		0.128701
Log likelihood	0.249557	Durbin – Watson stat		0.939989

（三）趋势分析

根据表6.37结果，确定样本自回归方程为：

$$\hat{Y}_{1t} = 1.12Y_{1t-1}$$

以上数据分析结果表明：方程通过拟合优度检验、参数显著性检验、方程总体显著性检验，方程总体效果较好。

数据呈现出明显的规律性，表现出一定趋势：

第一，高速等级公路里程随着时间发展的趋势为逐年增加，可以近似用线性增长来描述。

第二，Y_{1t} 变量与 Y_{1t-1} 变量呈较强线性关系，用 Y_{1t-1} 观测值可以实现对 Y_{1t} 的短期预测，近期高速等级公路里程还会持续增长。

第三，根据样本回归方程对 2015～2016 年高速等级公路里程进行预测，2015 年预期值为 12.48 万公里，2016 年预期值为 13.91 万公里。

二、低碳公路运输业运输效率趋势分析

（一）指标的选择与模型建立

1. 代表性指标的选取

根据对低碳公路运输业运输效率指标体系分析，我们选择公路货物周转量反映国家低碳公路运输业运输效果发展情况，在一定程度上反映运输效率，记为 Y_2。

2. 模型建立

根据各个 Y_2 变量自身发展时序图（见图 6.5）及与其滞后一期变量 $Y_2(-1)$ 散点图分析（见图 6.6），确定初始模型形式如下：

$$Y_{2t} = \gamma_1 Y_{2t-1} + \gamma_2 Y_{2t-2} + \cdots + \varepsilon_t$$

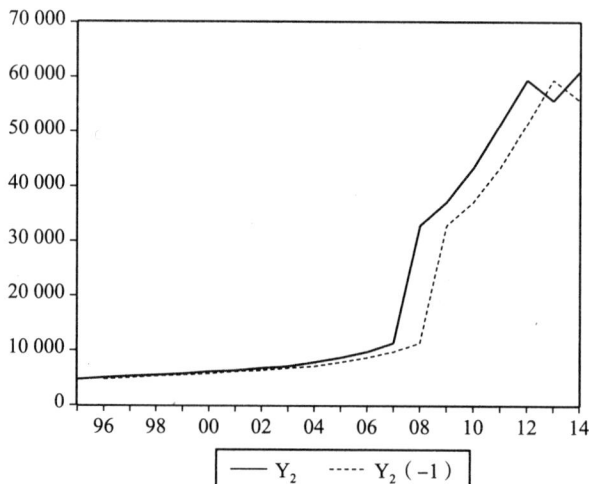

图 6.5　Y_2 与其滞后变量 $Y_2(-1)$ 时序图

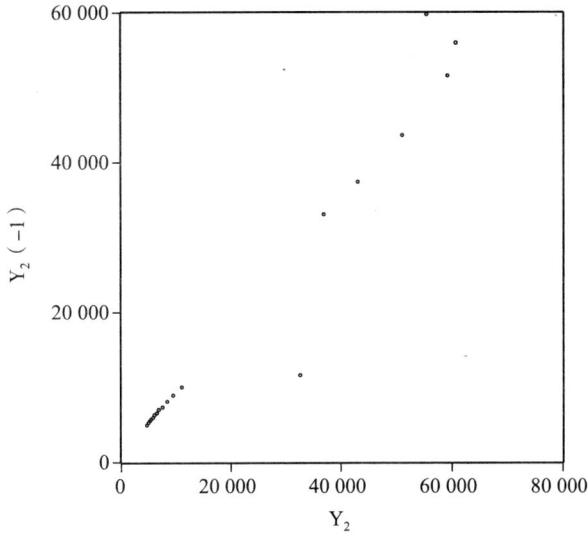

图 6.6 Y_2 与其滞后变量 $Y_2(-1)$ 散点图

3. 样本数据收集

通过国家统计局网站、交通统计年鉴收集 1995～2014 年样本数据，具体见表 6.38。

表 6.38　　　　　　　1995～2014 年公路货物周转量指标数据　　　　单位：亿吨公里

年份	Y_2	年份	Y_2	年份	Y_2	年份	Y_2
1995	4 694.90	2000	6 129.40	2005	8 693.20	2010	43 389.67
1996	5 011.20	2001	6 330.40	2006	9 754.25	2011	51 374.74
1997	5 271.50	2002	6 782.50	2007	11 354.69	2012	59 534.86
1998	5 483.38	2003	7 099.48	2008	32 868.19	2013	55 738.08
1999	5 724.30	2004	7 840.90	2009	37 188.82	2014	61 016.62

（二）模型进一步确定及其参数估计

根据对 Y_{2t} 变量自相关图分析（见图 6.7），偏自相关函数一阶截尾，自相关函数拖尾，因此选用一阶自回归模型，其模型参数估计结果见表 6.39。

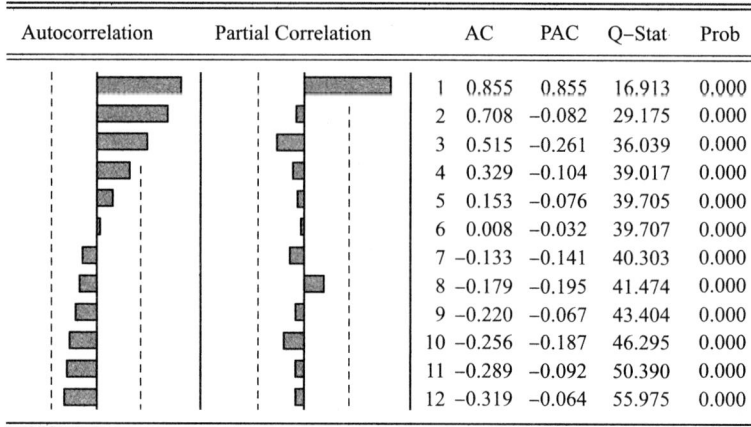

Autocorrelation	Partial Correlation		AC	PAC	Q–Stat	Prob
		1	0.855	0.855	16.913	0.000
		2	0.708	−0.082	29.175	0.000
		3	0.515	−0.261	36.039	0.000
		4	0.329	−0.104	39.017	0.000
		5	0.153	−0.076	39.705	0.000
		6	0.008	−0.032	39.707	0.000
		7	−0.133	−0.141	40.303	0.000
		8	−0.179	−0.195	41.474	0.000
		9	−0.220	−0.067	43.404	0.000
		10	−0.256	−0.187	46.295	0.000
		11	−0.289	−0.092	50.390	0.000
		12	−0.319	−0.064	55.975	0.000

图 6.7　Y_2 与其滞后变量 $Y_2(-1)$ 相关系数与偏相关系数图

表 6.39　　　　　　　公路货物周转量自回归参数估计与检验

Variable	Coefficient	Std. Error	t – Statistic	Prob.
$Y_2(-1)$	1.104919	0.045822	24.11343	0.0000
R – squared	0.935869	Mean dependent var		22 451.90
Adjusted R – squared	0.935869	S. D. dependent var		21 644.54
S. E. of regression	5 481.289	Akaike info criterion		20.10726
Sum squared resid	5.41E+08	Schwarz criterion		20.15697
Log likelihood	−190.0190	Durbin – Watson stat		1.897909

（三）趋势分析

根据表 6.37 结果，确定样本自回归方程为：

$$\hat{Y}_{2t} = 1.10 Y_{2t-1}$$

以上数据分析结果表明：方程通过拟合优度检验、参数显著性检验、方程总体显著性检验，方程总体效果较好。

数据呈现出明显的规律性，表现出如下发展趋势：

第一，公路货物周转量随着时间发展的趋势为逐年增加，2005 年以前增长相对缓慢，2005 年后快速增长。

第二，排除个别点，Y_{2t} 变量与 Y_{2t-1} 变量呈较强线性关系，用 Y_{2t-1} 观测值可以实现对 Y_{2t} 的短期预测，短期内公路货物周转量还会持续增长。

第三，根据样本回归方程对 2015 ~ 2016 年公路货物周转量进行预测，2015 年预期值为 67 118. 28 亿吨公里，2016 年预期值为 73 830. 11 亿吨公里。

三、低碳公路运输业运输压力趋势分析

（一）指标的选择与模型建立

1. 代表性指标的选取

根据对低碳公路运输业运输压力指标体系分析，我们选择公路运输二氧化碳排放量反映国家低碳公路运输业运输压力情况，记为 Y_3。

2. 模型建立

根据各个 Y_3 变量自身发展时序图（见图 6.8）及与其滞后一期变量 $Y_3(-1)$ 散点图分析（见图 6.9），确定初始模型形式如下：

$$Y_{3t} = \alpha_1 Y_{3t-1} + \alpha_2 Y_{3t-2} + \cdots + v_t$$

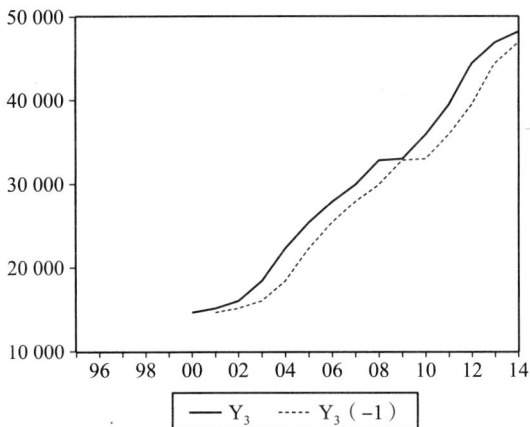

图 6.8　Y_3 与其滞后变量 $Y_3(-1)$ 时序图

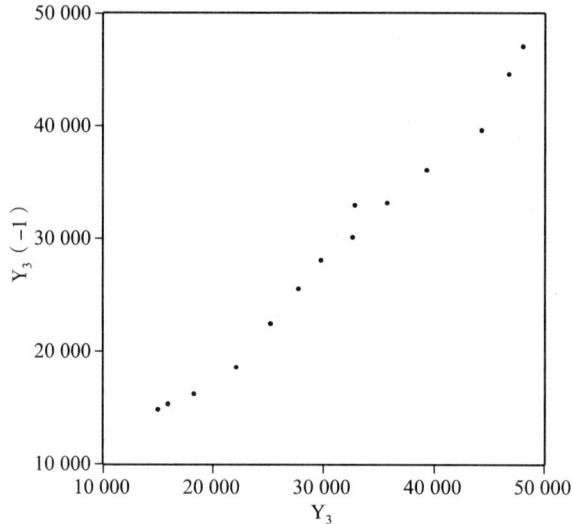

图 6.9 Y_3 与其滞后变量 $Y_3(-1)$ 散点图

3. 样本数据收集

通过国家统计局网站、交通统计年鉴收集 2000~2014 年交通运输、仓储和邮政业汽油消费总量、交通运输、仓储和邮政业柴油消费总量、交通运输、仓储和邮政业天然气消费总量样本数据，并根据不同能源排放系数对二氧化碳排放量进行估算，具体估算结果见表 6.40。

表 6.40　　　　　2000~2014 年公路运输二氧化碳排放量指标数据　　　单位：万吨

年份	Y_3	年份	Y_3	年份	Y_3
2000	14 661	2005	25 385	2010	35 920
2001	15 166	2006	27 909	2011	39 468
2002	16 046	2007	29 939	2012	44 450
2003	18 415	2008	32 823	2013	46 930
2004	22 283	2009	33 005	2014	48 218

（二）模型进一步确定及其参数估计

根据对 Y_{3t} 变量自相关图分析（见图 6.10），偏自相关函数一阶截尾，自相关函数拖尾，因此选用一阶自回归模型，其模型参数估计结果见表 6.41。

Autocorrelation	Partial Correlation		AC	PAC	Q–Stat	Prob
		1	0.818	0.818	12.175	0.000
		2	0.605	−0.192	19.349	0.000
		3	0.383	−0.154	22.471	0.000
		4	0.200	−0.035	23.398	0.000
		5	0.055	−0.046	23.475	0.000
		6	−0.060	−0.071	23.578	0.001
		7	−0.178	−0.159	24.591	0.001
		8	−0.276	−0.085	27.371	0.001
		9	−0.353	−0.084	32.653	0.000
		10	−0.419	−0.143	41.592	0.000
		11	−0.439	−0.031	53.875	0.000
		12	−0.396	−0.053	67.175	0.000

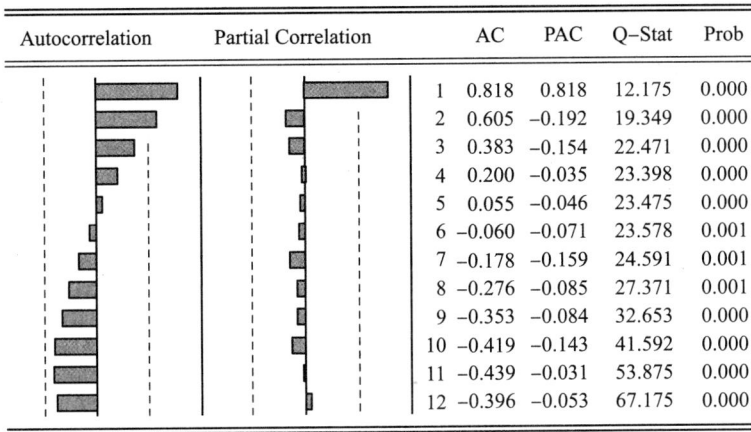

图 6.10　Y_3 与其滞后变量 $Y_3(-1)$ 相关系数与偏相关系数图

表 6.41　　　　　　　公路运输二氧化碳排放量自回归参数估计与检验

Variable	Coefficient	Std. Error	t – Statistic	Prob.
$Y_3(-1)$	1.076864	0.012540	85.87532	0.0000
R – squared	0.983168	Mean dependent var		31 139.79
Adjusted R – squared	0.983168	S. D. dependent var		11 041.96
S. E. of regression	1 432.543	Akaike info criterion		17.44104
Sum squared resid	26 678 350	Schwarz criterion		17.48669
Log likelihood	− 121.0873	Durbin – Watson stat		1.286304

（三）趋势分析

根据表 6.41 结果，确定样本自回归方程为：

$$\hat{Y}_{3t} = 1.08Y_{3t-1}$$

以上数据分析结果表明：方程通过拟合优度检验、参数显著性检验、方程总体显著性检验，方程总体效果较好。

数据呈现出较明显的规律性，表现出如下发展趋势：

第一，公路运输二氧化碳排放量随着时间发展的趋势为逐年增加，2008年出现一个转折点，随后又快速增长。

第二，Y_{3t} 变量与 Y_{3t-1} 变量呈较强线性关系，用 Y_{3t-1} 观测值可以实现对 Y_{3t} 的短期预测，短期内公路运输二氧化碳排放量还会持续增长。

　　第三，根据样本回归方程对 2015～2016 年公路运输二氧化碳排放量进行预测，2015 年预期值为 51 882.57 万吨，2016 年预期值为 55 825.64 万吨。

参 考 文 献

　　[1] 王利军，李英杰，陈强. 区域绿色循环低碳交通运输发展评价 [J]. 交通企业管理，2014 (6)：39.

　　[2] 李创. 基于 LMDI 分解法的我国运输业碳排放影响因素实证研究 [J]. 资源开发与市场，2016 (32)：518－521.

　　[3] 周新军. 交通运输业能耗现状及未来走势分析 [J]. 中外能源，2010 (7)：9－18.

　　[4] 许为男. 低碳经济下公路交通运输业发展对策研究 [J]. 现代营销 (学苑版)，2011 (5)：150－151.

　　[5] 刘双玲. 浅议公路运输低碳环保战略及措施 [J]. 科技创业家，2012 (14)：171.

　　[6] 曾昭法. 基于耦合协调度的金融生态系统协调发展研究 [J]. 统计与决策，2016 (11)：140－143.

　　[7] 王晋. 绿色低碳公路评价指标体系与评价方法研究 [J]. 公路，2014 (7)：356－361.

　　[8] 中华人民共和国国家统计局. 中国第三产业统计年鉴 [M]. 北京：中国统计出版社，2015.

第七章

加快中国低碳公路运输业发展研究

本章主要研究了加快中国低碳公路运输业发展的可行性、加快中国低碳公路运输业发展的意义、加快中国低碳公路运输业发展的目标、加快中国低碳公路运输业发展的原则和加快中国低碳公路运输业发展的对策建议。

第一节　加快中国低碳公路运输业发展的可行性

交通运输业是国民经济的基础产业，也是社会经济发展和人民生活水平提高的基本条件保障。而公路运输是交通运输行业的基础，也是人民最普遍使用的交通运输方式之一。我国现代交通运输业在"十二五"期间发展迅速，公路运输业也迅速发展起来。

随着交通运输业的大力发展，我国公路运输业进一步发展，公路网升级，运输车辆持续增加。公路运输作为我国主要的交通运输方式，已然成为碳排放的重要源头。公路运输造成的碳排放在全社会总的碳排放中的比例逐年上升，低碳公路运输业的发展成为实现绿色环保的重要举措之一，低碳公路运输业发展面临新的形势和机遇。低碳运输正在成为保护环境、降低能耗、可持续发展的主力军，低碳公路运输业的发展是实现这一目标的重要途径。

因此，为了应对日益严峻的环境保护的压力，真正做到科学发展、可持续发展，加快国民经济的产业升级和产业结构调整，有效促进经济的持续增长，解决低碳公路运输业中的碳排放的问题就显得尤为重要。我国在各方面采取了相关措施并取得了一定成效。随着全社会对环保、低碳、可持续发展理念，绿色交通认知的进一步升级，也随着运输业相关法律、法规进一步完善，还有科技的发展，新能源技术的进步，让加快中国低碳公路运输业发展成为可能。这表明我国公路运输业实现低碳运输，谋求可持续发展具备一定的可行性。

一、低碳公路运输业发展的体制与法规健全

低碳公路运输业的发展随着我国逐渐完善相关体制法规的建设进一步提上日程，低碳公路运输业的发展离不开公路运输业体制法规的保障。

在低碳公路运输业相关的各项体制法规中，《中华人民共和国公路法》是低碳公路运输业法规的基础，对我国低碳公路运输业的发展提供了政策法规依据。公路运输业作为高耗能和高碳排放行业，对我国能源和环境都造成了极大的威胁。《中华人民共和国节约能源法》第三条规定："本法所称节约能源（以下简称节能），是指加强用能管理，采取技术上可行、经济上合理以及环境和社会可以承受的措施，从能源生产到消费的各个环节，降低消耗，减少损失和污染物排放，制止浪费，有效、合理地利用能源"。这充分说明我国重视能源的使用、开发与节能，鼓励使用清洁能源，改善用能结构。这不仅对能源紧张起到缓解作用，而且还能间接抑制污染物的随意排放，为低碳公路运输业的发展提供良好的制度基础和约束机制。

在低碳公路运输业的各项法规中，《中华人民共和国道路运输条例》对低碳公路运输业进行了政策法规方面的约束和规范，并且结合县级以上地方人民政府交通主管部门负责组织领导本行政区域的道路运输管理工作，对公路运输做了具体的说明。县级以上道路运输管理机构负责具体实施道路运输管理工作。《中华人民共和国道路运输条例》不仅规范了道路运输管理，而且对道路运输的管理工作提出了具体要求。公路运输作为道路运输的主要构成部分，《中华人民共和国道路运输条例》自然也对公路运输进行法规上的约束和规范。《中华人民共和国道路运输条例》和《中华人民共和国节约能源法》的先后发布，对我国加快低碳公路运输业的发展有着极大的制度保障作用。

在公路运输业中，车辆是燃料消耗和污染物排放的主体，因此，在《中华人民共和国道路运输条例》的基础上，我国在 2009 年针对道路运输燃料消耗，颁布了《道路运输车辆燃料消耗量检测和监督管理办法》，监督控制车辆的燃料消耗量，间接对尾气排放标准进行约束，从而为公路运输业的低碳发展提供了强有力的制度保障。

对于低碳公路运输业的发展我国还颁布了关于公路基础设施、燃油和环保节能汽车的财政补贴政策。其主要表现在公路基础设施补贴上。

国家发改委、财政部及交通运输部联合下发的《关于进一步完善投融资政策促进普通公路运输持续健康发展的若干意见》第三条规定：新增成品油

税费收入基数返还中替代公路养路费支出部分，增量资金中相当于养路费占原基数比例部分，均用于对普通公路进行养护管理。这就增加了公路的基础设施的投入，改善了公路的状况。对公路及时的养护有利于低碳公路运输业的快速发展。

在低碳公路运输业的各项法规中，《基本建设贷款中央财政贴息资金管理办法》第六条规定，企业在国家级高新开发区中，建设道路基础设施时，可享受中央贴息贷款，新燃油及科研补贴。

2004年，国务院印发了《车用乙醇汽油扩大试点方案》。为了积极配合此方案的实施，财政部发布了《关于燃料乙醇亏损补贴政策的通知》，对生产乙醇所需的粮食实行1 373元/吨的从量补贴，激发燃料乙醇生产企业的积极性。"十五"与"十一五"期间，国家先后共投入了8.8亿元、11.6亿元，实施科研"863计划"和"973计划"，为积极研发电动汽车提供资金扶持，也为节能环保汽车提供更多的补贴。

2008年，财政部和国家税务总局共同发布了《关于提高成品油消费税税率的通知》，其中明确规定将无铅汽油的消费税额由每升0.2元提高到每升1.0元；将含铅汽油的消费税额由每升0.28元提高到每升1.4元。并且将柴油的消费税额由每升0.1元提高到每升0.8元。同时，下调其替代品车用乙醇汽油的生产方的应纳税额，间接降低乙醇汽油的价格。这表明，我国通过上调含铅汽油、柴油等消费税控制其使用量，促使替代品乙醇汽油的消费增加，从而加大清洁能源在公路运输业上的使用，为我国低碳公路运输业健康发展给予政策性支持。

2009年以来，财政部和国家税务总局联合下发了企业所得税优惠政策，对车辆购置税附加费进行改革。改革后车辆购置税只在车辆消费环节收取，税率为10%，征收的税款由中央财政统一筹划，专项用作建设我国计划内干线公路和其他交通运输方面相关支出。为刺激低排量汽车的生产和消费，财政部和国家税务总局联合下发《关于减征1.6升及以下排量乘用车车辆购置税的通知》，规定从2009年起减征排放量在1.6升以下乘用车的车辆购置税的5%，在2010年内购买乘用车的7.5%减征车辆购置税。

2010年，国家发改委、财政部等联合出台了《关于开展私人购买新能源汽车补贴试点的通知》，对节能汽车生产企业进行补贴。其中，纯电动车每辆最高补贴6万元，插电式混合动力车每辆最高补贴5万元，1.6升排量及以下节能车最高补贴3 000元。消费者于2013年10月1日至2015年12月31日，购买 1.6 升排量及以下节能环保汽车，也可从生产企业那里获得中央财政给予的一次性 3 000 元定额补助。另外，我国还计划投资 500 亿元，专用作发展国产电动汽车产业。以上出台的政策规范不仅缓解了能源紧张局面，同时对新能源汽车给予政策的大力扶持，有利于低碳公路运输业的发展，为我国持续发展低碳公路运输提供政策上的保障与支持。

2010 年，财政部与商务部共同下发了《关于允许汽车以旧换新补贴与车辆购置税减征政策同时享受的通知》，其中规定，从 2010 年 1 月 1 日开始，对符合相关条件的车主，容许其按车辆购置税的 7.5% 减征并且享受"以旧换新"补贴的双重优惠，这不仅再一次加大了低排量汽车的扶持力度，而且有效地缓解了能源紧张的压力，促进了低碳公路运输业的发展。目前，我国还没有针对燃油费的专门税收项目，现在只对汽油、柴油等车用燃料征收燃料油税。

2011 年，为加快低碳公路运输业的可持续发展，我国在"十二五"期间，设立专项节能减排资金鼓励公路等交通运输行业的低碳改造。国务院授权财政部、交通运输部联合颁布的《交通运输节能减排专项资金管理暂行办法》第七条规定，专项资金主要采取以奖代补方式使用，奖励资金与节能减排量挂钩，且奖励资金一次性交付完成节能减排量目标的项目承担单位。具体而言，企业一年中减少使用的标准煤，最高能获得 600 元/吨的奖励，而替代燃料在节能项目使用，最高奖励可达 2 000 元/吨。

2012 年，首笔 1.5 亿元的交通运输行业节能减排专项资金启动，受该资金支持的项目总共为 89 个。这其中，有 68 个涉及公路运输领域，道路运输所获补助超过 1 亿元，约占专项资金的 80%。我国加快出台关于低碳公路运输业的财政政策，从财政补贴方面保障公路运输业优先发展，并完善了节能减排资金补贴政策，为加快我国低碳公路运输业的发展提供了新的探索方向。

二、低碳公路运输业发展的规划与管理完善

随着全球经济的不断快速发展，现代交通运输业也随之蓬勃发展，现代交通运输业对于能源的消耗日益攀升。运输主要依靠公路运输，这种现象在我国尤为突出。从短期来看，交通运输结构不会发生本质上的变化，公路运输业的污染物排放总量对环境的压力不容忽视，雾霾、酸雨、重金属污染等环境问题频繁出现，公路运输业的能源消耗问题也十分突出，经济发展与环境保护之间的矛盾凸显，可持续发展形势极为严峻，低碳公路运输业发展势在必行。

进入 21 世纪，大多数发达国家通过税收和财政补贴政策支持节能减排和

低碳环保。我国也颁布了一系列财政补贴政策来鼓励低碳公路运输业的发展。

随着我国经济的迅速发展，对交通运输量的需求巨大。全国公路路网建设也迅速发展，全国交通运输公路网当中五纵七横公路网建设基本完成。同时，改造了青藏线和川藏线两条重要的交通动脉。在行政单位基本上完成了村村通公路的建设。全国公路网总里程比 2010 年增加 40.14 万公里，其中，高速公路总里程 2015 年比 2010 年增加 3.1 万公里，农村公路通车里程 2015 年比 2010 年增加 30 万公里。根据《交通运输"十三五"发展规划》，我国交通运输业基本建设投资总规模在"十三五"期间进一步扩大，比"十二五"期间增加 20.9%，其中大部分资金都投于公路建设，这将进一步扩大我国公路网的规模。

2000 年以来，我国公路运输业车辆配置的总量也迅速增长，而且车辆状况也一直在改善。全国民用车辆拥有量大幅度增加，其中载客汽车、载货汽车、其他特殊运输车辆都普遍增加。10 年间，全国公路运输汽车拥有量获得巨大增长，全国民用汽车和载货汽车拥有量分别增加了 8 倍和 6 倍，载货汽车平均每年约增加 100 万辆；载货汽车占全国汽车拥有量总数的比重逐年上升。

为加快低碳公路运输业的发展，进一步改善和加强公路运输管理，提高社会经济效益，更好地适应经济发展和人民生活水平提高的需要，需要对公路运输业的管理提出更高的要求。为加强公路运输行业管理，保护合法经营，保障货主和旅客的正当权益，还需要强化管理维护运输秩序，促进公路运输事业的发展，实现货畅其流，人便于行，提高社会效益，为低碳公路运输业的发展提供制度上的管理依据。

2010 年以来，我国公路运输量迅速增加，在所有的运输方式中，公路运输量所占的比重逐年上升，在综合运输体系中起着举足轻重的作用。据国家统计局统计，2011 年我国公路货运量达到 281.34 亿吨，货物周转量达到 51 333.16 亿吨公里，客运量达到 327.85 亿人次，旅客周转量达 16 732.60 亿公里，分别占综合运输体系总运量的一半以上。从这组数据可以看出，我国交通运输体系偏重于公路运输业。

为实现公路运输的便捷与通畅，减少车辆在公路中的碳排放，我国相关规划部门加大了对公路运输的科学规划。从规划上保障公路运输的安全性，为低碳公路运输业提供基本的安全保障。现阶段影响我国污染物排放总量的不仅是在公路运输过程中，而且涉及公路的整体规划方面。科学合理的公路规划，更有利于车辆的行驶，减少在公路上因拥堵或堵塞而带来的大量的尾气排放。

为实现便捷和通畅出行，需要对公路运输业与其他运输业进行综合规划，使公路运输业符合国民经济的发展需求。另外，为加快低碳公路运输业的发展，需要加强对公路建设的投入与养护。在公路建设方面，鼓励国内外企业对公路建设进行投资。开发和经营公路的公司可以依照法律、法规的规定发行股票、公司债券筹集资金。国家建立公路专项资金，鼓励企业和国外企业集团投资，不仅有利于对公路进行维护，保障公路运输，提高运输效率，更重要的是有利于减少公路运输过程中所带来的不必要的污染物排放。

三、低碳公路运输业发展的技术条件具备

科学技术是第一生产力，经过长时间不断的探索与研究，交通运输行业逐渐意识到了生物燃料是汽车能源技术创新的一个重要发展方向，它比燃油能源技术更清洁，更能加快我国低碳公路运输的发展。[①] 运输行业的科学研究朝着利用生物能源技术的方向发展。提高可再生能源在公路运输业中的使用比例，从而引领公路运输业的绿色革命，为低碳公路运输业的健康发展提供了新能源技术上的保障与支持。

从交通运输业发展的整体上看，除了公交车和火车具备电力牵引控制技术之外，公路运输业大部分运载工具的驱动还是依靠汽油、柴油等具有污染性的常规能源为主，这不仅造成了大气污染，而且还导致了能源的大量消耗，清洁能源利用率低。因此，我国"十一五"规划《纲要》，依据当前自身国情和技术，明确提出"节约优先、立足国内、煤为基础、多元发展"的能源技术发展战略。

采用煤基醇醚燃料取代石油，同时运用煤的洁净利用技术，制成替代石油的二次能源二甲醚、甲醇等，这可以在很大程度上提高煤炭的附加值。根据测算，汽油燃料发动机尾气排放量远比甲醇的高出 30% 左右，这表明甲醇燃料发动机尾气是目前较为适用的低碳技术。目前我国煤化工技术已经处于世界前列。另外，煤制甲醇在价格上占有极大的优势。

现阶段，利用煤提炼甲醇每吨成本 1 200 元左右，而汽油的价格每吨就达万元左右，1.5 吨甲醇燃料的燃烧值与 1 吨汽油的燃烧值近乎相同。当然，煤基燃料在公路运输中使用不仅要考虑燃料的安全性、经济性、环保性，而且需要考虑与动力系统之间相互适应的情况。甲醇汽车发动机热效率较高，与常规

① 周玲玲. 推进公路交通节能减排的政策分析［D］. 大连：大连理工大学，2012.

汽油车的动力性不相上下，爬坡满载时最高的时速也近乎相同，而且最重要的是甲醇汽车发动机的加速性比常规汽油车要强。

另外，从天然气燃料方面看，2020 年我国天然气供应量更加充足，如拿出 10% 左右用于车辆运输，就可替代 1 000 万吨左右的汽油和柴油。这种煤的清洁利用技术不仅减少了碳排放量，保护了大气环境，而且节约了大量能源，有利于促进我国低碳公路运输业的可持续发展。

四、低碳公路运输业发展的理念已经形成

在经济不断发展的背景下，可持续发展的观念深入人心，绿色低碳理念正在形成。公路运输业作为交通运输业的主要组成部分，作为交通运输领域碳排放的主要来源之一，受到社会的关注程度也日益加深。

随着交通运输业节能减排的不断推进与发展，我国低碳公路运输业的发展理念也逐渐拓展。交通运输业"十二五"规划中指出，必须树立绿色、低碳、环保的发展理念，以节能减排为重点，加快形成能源节约、清洁环保的交通发展方式和运输模式，构建绿色公路交通运输模式，实现低碳公路运输业的健康发展与能源环境的和谐统一。我国强调低碳公路运输是一种发展理念。虽然发展低碳公路运输业需要技术的创新和应用，通过节能减排、降低能耗技术的应用达到发展低碳公路运输的目的，但我们更需要强调绿色低碳交通运输的理念应成为一种共识。①

在选择公路运输工具时，人们已经把生态理念、环保理念、节能减排理念融入其中，这是实现加快低碳公路运输业发展的重要支撑。2013 年交通运输部印发了《加快推进绿色循环低碳交通运输发展指导意见》，使绿色循环低碳理念得到了充分体现，为公路低碳运输业的发展提供了政策可行性。同年，国家发改委、交通运输部等 14 个部委联合颁布通知，规定 2013 年 6 月 15 日至 21 日为全国节能宣传周，6 月 17 日为全国第一个低碳日，其主题是"践行节能低碳，建设美丽家园"。交通运输部门开展了"绿色低碳交通伴我行"主题宣传活动，大力宣传绿色低碳交通运输发展理念。绿色低碳交通运输行业节能减排富有成效，绿色出行切实可行。

绿色低碳理念已经融入我国公路低碳运输业的发展过程中。要加快推进低碳公路运输业的发展，必须实现节能减排，必须进行绿色低碳和清洁环保。国

---

① 交通运输"十二五"发展规划 [J]. 综合运输，2011，06：60 - 84.

家已经从相关政策、具体措施、宣传理念和技术创新等方面作为切入点，在绿色低碳理念已经形成的背景下与时俱进，确定了绿色低碳理念指导的发展方向，促进了低碳公路运输业的快速发展。

第二节　加快中国低碳公路运输业发展的意义

一、有利于节约能源

在全球不可再生能源日趋减少的背景下，我国把以低排放、低能耗、低污染、高能效为特征的交通运输发展理念作为低碳经济发展的理念，同时作为实施交通运输业节能减排的重要途径，加快低碳公路运输业的发展。

随着我国交通运输业的蓬勃发展，加快低碳公路运输业的发展，是降低污染物排放量的重要举措，是解决能源紧张问题的关键所在，体现了社会经济可持续发展和健康发展的理念，也是建立生态文明和深化经济体制改革的重要途径。在改革开放 30 多年我国经济飞速发展的背景下，我国已成为世界第二大能源消费国，而我国交通运输业也早已成为继制造业之后的第二大油品消费行业。公路运输业作为交通运输业的重要组成部分，在很大程度上越来越受到关注，成为我国低碳经济节能环保的重点行业。[①]

我国低碳公路运输业发展有利于节约石油资源。从数据上看，石油的产量是远远不够的。而对于我国来说，石油总产量远不及所要消耗的石油产量，仅在 2014 年我国进口量就已达到 3 亿吨左右，对外依存度高达 59.6%。另外，单就从交通运输业的消耗来看，交通运输业石油能源的消耗量占石油总消耗量的 25% 左右，交通运输业已成为石油的消耗大户之一。公路运输作为各种运输方式中机动性最强、覆盖面最广的运输方式，已成为石油消耗的"主力军"。因此，在日益严峻的能源消耗和大气污染环境保护的双重压力下，必须全方位地节约能源。

公路运输业的发展会造成能源紧张，排放大量的二氧化碳、二氧化硫等有毒物质，造成大气污染。为了推动全社会节约能源，提高能源利用效率，保护和改善环境，加快低碳公路运输业的发展，促进经济社会全面协调可持续发

---

① 陈秀波. 浙江省道路运输客运业节能减排评价指标体系研究［D］. 西安：长安大学，2008.

展，节能减排是重中之重。

进入 21 世纪以来，人类为应对二氧化碳排放所造成的气候变化问题做出了巨大努力。但以目前二氧化碳排放的速度来看，预计在 2020 年，全球气温会比现在平均升高 1 摄氏度左右。基于全球变暖的巨大压力，越来越多的国家加入到了节能减排的行列。随着我国改革的不断深化，社会经济得到了迅猛发展，但是经济快速增长使中国成为世界第二大经济体的同时，也让中国的二氧化碳排放量跃居世界前列。公路运输业作为我国碳排放的主要来源，必须加以控制。

我国为了承担大国责任和义务，出台了一系列低碳公路运输业发展的支持政策，但是公路运输业在快速发展的同时会消耗大量能源和释放大量的二氧化碳，而且在公路上行驶的车辆以及公路的配套设施等也会继续产生污染物排放。

加快低碳公路运输业的发展有利于减少碳排放总量，有利于节能减排理念的树立，有利于强化清洁能源的推广和应用。[①] 在此基础上进行绿色理念的扩展，优化用能结构，节约能源。这样，既宣传了节能减排的绿色理念，又有利于绿色理念的进一步扩展，从而全面节能，促进绿色经济的可持续发展，为我国的经济快速发展提供坚实的基础保障。

加快低碳公路运输业的发展有利于我国管理和控制好能源消耗问题，有利于节能降耗，保障国家能源安全。用能结构的变化，范围的扩大，大量的能源消耗，会造成能源紧张，而且还会带来较为严重的能源安全问题。在这种背景下，加快低碳公路运输业的发展，可以最大限度地降低能源消耗，减轻污染，保护环境。加快发展低碳公路运输业，就是在不可再生能源枯竭之前，通过对低碳公路运输业的政策扶持、技术支持和绿色低碳理念宣传等改善能源消费结构，发展清洁能源，节约能耗，降低碳排放量，保护环境，减少对石油能源的过度依赖，缓解石油能源紧张问题。因此，加快低碳公路运输业发展是有效缓解能源紧张的必然选择，对我国经济持续健康发展具有重大意义。

二、有利于国民经济发展

随着我国经济社会的快速发展，GDP 的成倍增长，公路运输业作为国民经济的重要组成部分，对国民经济和社会发展起着至关的重要作用，它是有机

---

① 蔡海韬. 基于低碳环境下公路运输的现状及对策探讨［J］. 东方企业文化，2015（03）：166.

联系社会总生产过程中每个环节的纽带，是社会经济发展的支柱产业，对我国政治、经济、文化和生活等方面都有着极大的促进作用。

公路运输业的发展水平和速度对我国国民经济的发展具有极大的作用。国家统计局发布的数据显示，2013 年我国公路客运总量 185.35 亿人次，货运量 307.66 亿吨。其中，旅客周转量 11 250.94 亿人次，比例高达 96.45%，货物周转量 55 738.08 亿吨公里，比例达到 82.5%。公路运输业作为我国支柱性产业，在我国经济发展中起着至关重要的作用。

在国民经济发展过程中，公路运输业既是交通运输产业中最主要的组成部分之一，也是社会发展的重要运载工具，同时也是污染物的主要制造者和排放源。公路运输业带来的环境污染十分严重。影响人们日常生活，影响国民经济的快速发展。因此，国家为了更好地控制污染物的排放总量，保障人们日常生活，保障经济健康快速发展，出台了相关政策，推出新能源技术，进行绿色低碳宣传，构建绿色低碳的经济发展方式，加快国民经济的发展。

加快低碳公路运输业发展，有利于提升国民经济发展效率，有利于构建节能减排的实际监测与评价体系，使我国能有效地了解节能减排的现状，提高节能减排工作的效率；有利于公路运输业乃至整个国民经济和社会的健康、持续、快速发展。

2000 年以来，公路运输业作为国民经济发展重要的行业之一，备受社会各界的关注。这很大程度上是因为公路运输业投资巨大，建设周期长，而且还需要占用和消耗大量的能源。伴随我国经济高速增长的是我国对能源资源的高需求，为满足工业生产，我国对石油资源的需求量尤其巨大。然而由于我国石油储存量有限，必须依靠石油进口方能满足工业生产需求，这也导致我国石油资源的对外依赖程度已超过 50%，这对于我国经济的长期健康发展造成了潜在威胁。交通运输业是我国的石油资源消耗巨头，更是构建资源节约与环境友好的重要内容之一。① 而公路运输业作为交通运输业的主要运输方式，更是能源消耗大户。这些都是国民经济发展与持续增长的潜在危险。

三、有利于可持续发展

随着我国经济社会的迅猛发展，经济总量不断增大，对能源的消耗巨大。公路运输业作为经济发展的重要组成部分，其发展的速度也越来越快。但是它

① 李扬．基于可持续发展理论的我国公路交通发展模式研究 [D]．大连：大连海事大学，2013．

不仅导致了石油资源紧张问题，还带来严重的雾霾、酸雨、温室效应等环境压力。发展公路运输业，就需要借助于以石油燃料为主的汽车运输工具，这就不可避免出现有污染物的排放。现阶段，中国人均碳排放量高达 7 吨左右，已经超越欧盟，跃居世界第二位。

因此，为保护我国生态环境，保障基本生存条件，应对全球气候变化和环境保护压力的问题，有必要科学合理利用能源，研发清洁能源运载工具，减少二氧化碳等有害物质的排放，从而改善我国大气环境的污染，为更好应对全球气候变化和环境污染提供有利条件，为可持续发展奠定基础。

随着社会经济的不断增长，人们生活水平的提高，经济增长与环境保护的矛盾凸显。因此，我国加快低碳公路运输业的发展，使其降低能源使用量，并且大大减少了污染物的排放，为我国公路运输的快速发展提供可行性，同时有利于我国国民经济的健康可持续发展。另外，就公路运输业而言，公路具有速度快、能效高、经济费用低等特点，是构建高效运输效率的基础。而高速公路作为公路运输的重要方式，能够更好地利用土地资源、提高运输效率、减少大气污染、提高运输安全性，有利于可持续发展战略的实施。

目前，公路运输行业是废气排放和能源消耗的重点行业，其汽油和柴油的消耗占到总消费量的 50% 左右，而运输工具的尾气排放也已成为大多数城市空气污染的主要来源。控制废气排放也成为实现低碳公路运输最关键的领域。[①] 数据表明，公路运输业的每个环节都避免不了要消耗能源和进行污染物排放，难免会产生一定的大气污染，这使得我国公路运输业的未来面临着巨大挑战，不利于我国经济社会持续健康发展。

因此，为了实现可持续发展，我国采取了积极措施保护大气环境，加快发展低碳公路运输业，全面贯彻落实节能减排，提高能源利用效率，强调节约能源，改善环境和宣传保护环境的发展理念。加快低碳公路运输业发展，不仅能够更好地保护自然环境，而且还会带来更明显的社会效益和经济效益，从而促进可持续发展战略的实施，对我国经济健康发展具有重要意义。

四、有利于建设低碳公路运输体系

加快低碳公路运输业的发展，是降低污染物的排放量，解决能源紧张问题的关键所在，体现了社会经济可持续发展、健康发展的理念，也是建立生态文

---

① 李健. 低碳公路运输实现途径与碳排放交易机制研究 [D]. 西安：长安大学，2013.

明、深化改革的重要途径。因此，我国应结合公路运输业发展的实际情况，将低碳、绿色、保护环境的理念融入相关法律法规之中，不断完善现行法律法规政策，使其符合低碳交通发展的要求，从而对低碳公路运输业的快速发展提供强有力的法规政策支持。

低碳公路运输体系的构成不仅仅包括公路运输系统本身，还涉及社会、经济、环境保护、资源开发利用等很多方面的协调发展。

低碳公路运输业的发展需要建立低碳公路运输体系。低碳公路运输体系的建立，基于它本身是一种生态经济，需要在全球同步发展的状态下，以保持生态平衡为前提条件。以可持续发展为根本理念，通过宣传教育全面普及环保理念。在新能源技术方面进行不断的技术升级、技术改造、技术创新。通过完善低碳公路运输业的制度建设，以行业架构改革促进产业转型等各种手段，尊重生态规律和科学发展规律来指导人类社会生产、生活的发展，在经济活动中建立可持续的经济增长模式。

低碳公路运输业发展是可持续经济、低碳经济、资源共享化，要求人类经济活动走"资源—产品—再生资源"的循环流程，最大限度地降低人类经济发展对环境资源的破坏。低碳公路运输业的发展是指以节约能源、减少排放废气等污染气体为特征的交通运输行业。建设低碳运输体系，包括以下几个方面：

第一，提倡低碳公路运输方式的彻底转变，即将各种运输方式作综合的比较，合理安排最低碳的运输方式出行。

第二，提倡低碳环保型的运输工具的选用，即优化交通运输工具，采用节能型、环保型的低碳交通工具，多采用清洁能源的交通运输工具。

第三，提倡建立低碳运输交通网络，即所有交通运输活动采取最科学、最合理的运输方式，尽量避免无效运输、重复运输。

第四，提倡低碳货运、客运组织模式，即对每次交通运输任务都采取适当合理的运输方式，通过合理的交通网络，减少车辆出动次数和行驶的距离等。

建设低碳公路运输业要求交通运输将低碳经济和低碳运输结合起来，以环保为前提，适当地提高效能，最大限度地降低污染，做到最低排放、最低能耗，构建低碳产业生产架构和发展方式，最终以最少的能源消耗实现低碳公路运输业的高速发展和运输环境的净化。

第三节　加快中国低碳公路运输业发展的目标

我国要实现公路运输业全面落实科学发展观，走低碳公路运输发展道路，加快低碳公路运输业的发展，还需要制定一系列阶段性的目标，以达到加快低碳公路运输业发展的目的。其所要达到的目标表现在：

一、建立低碳公路运输业发展体系

（一）低碳公路运输理念深入人心

让低碳公路运输理念深入人心分为三个阶段：第一阶段，全民参与低碳公路运输，鼓励绿色出行。公路降能耗保绿色做到人人有责。随着全球经济的快速发展，环境污染问题已成为全球关注的重点，而公路运输业作为环境污染的重要行业之一，排放大量的二氧化碳、二氧化硫等有毒气体，造成大气污染和环境污染，① 这自然被放在整治的重点行业之列，这关系每个人自身的生存利益，所以要共同参与维护。第二阶段，宣传有力，实现处处宣讲，时时播报宣传。根据具体数据反映出公路运输业现阶段是二氧化碳排放的大户，碳排放总量所占比例较高，其对人类生存环境造成巨大影响，所以，在公共区域宣讲让人人皆知，良好的宣传氛围尤为关键。第三阶段，制定法律法规，奖惩并行，建立奖惩制度。我国应把控制二氧化碳排放量，减少流通污染，优化生存环境作为现阶段加快低碳公路运输业发展的重要目标。

（二）推进技术升级与技术创新

为了实现低碳公路运输业快速发展的目标，推进技术升级与技术创新尤为重要，它是低碳公路运输业快速发展的先行者。加快公路运输业节能减排，也需要推进技术升级与技术创新。其目标可以从企业经营管理与技术创新两方面着手：在综合考虑运输过程的同时，运输车辆应选择低能耗、低污染的运载车辆。另外，短距离运输尽可能使用小型运输车辆，长距离运输则选用大型车辆或采取拖挂方式。这样不仅可以合理使用运输工具，而且可以控制碳排放，减少在公路运输途中不必要的尾气污染。

---

① 李健. 低碳公路运输实现途径与碳排放交易机制研究［D］. 西安：长安大学，2013.

（三）加强车辆维护保养

为达到低碳公路运输业快速发展的目标，要及时维修与保养运输车辆。运输单位应及时构建完善的车辆维修机制，定期对车辆进行保养与维护，防止滴油、漏油严重的车辆进行运输，坚决杜绝问题车辆上路行驶，并逐渐淘汰碳排放量高的老化严重运输工具，保证公路运输途中出现不必要的碳排放量，减少流通污染，优化生存环境。鉴于我国公路运输业高碳排放量，我国应整体控制污染物气体的排放，并通过加强对车辆的维修与保养减少流通性污染，从而优化生存环境，实现低碳公路运输业所要达到的目标。

二、发展清洁能源，优化生存环境

随着全球范围内不可再生能源的日益枯竭，对能源的使用提出了新的挑战，在这种背景下，我国各个领域都要在可持续发展理念的引导下，走低碳经济的发展道路。发展清洁能源，优化生存环境。对于我国的交通运输业而言，同样需要深入贯彻落实低碳环保的科学发展观，做到对不可再生能源的节约与高效利用，同时把深化节能减排，开发推广清洁能源作为发展的目标。

全面减少交通工具的碳排放，深化节能减排工作，加快推进清洁能源的开发，在清洁能源的发展上做出了巨大的努力。新能源技术的研发，对清洁能源的发展提供技术支持，减少对不可再生能源的过度使用，可以避免我国出现能源危机，并且有利于清洁能源的使用和推广，同时为低碳公路运输业可持续健康发展提供有力支持。[①] 加快节能减排工作，大力使用与推广清洁能源，是我国低碳公路运输业发展必须达到的目标。

交通运输工具在运输的过程中，排放的尾气中含有二氧化碳等大量有害气体，目前已经成为大气污染的主要来源之一，导致很多地区的空气污染浓度在持续上升。在低碳经济的背景下，各国为应对日益严峻的大气污染，积极采取措施，加大对清洁能源运载工具技术的研究，发展清洁能源，实现节能减排，同时加大对大气污染的主要来源——公路运输业的治理。要大力支持和引导道路运输车辆应用清洁能源和新能源车辆。积极推动公路运输行业节能减排工作扎实开展。[②]

要达到发展清洁能源运载工具的目的，政府的态度需要十分明确和坚定，

① 周玲玲. 推进公路交通节能减排的政策分析 [D]. 大连：大连理工大学，2012.

② 纪念. 交通运输业发展"低碳经济"之路怎样走 [J]. 环境保护，2010（10）：62 - 64.

同时要制定节能和新能源汽车发展战略和具体规划,提出发展新能源汽车的中长期目标和分阶段实施计划,提出重点支持的技术路线(如混合动力汽车、电动汽车等),并明确承诺采取必要措施,持续地支持推动新能源汽车发展,给企业和消费者明确的预期。从而达到清洁能源运载工具普遍使用的目标,促进低碳公路运输业的快速发展。

目前,单就道路运输业的消耗来看,发展清洁能源具备优势,石油资源的开采量、储藏量远远满足不了交通运输业石油能源的消耗量。因此,我国为达到加快低碳公路运输业发展的目标,应采用煤基醇醚燃料取代石油,同时运用煤的洁净利用技术,制成替代石油的二次能源二甲醚、甲醇等,可很大程度上提高煤炭的附加值。我国通过对技术的创新,减少二氧化碳等有害气体对大气环境的污染,并且节约石油等不可再生资源。把深化节能减排,大力推广清洁能源作为加快低碳公路运输业发展的主要目标。

三、树立绿色低碳环保理念

公路运输业作为一门公共服务行业,要走低碳发展道路,除了要达到规范的法规政策目标和研发先进技术目标之外,还需要确立辅助目标。

一方面,国家有关部门要加大对低碳公路运输业的宣传教育,积极鼓励各个公路运输企业实施规模化、科学化经营,为低碳公路运输业的快速发展确立绿色低碳的理念。另一方面,政府应通过利益诱导,激励公众低碳交通出行。同时,利用国外绿色低碳环保理念的科学引导经验,促进低碳公路运输进一步发展。例如,荷兰将绿色驾驶纳入理论测试当中,并加强宣传和教育,取得了非常好的减排效果。但是,我国绿色驾驶的普及程度,却是非常低的。

2010年,交通运输部编写的《汽车节能驾驶手册》公布,但没有得到很好的落实与推广。因此,要加快低碳公路运输业发展,我国需要探索确立节油驾驶推广的激励机制,促进车辆驾驶员对于节能驾驶理念上的认识,从而达到宣传绿色低碳环保理念的目的。

现阶段,公路运输业是二氧化碳排放量较高的行业,在快速发展的同时会消耗大量能源和释放大量的二氧化碳,而且在公路上行驶的车辆也会继续产生污染物排放。因此,为降低碳排放量,减少能源的消耗,优化生存环境,宣传低碳公路运输业发展就成了保持经济健康发展的必然选择。要加快低碳公路运输业的发展,达到引导绿色低碳理念的目标,我国就必须努力将公路运输节能减排的理念深入到广大家庭单位的所有成员中。

组织政府、事业单位、社会团体举行多样的节能减排活动，鼓励社会参与，引导社会成员将公路运输节能减排理念深入到生活中，逐渐形成健康、文明、节约环保的出行理念。鼓励民众树立节能环保的公路运输理念，尽量使用低排量、低能耗和清洁能源甚至零能耗和零排放的出行方式。

同时，以低碳环保为口号，在地球日、环境日、臭氧日、无车日等众多环境日，组织低碳交通宣传活动，鼓励多种形式的低碳出行。新闻媒体宣传绿色交通，增设绿色交通专栏，并在学校、社区等建立低碳交通宣传基地。[①] 这样，不仅有利于节能减排工作的展开，而且可以更好地进行绿色低碳理念宣传与引导，促进低碳公路运输业的快速发展。

与大多数发达国家二氧化碳排放相比，我国交通行业碳排放控制和管理水平明显偏低，尤其是公路运载工具的碳排放量与发达国家相比更是位居前列。在一些大城市中，机动车污染物排放占大气污染物的比重更是高达到60%左右。由此来看，公路交通节能减排的主体是运载工具。影响运载工具排放量的主要因素是车辆燃料使用，车辆的燃料使用直接影响整个公路运输行业节能减排成效。我国应加快低碳公路运输业的发展，加快绿色低碳环保理念的全面推广，从而实现推广清洁能源，发展清洁能源运载工具，控制二氧化碳排放，深化节能减排，减少流通污染，优化生存环境，发展绿色低碳理念的具体目标，促进社会经济的可持续发展。

第四节　加快中国低碳公路运输业发展的原则

碳排放作为影响低碳公路运输发展的重要因素，对我国低碳经济发展有着至关重要的作用。因此，为了全面、科学和客观地发展绿色低碳公路运输业，应依据我国社会经济发展水平和道路交通运输业发展的特点，借鉴现代生态环保理念，遵循客观实际、经济效率、综合创新、可以操作和可持续发展等原则。

一、客观实际原则

客观实际原则，是指严格按照事实，实事求是、不脱离实际、符合社会发

---

① 张雷. 我国低碳交通的现状和对策分析 [J]. 节能技术，2013（01）：79 – 83.

展的规律。这里所说的"客观"，是指根据公路运输的实际能耗和二氧化碳排放量，对公路运输业进行实事求是的评价，既不能夸大成绩或者忽视成绩，也不能夸大出现的问题或者掩饰缺点。根据客观实际对公路运输业能源消耗和二氧化碳排放量加以正确的认识。

从某种意义上来说，我国加快低碳公路运输业发展之前，一定要对公路运输节能减排的情况有足够的认识和研究。要客观实际地了解资源能耗和二氧化碳排放量的状况，不脱离现实资源紧张这一重要的事实，并且能够制定科学适当的节能减排的政策措施，并且有针对性地进行节能减排工作。我国相关部门颁布的有关的法律法规和行业标准以及相关的体制机制，其主要依据是我国公路运输业的客观实际，目的是加强对公路运输业节能减排进行控制和管理。

依据国内外公路运输业发展的进程来看，虽然整体上的演变规律基本相同，但每个国家和地区的公路运输业发展在节能减排方面仍然存在不同程度上的差异。这种差异充分地体现了不同国家、地区的国情及客观实际要求。因此，从公路运输业的未来发展形势的角度看，我国在加快低碳公路运输业发展中，不仅要借鉴其他国家比较先进、成熟的技术及经验，而且还要结合我国国情和客观实际情况，探索出一套符合我国社会经济和公路交通运输业发展要求的管理体系。

在我国加快低碳公路运输业发展的背景下，需要加强管理，发挥政府强有力的支持。凭借我国近年来迅猛发展的经济实力，由政府进行绿色低碳推动和主导，是促进我国低碳公路运输业发展的必由之路。但是，在这个过程中，不可避免地出现管理和监督不当等问题，这就需要政府遵守客观实际原则，严格按照法律法规办事，实事求是，并且把客观实际理念落实到工作人员之中，为低碳公路运输业发展奠定思想基础。

加快公路运输业发展，势必会造成大气污染与环境破坏。客观实际原则告诉我们，能源资源是有限的，不能以牺牲环境为代价发展公路运输业，但也不能为了保护环境而阻碍公路运输业的发展。因此，要使公路运输业发展和保护环境相协调，就要遵循客观实际原则，结合环境的客观实际情况，尽可能使用可再生能源，降低能源消耗，减少碳排放量。

二、经济效率原则

"经济效率"是指现在的资源配置状态已经达到了改变状态就会有人受损而无人受益的状况，它要求经济机制有效运行，最大限度利用已有资源。通过交通运输经济中各行为主体的理性选择，促进资源发挥最大效用，实现现有能源和资源的最小浪费。经济效率原则不仅仅关注个人、企业的收益，还要求国家在市场失灵时给予一定政策上的支持，以使整个社会福利实现最大化。

公路运输低碳化，可以缓解能源紧张局面，减少有害气体排放，改善居民生存环境，给当今社会及下一代带来了效益。福利经济学告诉我们，正的外部效益出现，市场无法将资源配置到最优，此时，若没有得到适当的补贴，整个社会的福利达不到可实现的水平，即存在部分福利损失。因此，发展低碳化公路运输时，要注重对低碳行为主体进行适当经济激励。①

同时，注重环境对低碳公路运输业发展所产生的影响。在当今社会经济背景下，环境与经济两者是相互促进、相互约束、协调发展的关系。科学合理地处理环境与发展的关系，不仅是解决环境污染问题的重要手段，而且也是影响人类可持续发展和生存环境协调发展的关键性问题。环境与经济协调发展是人类生存发展的具体要求，也是实现经济可持续发展的重要途径。

随着我国经济社会的不断变革，国民经济得到了迅猛的发展。公路运输业作为经济运行的纽带和桥梁，也发生了翻天覆地的变化。因此，经济效率原则要求在低碳经济背景下，公路运输业绿色低碳的发展必须坚持环境与经济效率相协调的原则，以促进我国经济的可持续健康发展。

公路运输业是一种以高能耗、高污染、高排放为特征的交通运输方式，它作为国民经济发展的重要行业，对社会经济发展具有重要影响。对于公路运输业来说，其主要是消耗能源和污染环境，使投入和治理成本增加，对国民经济发展造成巨大的负担。针对这种情况，公路运输业应坚持经济效率原则，其核心在于提高公路运输的能源效率，改善公路运输的用能结构，使公路运输基础设施和公共运输系统减少对石油、柴油等燃料的高强度消耗。

同时，加强对公路运输技术的创新，倡导低碳生活，建设生态环境。并开展绿色低碳、保护环境活动，寻求经济发展的新模式，加快节能减排和绿色低碳技术的研发，推动公路运输技术创新，发展清洁能源技术，建立低碳经济发展模式和绿色消费模式。

在现阶段技术经济条件下，加快低碳公路运输业发展应该是一个寻求公路运输低碳化与国民经济动态发展平衡点的过程，追求低碳运输发展与社会经济发展的平衡点。因此，应积极建构绿色低碳经济发展的投资模式，不断探索创

---

① 李群. 促进我国公路运输低碳发展的财税政策研究 [D]. 南昌：江西财经大学，2014.

新投融资机制，将节能减耗纳入金融投资体系的服务范畴，提高公路运输业经济效率。在低碳环境下，经济效率原则是公路运输发展的具体要求，也是全面提高交通运输水平、建立低碳公路运输业的必然选择。

三、综合创新原则

创新是指在有意义的时空范围内，以非传统、非常规的方式先行性地、有成效地解决社会技术经济问题的过程。经济学上，创新是指将一种新的生产要素与生产条件重新结合，并引入生产体系，尤为强调技术创新。"综合创新"则是指综合运用产品创新、技术创新、结构创新等来获得一定范围内的领先性，以创新主体取得的成效为评价尺度，有成效才能认为是创新。[①]

科学技术是第一生产力，创新是科学发展的必然需要。目前，随着社会经济的快速发展，公路运输业作为国民经济的重要组成部分，也在不断地变革发展。但是，其不仅消耗大量的石油能源，而且还造成了严重的大气污染和资源破坏。这就需要我国在快速发展经济的同时，加大对能源科技、管理技术、税制改革等方面的综合创新。加快低碳公路运输业的发展虽然需要提高节能意识和节能政策的执行，但是更需要有关公路运输节能减排方面的技术创新。因此，为了加快绿色低碳公路运输业发展，必须遵循综合创新原则，抓紧进行公路运输节能科技的研究。推进公路运输节能科技研究开发投入，引导和鼓励企业和科研单位加大对公路运输业节能减排的投入。

一方面，从能源科技创新角度出发，针对石油能源紧张问题，不仅要长期进行对清洁能源技术和有关技术创新开发，而且要向有关部门部署一部分节能减排的重大科技业务，研发有关节能共性、核心和高端的科技。同时，要把能源科技创新作为公路运输节能降耗的重要手段，要求其以技术创新作为核心手段，发展并研究先进节能技术，提高能源使用效率，积极发展清洁能源技术和先进核能技术，加快对低碳、洁净、高效的煤炭利用技术和氢能技术的创新，优化能源结构，从而减少二氧化碳的排放量，保护生存环境。

另一方面，加大资金的投入数量，提高公路运输业节能研发在其他科研投入中的比例，科学合理地安排公路运输在科技计划中的节能研发项目和经费，并且建立统一监督管理和协调机制，引导和鼓励企业对公路运输节能技术的创新。在企业生产新型节能设备或研发节能技术的过程中，要求生产企业注重自

---

① 李群. 促进我国公路运输低碳发展的财税政策研究［D］. 南昌：江西财经大学，2014.

身产品、技术的创新，包括新颖产品（技术）的构思及成功实现。

要求企业面向世界，积极学习国外先进理念，借鉴使用成功的创新，同时，鼓励其进一步思考和提升自身优势。为企业创建高效能的生产体系，持续取得可观的利润提供有效保障。[①] 综合创新原则要求，我国应增强自主创新能力，解决技术上的瓶颈问题。加大对节能减排科研工作的监督，降低不可再生能源的能耗，提高能源利用率，减少二氧化碳的排放量，保护生态环境。

四、可行性原则

任何事物发展所需的人力、物力、财力、时间，都应是客观环境条件所允许的，并拥有符合事物发展的条件。从公路运输行业来看，公路运输是使用汽车或其他车辆在公路上进行旅客或货物运输的一种方式，是交通运输系统重要组成部分。伴随着经济的繁荣发展，公路运输规模也在不断扩大，并取得了长足的发展和令人瞩目的成绩。然而，在公路运输规模不断扩大的同时，与之相关的众多问题也逐渐浮出水面，环保问题更是随之"脱颖而出"。[②] 从而为加快低碳公路运输业发展提供了可行性。

在能源紧张和大气污染的环境下，要求在经济快速发展的同时，注重对能源资源的保护，尽量减少石油能源的使用量。其核心理念是要提高公路运输工具的能源利用效率，改善公路交通运输网络的能源消耗结构，增强公路运输系统的经济性和环保性。依据我国综合创新原则，研发和引进先进的节能减排技术，增加对绿色低碳公路运输业发展的技术支持。

公路交通运输业不仅影响我国的生态环境，而且还对我国经济可持续发展起着至关重要的作用。在经济快速发展的背景下，针对低碳公路运输业发展我国采取了一系列财政补贴政策来降低二氧化碳的排放量，调整能源的消费结构保护生态环境。在详细调查公路运输行业碳排放基本状况的基础上，从制度和管理手段方面，制定了一系列政策措施、监督机制和管理规范，制定了低碳公路运输的相关法律法规和战略，落实了节能减排工作，完善了公路运输综合协调机制。通过切实可行的行业制度和标准来约束和控制二氧化碳排放量和能源消耗水平，使交通运输行业真正做到低碳运行。

---

① 李群. 促进我国公路运输低碳发展的财税政策研究 [D]. 南昌：江西财经大学，2014.

② 蔡海韬. 基于低碳环境下公路运输的现状及对策探讨 [J]. 东方企业文化，2015（03）：166.

五、可持续发展原则

可持续发展原则是指一种持续、长久，以发展为核心与前提，不以损害和牺牲未来人类的利益来满足当前的社会经济利益，并且考虑当前的社会经济健康发展为需要的准则。可持续发展的核心是发展，是资源的可持续利用和生态的良好发展。可持续发展的提出，体现了人类对于未来发展的重视。而对资源的过度消耗和环境的日益恶化，人类要实现可持续发展的目标，必须节能减排。[①]

就我国来说，在经济飞速发展的今天，保护环境，倡导绿色低碳交通势在必行。政府有关部门要将公路运输节能减排的政策有效、快速地推进，就需要从根本上贯彻落实科学发展观，坚持可持续发展原则。如果我国一味加快公路运输业的发展，又忽视汽车尾气排放对环境的污染及能源的消耗，势必会对环境带来超额的破坏，增加对环境污染的治理费用，极大影响社会经济的可持续发展。

我国要形成一种以高能效、低能耗、低排放和低污染为特征的公路运输发展方式。其重点在于提高公路运输的能源利用效率，优化用能结构，加强行业管理，转变公路运输产业结构的发展方式。最终目的在于使公路运输基础设施和公路运输系统减少能源的高消耗。针对现阶段低碳公路运输业的发展形势，其可持续发展原则是指符合社会经济可持续发展的总体要求的安全、高效、持续、协调、低碳的公路运输准则。我国作为发展中的大国，发展是第一要务。

加快中国低碳公路运输业发展，对二氧化碳排放的总量控制、碳排放监督管理、处罚机制，都要以可持续发展为指导原则来制定。现阶段我国正处于社会和经济快速发展的时期，公路运输业作为社会经济发展的重要组成部分，其能源消耗日益呈递增趋势，碳排放量也在不断地增加。对我国来讲，约束碳排放是我国现阶段生存与发展的根本需要，如果实施零碳排放约束，势必会影响我国在国际进出口贸易和分工中的成本优势，并且也对我国能源消费结构产生重要的影响。

因此，在加快低碳公路运输业发展时，要充分考虑各方面的基本发展要求，不能以牺牲个人、企业和国家的利益为代价。发展低碳公路运输业是提高我国低碳交通综合竞争力的重要手段，有利于形成以低碳为特征的资源节约

---

① 周玲玲. 推进公路交通节能减排的政策分析 [D]. 大连：大连理工大学，2012.

型、环境友好型的交通运输行业。加快低碳公路运输业发展也是实现节能减排任务、产业结构转型与经济发展方式转变的需要，是促进国民经济可持续发展的必然选择。

随着经济的迅猛发展，每个行业都会影响国民经济发展的水平，而公路运输业作为主要的低碳发展行业，更是每个国家迫切需要发展的重要部分。因此，我国作为发展中的大国，必须遵循低碳公路运输业发展的原则，贯彻落实国家相关政策，加快社会经济的健康发展。

第五节　加快中国低碳公路运输业发展的对策建议

随着我国国民经济发展的不断加快，城市化进程不断推进，国民经济在很长一段时间内仍会持续增长，交通运输业也将保持快速发展的势头。从整体发展上来看，我国交通运输用能结构不会发生根本性改变。"十二五"交通运输环保发展规划中，对我国公路运输业节能减排、环境保护等方面做出了具体要求，强调建设以低碳为主要特征的交通体系，同时立足于国内公路运输业的现状，全面贯彻落实公路运输业的科学发展观，走低碳公路运输发展道路。我国要更好地应对当前的经济发展与环境保护之间的矛盾，加快低碳公路运输业的发展，还需一系列的政策支持。

一、完善低碳公路运输业发展的法律法规

我国应结合公路运输业发展的实际情况，将低碳、绿色、环保的理念融入相关法律法规之中，不断完善现行法律法规政策，使其符合低碳运输业发展的要求，对低碳公路运输业的快速发展提供强有力的法规政策支持。

公路运输业的发展影响着国民经济的健康运行，其绿色低碳发展离不开政府相关部门的政策引导与推动。因此，应强化有关法律法规立法程序和执法的力度，并依据公路运输业的市场需求及法律规定，及时进行补充和修改，结合我国公路运输业发展的实际情况，进一步完善我国现行的法律法规，使其符合国民经济发展的需要。

为了科学发展交通运输业，我国已制定了《交通运输"十二五"发展规划》《公路水路交通节能中长期规划纲要》和《公路、水路交通实施〈中华人民共和国节约能源法〉办法》等体制法规。为了规范低碳公路运输业的管理，

还制定了《道路运输车辆燃料消耗检测和监督办法》《营运货车燃料消耗量限值及测量方法》等法规，这些法律、法规，为低碳公路运输业的发展提供了强有力的制度保障。

在全球经济快速发展的背景下，交通运输行业早已成为影响国民经济的重要行业，公路运输业更是交通行业重点发展的对象之一。但是，在发展公路运输业的同时也给环境带来了前所未有的压力。因此，我国出台了相关法规政策，加快发展低碳公路运输业。交通科学规划的落实加快了我国低碳公路运输业的发展，明确的建立责任制，使个人和企业更好地服从于国家整体利益，更好地进行能源管理，环境保护的相关法律和法规也落到实处。尽可能地做到节能降耗，保护环境，促进经济社会的可持续发展，为低碳公路运输业发展提供法律法规政策依据。

经济体制改革以来，财政税收政策对我国低碳公路运输业发展起着至关重要的作用。2000年，为了应对全球的气候变化和环境保护问题，许多发达国家都构建完善了税收财政政策，并把其作为发展绿色低碳公路运输业的一个重要途径。我国也针对公路运输业所出现的问题出台了一系列的相关财政税收政策，但是从整体上看，并未构成完整的财政体系，出台的政策相互独立，并未达到各个政策相互协同的状态。

从发达国家取得的经验看，财税政策对低碳公路交通运输业的发展具有相当程度的影响。发达国家更是把碳排放税作为最有效的财政调节手段。就我国发展实际，结合我国现有国情和能源发展战略，综合考虑公路运输碳排放和能源消耗情况，收取碳税等环保税费，使其成为低碳公路运输业财政政策体系中的一部分。现阶段的车辆环保的税收政策，大多是引导消费者进行汽车消费，而随着国民经济的不断发展，汽车逐渐成为生活必需品。加之汽车使用寿命延长，其税费优惠的购买政策，使大多数消费者对高能耗、高排放的车辆的购买毫不手软。因此，现阶段我国有必要增加对车辆碳排放的征收税额，抑制消费者对高能耗汽车的购买欲望，引导消费者绿色出行，促进低碳汽车的研发和应用。

目前，我国设立的节能减排专项资金的补贴政策，主要是支持国家政企单位，开展公路运输节能减排工作的，或鼓励其推广"公路建设集约节约利用土地"和"运输装备清洁燃料"技术开发和应用；对公路养护施工技术及配套设施建设，则未能给予足够支持。公路建设专项资金和节能减排奖励资金，对项目的节能减排量有一定要求，达不到规定标准的公路绿化改造得不到奖励，加之奖励补助有量的限制，影响了企业事业单位低碳化公路运输的积极性。同时，除了少数财政实力较强的省份，一般地区在进行财政一般预算时，都未考虑建设公路配套资金，最终用于低碳化公路运输的财政资金较少。①

因此，中央及地方政府应加大对低碳公路运输业的政策和资金的支持，设立专项碳治理资金，加快资源税改革，完善绿色低碳财政税收政策。同时，面对日益增多的民用车辆，缓解交通环境问题，我国政府应发挥财政的引导作用，结合客观实际，加大对公路运输业的资金投入，完善对充电站及天然气供应站的补贴，并进一步对可再生能源、氢燃料进行技术财政支持，降低汽车能源消耗，减少车辆二氧化碳排放，加快新能源的推广运用，提供强有力的财政补贴支持。

加快低碳公路运输业的发展需要相关的激励机制和奖惩政策进行约束，我国可以建立车辆污染物排放信息数据库，将不按规定标准排放污染物车辆的企业记录数据库，依据相关法规进行惩治。同时大力支持节能减排工程项目，重点奖励利用可再生能源的企业和工程，或者对有利于低碳公路运输业发展的项目发放相应的补贴等。这种措施可以有效地激励相关部门及企业做好公路运输业节能减排的工作，推动公路运输业的低碳化。

二、完善低碳公路运输业管理体制

首先，从管理体制上入手。随着公路运输业的相关政策和制度不断完善和规范，整个交通运输业的链条已经逐步向网络格式化、规模经营化、集约化方向发展，整个低碳公路运输市场的集约化和抵抗风险的能力大大提高了。

其次，提高交通运输中的货车比重，使车型更趋于专业化和重型化，明显改善客车的安全性。低碳公路运输业整体的经营形式逐渐发展成多元化，从传统的散货货物运输到整体的批发货物运输，现在已经发展成大型特型笨重物件专业运输；集装箱汽车整体、整车运输；快件货物单日运输；特快件货物运输；危险货物汽车运输、搬家运输等多种业务形态，完全可以满足各种特殊需求。

再次，更新公路运输业的管理方式和技术手段，改变货物运输长期处于信息闭塞、管理手段落后的状态，逐步建立起适应货物运输需求的货物运输信息发布和交易系统，全面提高道路货运效率和管理水平。

---

① 李群 . 促进我国公路运输低碳发展的财税政策研究［D］. 南昌：江西财经大学，2014.

最后，完善低碳公路运输业的管理重在公路管理，以安全管理为总的指导方针，履行管理职责，不断强化安全基础性工作，降低交通运输事故的发生率，在公路运输业文明管理方面继续巩固成果。全面提高管理质量，优化管理方式，提高服务质量。基础设施均衡发展，提高公路运输组织化程度。

一是加快建设智能公路运输管理。为了加快低碳公路运输业的发展，应加快建设智能公路运输管理信息系统。将先进的通信技术、信息技术、电子控制技术及信息处理技术等有效地结合起来，建立一套全方位、实时的、准确的、高效的综合运输管理系统。利用智能运输管理信息系统，可以通过网络有效地进行交通控制、疏导及事故处理等。交通管理部门可以根据运输管理系统随时随地地掌握公路运输情况，进行有效的调度，尽可能地避免交通拥堵和堵塞，从而最大限度地保障公路运输的安全性、机动性和灵活性。这样不仅可以提高运输效率，而且很大程度上减少了车辆在运输过程中的尾气排放。

二是强化交通运输网络建设和布局。在制定公路运输的发展规划时，也应注意公路交通运输网络建设和布局。因此，我国有关规划部门在制定公路运输业发展的规划时，一定要打破局域限制和条块管理模式，重视全国范围内公路运输网络的优化和运输资源的整合，实现公路运输系统在区域之间的有效衔接，为公路运输业提供良好的网络运输环境。

三是车辆和公路的管理。车辆和公路是公路运输业的重要基础设施。车辆在公路的行驶里程和汽车拥有量对我国公路运输业影响非常大，直接反映出我国公路运输业整体的发展状况。现阶段我国公路运输业废气增多和能耗增加的原因除了汽车自身的问题之外，公路的路况和我国交通拥堵状况也是主要因素。道路交通状况对车辆的损耗、尾气排放都有很大的影响。

四是在技术应用方面，筑路技术的改善可以减少车辆在运输过程中的尾气排放，对空气环境影响较大。若是有50%采用温拌沥青混合料技术，则每年可节约能源30万吨，减少碳排放量135万吨，其节能减排效果十分显著，十分有利于我国低碳公路运输业的发展。另外，我国要借鉴国外的先进技术，积极引进有关再生沥青混凝土的先进设备、技术以及理念，并与我国客观实际情况相结合进行技术再创新，加快实现我国公路养护工程方面的技术更新、设备更新以及配套利用。同时要加快对检测手段的研究，尽可能实现再生技术的开发与利用，为道路沥青再生技术的广泛使用奠定基础，并为公路运输业的快速发展提供强有力的支持。

相关数据统计，排量大于 $2.0L$ 左右的汽车，时速在 $55km/h$ 到 $75km/h$ 为经济车速，在车速过低的情况下则会出现能耗及二氧化碳排放急剧增加。在我国一线城市中，道路拥堵高峰期的平均时速只有 20 公里左右，极大地加重了耗油量及尾气的排放。因此，道路的顺畅通行有利于提高车辆行驶速度，降低能耗，减少碳排放量。

五是从产业结构方面来说，要从根本上优化公路的基础设施结构，就应加快道路养护工程的实施，加快公路智能网络建设，加强对道路养护的监督。与此同时，改造路面，减少砂石对路面的摩擦，增加高架桥、快速路等路段，避免迂回和绕行，提高公路通行效率，保障车辆顺畅通行，降低车辆的能源消耗量，减少碳排放总量对气候的影响。

另外，公路运输业需要消费巨大的石油能源，且二氧化碳排放量巨大。因此，要加快公路低碳运输业发展，必须进一步优化我国能源消费结构，避免使用石油、柴油能源，尽可能使用清洁能源。同时应大力推行使用可再生能源，并提倡使用电力驱动的动力车，减少对石油、柴油等不可再生资源的消费，优化能源产业结构。

三、优化低碳公路运输业产业结构

优化产业机构，在运输业逐步推动产业结构调整，将公路基础设施作为调整的重点。公路交通基础设施是运输业调整的主要基础设施。同时，车辆的技术进步与技术迭代升级对优化低碳公路运输业的产业结构的调整都具有很重要的意义。也对我国人均拥有汽车数量，行驶的里程总量，还有对拥有车的总体状态目标都具有重要的影响。

不能优化低碳公路运输的原因除了车辆自身的原因外，还与路况及堵车的情况有直接的关系。很多研究表明，车辆降低 10 公里/每小时，尾气排放会增加到原来的 2 倍以上。所以，增加道路供给、优化道路及基础设施，可以减少碳排放。

提高公路的通行质量，也可以优化低碳公路运输业产业结构，因为沥青路面优于砂石路面，砂石路面优于土路。另外，在公路上合理地设置限速标志，尽量增加预判和减少车辆刹车，减少燃烧值及尾气排放都很有益。

进一步优化车辆的能源消耗结构，强化利用清洁能源的作用，同时推进柴油机的使用，柴油发动机在耗能方面明显低于汽油发动机。

四、加快新能源运输工具推广

科学技术是第一生产力，先进的科学技术是有效抑制二氧化碳排放的重要途径。公路运输业作为对大气污染的行业，自然需要科学技术的有力支撑。目前，能源和环境问题成为世界各国面临的共同挑战。为了应对日益严峻的能源危机，世界各国都采取措施从公路运输业方面提高国家汽车产业竞争力，以促进社会经济的可持续发展。我国已经认识到汽车产业对公路运输业的重要影响，所以很重视新能源运输工具的推广。

混合动力汽车为新能源汽车开辟了新的市场。传统的汽车产业不仅消耗大量的石油资源，还带来了非常严重的碳排放污染。所以我国应大力发展替代燃料汽车，推动新能源运输工具的发展。我国应推广使用混合动力汽车，因为其主要是靠燃料消耗和电力驱动相结合的方式，使汽车运用燃料和电力进行双向动力发动，其不仅能缓解源紧张问题，而且有效地减少二氧化碳的排放量。这项技术是具有产业化能力的技术，是汽车能源动力系统技术的有效提升。

我国近期研究生物燃料作为新能源，生物燃料作为汽车的动力能源，其主要是利用微藻制取生物柴油，这极大地减少了石油能源的使用量，几乎可以做到零污染、零排放。但是，由于微藻制取生物柴油的技术尚不完善，我国仍需给予新能源技术更多的政策支持和更大的经济补贴。尽管目前技术开发难度大，但仍能实现公路运输业的科技跨越，为未来节能减排作技术储备，进而加快低碳公路运输业的发展。

五、强化节能减排教育

公路运输业作为二氧化碳排放重点行业之一，对我国大气污染有很大程度的影响。在现阶段国内公路运输的背景下，我国要走低碳发展道路，就必须全面贯彻落实科学发展观，全面强化节能减排。

首先，应加大公路运输业绿色低碳宣传、教育及人员培训力度。国家宣传部门和相关社会组织要大力开展多种多样的节能减排宣传活动，广泛宣传公路运输业节能减排的重要意义。[①] 应宣传低碳发展战略的理念，结合公路运输部门发展的客观实际，把我国公路运输业的发展目标与运输建设相结合。发展战

---

① 周莎. 基于重庆山地城市的道路交通节能减排预测与评价方法研究 ［D］重庆：重庆交通大学，2011.

略理念有助于提高我国公路运输部门工作人员对公路运输工作的认识，帮助他们在未来工作中树立绿色低碳的发展理念和以发展战略为导向的建设理念。同时有利于指导和监督工作，保证公路运输业可持续健康发展。

其次，在约束公路运输行业能耗的同时，还应对市民进行遵守交通规则的宣传教育，同时完善交通控制系统的基础设施建设，提高我国城市交通信号灯的准确率，并做好疏通交通拥堵的临时管制工作。倡导市民遵守道路交通规则，鼓励低碳绿色出行，减少机动车尾气排放以及能源消耗。

再次，将节能减排理念深入每个社会成员的生活之中。可以在社区组织节能减排的活动，鼓励市民积极参加，树立节能减排的环保理念。引导市民多使用新能源运载工具，尽量避免高能耗、高污染的出行方式。与此同时，在学校开展节能减排的知识性活动，可以进行演讲、比赛、社团活动等，在较大的学生团体中宣传节能减排理念，强化青少年的节能意识。对知识性团体进行宣传，更有利于传播节能环保的理念。

最后，强化公路节能减排低碳运输的教育培训，组织编撰公路运输节能手册，推行节能减排的行动计划。同时，对公路运输驾驶员进行有关节能减排知识和技能的专业性培训，改变驾驶员的传统观念，从而改变驾驶员的行车方式和购车理念。加强驾驶员低碳行车理念培训，有利于提高公路运输业从业人员的节能意识。

参 考 文 献

[1] 周玲玲：推进公路交通节能减排的政策分析 [D]．大连：大连理工大学，2012．

[2] 交通运输"十二五"发展规划 [J]．综合运输，2011 (06)．

[3] 陈秀波．浙江省道路运输客运业节能减排评价指标体系研究 [D]．西安：长安大学，2008．

[4] 蔡海韬．基于低碳环境下公路运输的现状及对策探讨 [J]．东方企业文化，2015 (03)．

[5] 李扬．基于可持续发展理论的我国公路交通发展模式研究 [D]．大连：大连海事大学，2013．

[6] 李健．低碳公路运输实现途径与碳排放交易机制研究 [D]．西安：长安大学，2013．

[7] 周莎．基于重庆山地城市的道路交通节能减排预测与评价方法研究

[D]. 重庆：重庆交通大学，2011.

　　[8] 纪念. 交通运输业发展"低碳经济"之路怎样走 [J]. 环境保护，2010（10）.

　　[9] 张雷. 我国低碳交通的现状和对策分析 [J]. 节能技术，2013（01）.

　　[10] 莫翠梅. 我国发展绿色低碳运输的对策探讨 [J]. 当代经济，2010（06）.

　　[11] 侯亘，李小伟. 关于可持续发展战略下绿色城市交通规划的思考 [J]. 中国水运，2010（06）.

　　[12] 白雁，魏庆朝，邱青云. 基于绿色交通的城市交通发展探讨 [J]. 北京交通大学学报（社会科学版），2006（06）.

　　[13] 江暮红. 基于公路运输的绿色物流 [J]. 物流技术，2006（08）.

　　[14] 解晓玲. 公路运输行业低碳路径分析 [J]. 综合运输，2011（01）.

　　[15] 王艳华，单永体，谷晓旭，郑苗苗. 浅谈高速公路与低碳 [J]. 交通建设与管理，2010（05）.

　　[16] 张生瑞. 公路交通可持续发展问题研究 [M]. 北京：人民交通出版社，2005.

　　[17] 牟瑞芳. 交通环境承载力计算方法 [J]. 交通运输工程与信息学报，2006（04）.

　　[18] 蒋海勇. 发展低碳经济的公共财政政策链研究 [J]. 开放导报，2011（02）.

　　[19] 崔红建. 公路运输市场经济规制的全新视角 [J]. 物流技术，2009（04）.

　　[20] 岳卫民. 浅谈中国公路交通运输的发展 [J]. 交通标准化，2005（06）.

　　[21] 陈志刚. 浅谈我国道路交通运输发展方向及对策 [J]. 黑龙江科技信息，2010（23）.

　　[22] 张宁. 如何做好公路运输车辆抽样调查工作 [J]. 经营管理者，2010（18）.

　　[23] 王志虹，董江涛. 制约我国公路运输业发展因素分析 [J]. 黑龙江科技信息，2008（07）.

　　[24] 高有景. 影响公路运输能耗的因素和节能途径 [J]. 平原大学学报，2007（04）.

［25］沈华春．我国公路运输业持续发展与环境［J］．交通环保，1993（4）．

［26］史志贵．公路运输资源整合的探讨［J］．大众标准化，2004（10）．

［27］刘丽亚．走低碳交通之路促进城市可持续发展［J］．综合运输，2010（1）．

［28］李国香．公路运输发展与环境保护［J］．中国公路学报，1995（04）．

［29］蒋军，邹丹．浅议绿色物流中运输绿色化［J］．物流科技，2008（05）．

［30］陆化普．城市绿色交通的实现途径［J］．城市交通，2009（06）．

［31］李小琪．公路交通循环经济评价指标体系分析［J］．科技博览，2009（09）．

［32］黄体允．低碳交通的内涵及其发展前景探析［J］．产业与科技论坛，2012（08）．

［33］万军．基于低碳理念的城市交通发展模式研究［D］．武汉：武汉理工大学，2011．

［34］陆礼．我国发展低碳交通的技术路线研究［J］．综合运输，2012（06）．

［35］石京．低碳经济与低碳交通发展［J］．建设科技，2011（17）．

［36］高菠阳，刘卫东．道路交通节能减排途径与潜力分析［J］．地理研究，2013（04）．

［37］李健，徐海成．低碳产业发展问题与对策研究［J］．科技进步与对策，2010（02）．

［38］李胜，陈晓春．低碳经济：内涵体系与政策创新［J］．科学管理研究，2009（10）．

［39］刘再起，陈春．低碳经济与产业结构调整研究［J］．经济学研究，2009（10）．

［40］王海霞．低碳经济发展模式下新兴产业发展问题研究［J］．生产力研究，2010（03）．

［41］韩勇．如何应对低碳经济对交通运输业的影响［J］．现代商业，2010（02）．

［42］杜莉等．低碳经济时代的碳金融机制与制度研究［M］．北京：中国社会科学出版社，2014．

［43］胡继立，年志远等．道路运输业发展、贡献及政策研究［M］．北京：中国社会科学出版社，2015.

［44］齐晔，张希良．中国低碳发展报告（2015～2016）［M］．北京：社会科学文献出版社，2016.

［45］交通运输部．中国交通运输节能减排与低碳发展年度报告2011［M］．北京：人民交通出版社，2012.

［46］交通运输部．绿色低碳交通运输发展年度报告2012［M］．北京：人民交通出版社，2013.

［47］交通运输部．绿色循环低碳交通运输发展年度报告2013［M］．北京：人民交通出版社，2014.

［48］交通运输部公路局，交通运输部路网监测与应急处置中心．2013年度中国公路网运行蓝皮书［M］．北京：人民交通出版社，2014.

［49］交通运输部普法办公室．交通系统"五五"普法读本（公路与道路运输分册）［M］．北京：人民交通出版社，2008.

［50］刘功臣，赵芳敏．低碳交通［M］．北京：中国环境出版社，2015.

［51］关巍．我国公路建设与发展的现状与措施分析［J］．科技资讯，2013（10）：162.

［52］郭杰，伊文婧．中国低碳交通发展的几点思考［J］．中国能源，2013（10）.

［53］韩勇．如何应对低碳经济对交通运输业的影响［J］．现代商业，2010（02）.

［54］陈柳钦．新能源汽车产业发展的政策支持［J］．南通大学学报（社会科学版），2010（04）.

［55］李晔，包瑂，王显璞．低碳交通体系的内涵、构建战略及路径［J］．建设科技，2011（17）.

［56］刘鹏．低碳模式下的公路运输发展研究［J］．中国集体经济，2016（07）.

［57］刘春志．低碳经济背景下公路运输发展趋势探讨［J］．中外企业家，2015（03）.

［58］马世灵，吕天财，王冬冬．低碳理念下绿色公路建设探讨［J］．住宅与房地产，2016（06）.

［59］刘传江．低碳经济发展的制约因素与中国低碳道路的选择［J］．吉

林大学社会科学学报，2010（03）.

[60] 欧阳斌. 低碳交通运输规划研究现状、问题及展望 [J]. 中国流通经济，2014（09）.

[61] 石悦. 低碳经济下的交通产业发展战略 [J]. 兰州交通大学学报，2010（05）.

[62] 孙波，赵改. 低碳经济下的公路交通现代化发展模式研究 [J]. 河南科技，2013（17）.

[63] 吴勇. 低碳排放背景下的交通运输方式优化研究 [J]. 内蒙古公路与运输，2016（02）.

[64] 向爱兵. "十二五"我国发展低碳交通的基本途径 [J]. 综合运输，2010（12）.

[65] 徐建闽. 我国低碳交通分析及推进措施 [J]. 城市观察，2010（04）.

[66] 交通运输部. 交通运输部关于印发《加快推进绿色循环低碳交通运输发展指导意见》的通知（交政法发 [2013] 323 号）. 2013 - 05 - 22.

[67] 张陶新，周跃云，赵先超. 中国城市低碳交通建设的现状与途径分析. 城市发展研究，2011（01）.

[68] 郑在勇. 低碳公路运输的实现途径 [J]. 大科技，2015（08）.

[69] 陈波. 基于四因素指数的区域公路网布局方法 [D]. 西安：长安大学，2015.

[70] 付振茹. "中央—地方"政府交通运输节能减排行为的委托代理研究 [D]. 西安：长安大学，2015.

[71] 侯兆收. 低碳交通发展模式及对策研究 [D]. 长沙：长沙理工大学，2012.

[72] 李娜. 低碳经济背景下公路运输碳排放交易体系构建研究 [D]. 广州：广东工业大学，2012.

[73] 李琳娜. 低碳交通运输政策节能效果评价实证研究 [D]. 西安：长安大学，2014.

[74] 孙晓飞. 改革开放以来中国公路运输政策演变研究（1979）[D]. 长沙：湖南师范大学，2011.

[75] 王莹莹. 城市绿色交通发展对策研究 [D]. 西安：长安大学，2015.

[76] 张聪玲. 基于可持续发展的公路运输业管理研究 [D]. 西安：长安

大学, 2010.

[77] 交通运输部. 交通运输"十二五"发展规划, 2011.

[78] 交通运输部. 公路水路交通运输节能减排"十二五"规划, 2011.

[79] 交通运输部. 公路水路交通运输环境保护"十二五"发展规划, 2012.

[80] 交通运输部. 交通运输部关于印发《建设低碳交通运输体系指导意见》和《建设低碳交通运输体系试点工作方案》的通知(交政法发[2011] 53 号). 2011 - 02 - 21.

[81] 康继民, 周爱娟, 罗昕. 河南交通创新驱动低碳发展 [N]. 中国交通报, 2013 - 03 - 20.

[82] 刘颖. 云南给力"绿色交通" [N]. 中国经济导报, 2015 - 07 - 03.

[83] 杨传堂. 践行绿色发展理念 建设美丽中国 [N]. 经济日报, 2016 - 06 - 16 (3).

[84] 吴跃伟, 谭万能, 石毅. 中国 2013 年碳排放量全球第一, 或促使能源结构加速调整 [EB/OL] [2014 - 09 - 23].